Die Autoren

Heike Robrahn, geboren 1965 in Meerbusch-Osterath, arbeitet als freischaffende Fotografin in München. Sie kommt schon aus beruflichen Gründen viel herum. Mal für ein Jahr auszusteigen, war schon lange ihr Traum.

Elmar Terlutter, geboren 1960 in Harsewinkel, leitet in München eine Fotografen- und Illustratorenagentur. Seine Leidenschaft sind Reisen durch fremde Länder, die ihn durch fast alle Länder Europas, mehrmals nach Nordamerika und Afrika führten.

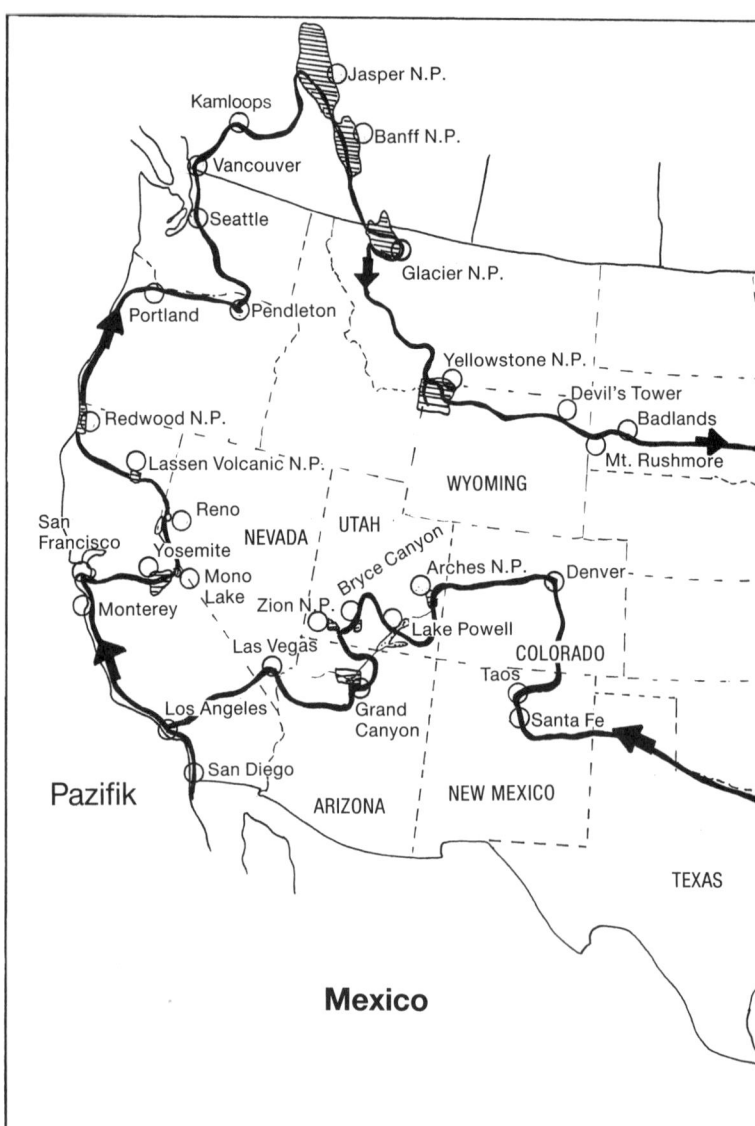

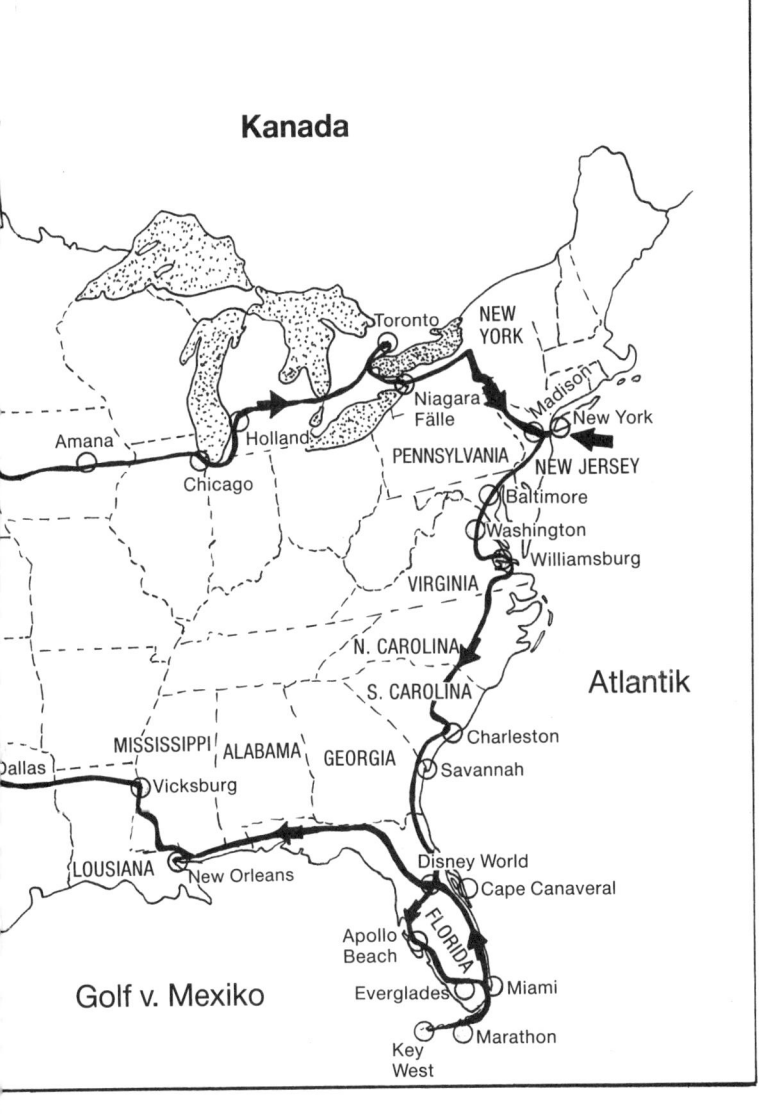

Kanada

Toronto

NEW YORK

Madison

New York

Niagara Fälle

NEW JERSEY

Amana

Holland

PENNSYLVANIA

Chicago

Baltimore

Washington

Williamsburg

VIRGINIA

N. CAROLINA

S. CAROLINA

Atlantik

MISSISSIPPI   ALABAMA   GEORGIA

Charleston

Dallas

Savannah

Vicksburg

LOUSIANA

New Orleans

Disney World

Cape Canaveral

Apollo Beach

FLORIDA

Everglades

Miami

Key West

Marathon

Golf v. Mexiko

Heike Robrahn · Elmar Terlutter

Mit dem Wohnmobil durch die USA

Ein Jahr unterwegs
auf abenteuerlichen Routen

Frederking & Thaler

Die Deutsche Bibliothek – CIP-Titelaufnahme

Robrahn, Heike ; Terlutter, Elmar:
Mit dem Wohnmobil durch die USA : ein Jahr unterwegs auf
abenteuerlichen Routen / Heike Robrahn ; Elmar Terlutter. – 2. Aufl. –
München : Frederking und Thaler, 1992
   (Menschen, Reisen, Abenteuer : USA)
   ISBN 3-89405-062-4

REISEN · MENSCHEN · ABENTEUER
herausgegeben von Monika Thaler

2. Auflage 1992

© 1990 Frederking & Thaler GmbH, München
Alle Rechte vorbehalten
Produktion: Tillmann Roeder, München
Gesamtherstellung: Presse-Druck Augsburg
ISBN 3-89405-062-4

Inhalt

Vorwort   9

1 Die Vorbereitungen   11
Der Flug · Autokauf und Vorbereitungen für die Weiterreise

2 Die Ostküste   23
Philadelphia · Baltimore · Washington · Williamsburg · Im alten Süden

3 Florida   33
St. Augustine, Daytona Beach · Tampa, Bush Gardens · Sanibel · Die Everglades · Miami und Miami Beach · Die Florida Keys · Unsere ersten Jobs · Palm Beach · Cape Canaveral · Disney World

4 Auf dem Weg zum Westen   66
Mobile, Biloxi · New Orleans · Mississippi · Louisiana · Texas, Dallas · New Mexiko, Santa Fé, Taos · Colorado, Denver, Vail

5 Utah – Land der Nationalparks   85
Arches National Park · Bryce Canyon · Glen Canyon, Lake Powell · Zion Canyon

6 Arizona – der schöne Wüstenstaat   100
Grand Canyon

7 Nevada – Glücksspiel und Wüste   104
Las Vegas

8 There is nothing like Southern California   106
Los Angeles · Beverly Hills, Hollywood · Die South Bay · Jobben im Alpine Village · Long Beach · San Diego, Sea World · Mexiko, Tijuana

9 Die Westküste   138
Big Sur · Carmel, Monterey · Santa Cruz · San Francisco · Yosemite National Park · Monolake, Lake Tahoe · Lassen Volcanic National Park · Redwood National Park

10 Rodeo in Oregon   162
Portland · Das Pendleton Round Up · Seattle, Washington

11 Kanada – British Columbia und Alberta   169
Vancouver · Jasper National Park · Banff National Park

12   Wieder in den USA – Montana und Wyoming   178
Glacier National Park · Yellowstone National Park · Cody, die Stadt Buffalo Bills

13 Auf dem Weg zurück nach New York   197
South Dakota · Mt. Rushmore · Die Amana-Siedlungen · Chicago · Toronto, Niagara-Fälle

14 New Jersey und New York City   205
Madison, Morristown · Jobben in New Jersey · Manhattan · Der Rückflug

Reisetips   221

Vorwort

Wie kommt man auf die Idee, für längere Zeit ein fremdes Land zu bereisen und dort zu leben?

Wir wollten einfach dem beruflichen Alltag, der Norm und dem relativ vorherbestimmten Lebensweg hierzulande für ein Jahr Adieu sagen, mal etwas anderes machen – das hieß für uns, mindestens für ein Jahr auszusteigen. Einfach mal in den Tag hineinleben, ihn genießen können, ohne irgendwelche Terminverpflichtungen im Nacken zu haben. Dabei war es unser Ziel, auch das »Traumland« Amerika intensiv kennenzulernen, jedoch nicht nur aus der meist etwas oberflächlichen Sicht eines Urlaubs-Touristen. Besonders interessierten uns Alltag, Lebensweise und Mentalität der Durchschnitts-Amerikaner in den verschiedenen Städten und Bundesstaaten. Natürlich wollten wir auch die vielen Sehenswürdigkeiten und Attraktionen erleben. – Doch wie sollten wir all diese Wünsche verwirklichen?

Um Amerika intensiv zu erleben, frei und unabhängig reisen zu können, besorgt man sich am besten ein Wohnmobil. In diesem Buch werden wir noch beschreiben, wie wir uns einen möglichst unauffälligen *Van* (Lieferwagen) kauften, der nicht sofort als Campingmobil erkannt werden sollte. Uns war es wichtig, daß wir unser Haus auf Rädern hatten und nicht auf teure Hotels, Motels oder Campingplätze angewiesen sein würden, die in der Hochsaison ohnehin frühzeitig ausgebucht sind – vor allem, wenn sie in der Nähe von Touristenattraktionen und Naturschönheiten liegen. So würden wir überall dort übernachten können, wo wir es interessant finden und wo es uns gefallen würde. Um uns ein finanzielles Polster für die ersten Monate zu schaffen, haben wir mehr als ein Jahr eisern gespart – durch Konsumeinschränkung, Autoverkauf, Wohnungsauflösung, Sparvertragsauszahlungen, Versicherungskündigungen und vieles mehr. Nur so konnten wir unser Ziel erreichen, das notwendige Startkapital zu bekommen. Nach einer gewissen Akklimatisierungsphase kamen dann, als uns das mitgebrachte Geld ausging, noch die unterschiedlichsten Jobs in Amerika hinzu, die uns halfen, die Weiterreise zu finanzieren. Dabei nahmen wir jeden Job an, den wir bekommen konnten.

Unsere Erfahrungen und Tips haben wir in diesem Buch so zusammengefaßt, daß Sie als Leser nicht einen Reiseführer, sondern individuelle Erlebnisberichte, Reiseabschnitte, Informationen über unsere Vorbereitungen und über wichtige Landesteile erhalten. Wir vermitteln Ihnen unsere Eindrücke über Sehenswürdigkeiten und interessante Begebenheiten des amerikanischen Alltags aus erster Hand. Dazu sehen Sie eine Auswahl unseres Fotomaterials, das atemberaubende Eindrücke von faszinierenden Landschaften, der Weite des Landes und der Menschen Amerikas zeigen soll. Wir haben alles authentisch so niedergeschrieben, wie wir es erlebt und erfahren haben.

Die Vorbereitungen

Etwa ein halbes Jahr vor dem geplanten Reisebeginn begannen wir mit den ersten Reisevorbereitungen. Zuerst ging es uns darum, die günstigste Flugverbindung zu ermitteln, mit der wir auch viel Gepäck mitnehmen konnten, ohne Aufpreis zahlen zu müssen. Außerdem sollte es ein *offenes* Jahresflugticket sein, mit dem es möglich wäre, bei auftretenden Problemen innerhalb zwei Wochen wieder zurückfliegen zu können. Wir wollten uns auch nicht sofort auf einen bestimmten Rückflugtermin festlegen. Zum Angebotsvergleich haben wir zwei verschiedene Spezialreiseagenturen in München angeschrieben. »Travel Overland« und »Follow me« ermitteln für jedes Flugziel den günstigsten Tarif. Wir bekamen für Mitte Januar einen Flug für die Route Frankfurt – New York – Frankfurt mit der PIA (Pakistan International Airways). Das Jahresticket, mit dem wir innerhalb eines Jahres an einem beliebigen Termin wieder hätten zurückfliegen können, kostete nur 685 DM plus Flughafensteuer, die für den John F. Kennedy-Flughafen in New York 26 DM beträgt. Nach unserer Meinung bieten die exotischen Fluggesellschaften in der Economy-Class ohnehin einen vergleichbaren Service wie die etablierten. Nur sollte man nicht auf einen speziellen Termin am Ankunftstag in New York angewiesen sein. Auf keinen Fall sollte man einen direkten Weiterflug planen, denn die Boeing 747 der PIA kommt aus Karachi (Pakistan), fliegt über Damaskus und Frankfurt nach New York und dann weiter nach Toronto. Natürlich sind da Verzögerungen und Verspätungen, die bis zu acht Stunden betragen können, nicht auszuschließen. Außerdem ist es empfehlenswert, die Flugtickets etwa drei Monate vorher zu buchen, um keiner Überbuchung zum Opfer zu fallen.

Besonders wichtig ist in Amerika eine gute Krankenversicherung. Sicher ist es die beste, aber auch teuerste Lösung, eine private Krankenversicherung abzuschließen, sofern man nicht als Student bei den Eltern mitversichert ist. Man kann sich aber auch durch zwei Reisekrankenversicherungen absichern, die für jeweils ein halbes Jahr gelten. Auf Antrag eines Reisebüros gewähren einige Reisekrankenversicherungs-Gesellschaften auch für ein Jahr Schutz. Die Ärzte, Krankenhäuser und Apotheken in Amerika verlangen für jeden Fall direkt »cash or charge«, Bargeld oder Kreditkarte. Es ist also immer im voraus zu zahlen, und man kann die Rechnungsbelege erst später von der Reisekrankenversicherung ersetzt bekommen.

Für das Jahr 1989 mußten wir noch ein Visum der USA beantragen und bei der zuständigen Botschaft mit einer Bearbeitungszeit von sechs Wochen rechnen. Das entfällt heutzutage für Deutsche. Auf keinen Fall sollte man ein Arbeitsvisum beantragen – auch wenn geplant ist, in Amerika zu arbeiten. Dabei würde die Gefahr bestehen, daß man nach der wahrscheinlichen Ablehnung in die zentrale Computerdatei aufgenommen wird und dadurch Probleme bei der Einreise in die USA bekommen kann. Wer legal in den USA oder Kanada arbeiten will, sollte sich an die Carl-Duisberg-Gesellschaft in Köln wenden oder einen Arbeitgeber in den USA kennen, der das fast Unmögliche versucht und eine Genehmigung beantragt, um einen Ausländer zu beschäftigen. Dieses Bemühen ist immer nur dann erfolgreich, wenn der Arbeitgeber beweisen kann, für den angebotenen Job keinen Amerikaner anstellen zu können. Und selbst wenn dieser Versuch glückt, darf man dann nur bei diesem einen Arbeitgeber arbeiten und ist somit auch ortsgebunden. Für uns gab es also keine andere Möglichkeit, als irgendwo illegal zu jobben.

Für den geplanten Autokauf in den USA oder Kanada kann man auch schon in Deutschland eine Autoversicherung abschließen. Die »Tour-Insure« in Hamburg bietet z. B. diesen Service an. Wir mußten der Versicherungsgesellschaft lediglich in einem Fragebogen mitteilen, für welchen Zeitraum wir welchen Autotyp (mit geschätzter Motorstärke) zu kaufen beabsichtigen. Daraufhin erhielten wir eine Blanko-Versicherungspolice, in die wir nach einem Autokauf nur noch die erforderlichen Daten würden einsetzen müssen. Eine Kopie davon ist dann zur »Tour-Insure« zurückzusenden. Die Versicherung kostete uns etwa 800 DM für ein

Jahr. Der Vorteil ist ein deutscher Versicherungspartner, und bei größeren Vorfällen, die sich bekanntlich lange hinauszögern können, muß später kein aufwendiger und teurer Schrift- und Telefonverkehr mit einer amerikanischen Gesellschaft betrieben werden. Bei der Anmeldung des Autos in New Jersey sollten wir dann leider Probleme mit der Anerkennung unserer Versicherungspolice in New Jersey haben, die jedoch schnell von dem New Yorker Repräsentanten der Versicherung beseitigt wurden.

Eine kostspielige, aber sichere Möglichkeit gibt es mit der Verschiffung eines in Deutschland gekauften Wohnmobils nach Amerika. Das kostet etwa 1000 DM für die einfache Strecke. Die »Deugro van & car« in Hamburg bietet den Service als internationale Spedition, Kraftfahrzeuge nach Übersee zu verschiffen. Für einen Zeitraum von bis zu einem Jahr können Fahrzeuge mit deutschem Kennzeichen und gültigen Fahrzeugpapieren eingeführt werden. Die amerikanische Zollbehörde erteilt dann eine für den Zeitraum gültige Einfuhrgenehmigung.

Die fristgerechte Kündigung von Wohnung, Arbeitsplatz, Versicherungen, Mitgliedschaften in Clubs, Vereinen, Verbänden, Parteien und Zeitungsabonnements mußte auch beachtet werden. Da merkt man erst, wieviel laufende, fixe Kosten im Jahr eingespart werden können. Äußerst wichtig für Zahlungen in den USA und Kanada sind Kreditkarten und Reiseschecks. Aber auch mit Bargeld mußten wir immer ausreichend versorgt sein, denn kleinere Beträge unter 20 Dollar lassen sich auch auf dem nordamerikanischen Kontinent nicht bargeldlos bezahlen. Empfehlen können wir vor allem Visa und Eurocard (= Mastercard), die fast überall akzeptiert werden. American Express ist überraschenderweise nicht so häufig anzutreffen. Über die Visacard erhielten wir auch die AT & T-Telefonkarte ohne zusätzliche Gebühren. Damit werden das inneramerikanische Telefonieren von Telefonzellen aus sowie auch die Telefonate nach Europa erheblich vereinfacht. Gelingt es, die Goldcard eines Kreditkarten-Unternehmens zu bekommen, muß man beim Automieten zum Beispiel keine zusätzliche Vollkaskoversicherung abschließen; die ist bereits in den

Jahresbeiträgen für die Goldcard enthalten, wenn die Leihgebühr mit ihr bezahlt wird. Ein Auto sollte ohnehin immer mit einer Kreditkarte angemietet werden, weil dann keine Kaution hinterlegt werden muß.

Wichtig ist natürlich auch, sich für die Zeit nach der Reise schon mal Gedanken zu machen. Die Frage, ob man sich sofort einen neuen Arbeits- oder Studienplatz für die Zeit nach Beendigung der Reise sucht, oder mit dem Arbeitgeber eine Unterbrechung des Arbeitsverhältnisses vereinbart oder Urlaubssemester für die geplante Reisezeit beantragt, das richtet sich natürlich je nach den Umständen und dem individuellen Lebensstil. In diesem Punkt haben unsere deutschen Beamten erhebliche Vorteile, aber auch weitsichtige Unternehmer werden sich mit der Idee anfreunden können, einen guten Mitarbeiter wieder einzustellen. Der Freiberufler frischt nach einem Jahr die alten Geschäftsbeziehungen wieder auf oder fängt in einer neuen Umgebung wieder neu an.

Für die allererste Zeit in Amerika ist es ideal, bereits eine Kontakt- oder Anlaufadresse zu haben, wo man wohnen und Vorbereitungen für die Weiterreise treffen kann. Zum Glück hatte ich bei einem früheren New York-Aufenthalt Henry kennengelernt, den wir angeschrieben haben und von unserem Vorhaben unterrichteten. Henry war sofort bereit, uns für zwei Wochen in seinem kleinen Appartement aufzunehmen. Er wohnt in Jersey City vor den Toren New Yorks. Um Henry die Mühe zu ersparen, uns vom Flughafen abzuholen, haben wir noch von Deutschland aus für die erste Woche ein Auto gemietet. Außerdem sollte er sich nicht bei unserem Bemühen, ein Auto zu kaufen, genötigt sehen, uns hin und her chauffieren zu müssen. Bei frühzeitiger Reservierung gibt es auch bei der Autoanmietung erhebliche Preisvorteile, wenn der Mietwagen von Deutschland aus über ein Reisebüro reserviert wird.

Endlich ist es soweit: Nach wochenlangen, intensiven Vorbereitungen steht unser Abflug von Frankfurt nach New York unmittelbar bevor. Soeben ist der Flug PT 717 der Pakistan International Airways (PIA) zum Boarding aufgerufen worden. Nachdem die überwiegend pakistanischen Fluggäste ihren Platz im Flugzeug wieder eingenommen haben, dürfen wir uns einen suchen. Da es keine Platzreservierungen gibt, müssen wir zwei Reihen auseinander sitzen. Das sind einfach Bedingungen, die wir wegen des günstigen Flugpreises in Kauf nehmen müssen. Das aus Karachi kommende Flugzeug hatte in Damaskus eine Zwischenlandung. Jetzt fliegt es mit einstündiger Verspätung nach New York, bevor Toronto angeflogen wird. Die Boeing 747 ist vorwiegend mit Exil-Pakistanis besetzt, für die Toronto eine neue Heimat sein wird. Ich sitze neben einem Pakistani, der seit 16 Jahren in Toronto lebt und in seinem alten Heimatland Freunde und Verwandte besucht hat. Bereits seit 20 Stunden sitzt er in diesem Flugzeug, zehn weitere Stunden hat er vor sich. Eine ganz schön anstrengende Reise, die sich in den vom Streß gezeichneten Gesichtern der Mitreisenden widerspiegelt. Der Jumbo ist mit ca. 400 Passagieren besetzt, fährt zur Startbahn und hebt ab in die Luft. Es ist kurz nach zehn Uhr MEZ. Jetzt haben wir Zeit, über den Abschied von Eltern, Geschwistern, Freunden und Arbeitskollegen nachzudenken. Es wurden Tränen dabei vergossen. Sie haben eines ausgedrückt: Manche ihrer Gedanken gehen mit auf unsere weite Reise in die »Neue Welt«. Der Flug verläuft sehr angenehm und kurzweilig. Wir lernen viele orientalische Mitreisende kennen und gewinnen dabei einen kleinen Einblick in die uns fremde islamische Kultur. Vor allem beim Essen an Bord müssen wir uns an die exotischen Gerichte mit ihren fremdartigen Gerüchen gewöhnen. Selbst die alternativ dazu angebotenen europäischen Gerichte schmecken etwas ungewöhnlich, aber nicht schlecht.

Nach acht Stunden landen wir um 12 Uhr Eastern-Time auf dem John F. Kennedy-Flughafen (JFK) in New York. Wenig später folgt die langwierige Einreiseprozedur der Immigrations- und Zollbehörden. Jeder Fluggast muß zunächst einen Immigrationsbeamten passieren, der ihm das befristete Aufenthaltsrecht erteilt. Auch wenn Deutsche kein Visum mehr benötigen, entscheidet allein der Immigrationsbeamte darüber, ob man einreisen darf oder wieder zurückfliegen muß. Zunächst prüft er Paß und – falls notwendig – das Visum, fragt dann nach einer Adresse in den USA, die man angeben muß. Auch wenn es sich nur um eine beliebige Hotelanschrift handelt. Anschließend wird nach Reisezweck und -dauer gefragt, Angaben, die wir bereits im Flugzeug in die ausgegebenen Formulare eingetragen haben. Die Einreiseformulare enthalten einige unsinnige Fragen, die man nicht ernst nehmen sollte. Manchmal fragt der Beamte auch nach dem mitgeführten Reisegeld. Meistens erteilt er dann einem Touristen aus Deutschland, der nicht den Anschein erweckt, im Lande bleiben und arbeiten zu wollen, eine sechsmonatige Aufenthaltserlaubnis. Am Gepäckförderband sollte man bereits Ein-Dollar-Noten zur Hand haben, andernfalls läuft man Gefahr, auf den weiten Wegen des Flughafengebäudes sein Gepäck tragen zu müssen. Automaten geben nur gegen Kleingeld Gepäckwagen aus.

Nachdem wir unser Gepäck erhalten haben, kommt die nächste Hürde, die Zollbehörde. Auch hierfür füllt man bereits vor dem Landeanflug im Flugzeug die erforderlichen Formulare aus, in denen anzugeben ist, ob irgendwelche Zollwaren, Lebensmittel oder Geschenke eingeführt werden. Lebensmittel jeglicher Art darf man nicht mitführen oder auf keinen Fall angeben, denn sie würden sofort beschlagnahmt werden. Geldbeträge über 5000 Dollar sind auch anzugeben, damit man die Berechtigung erlangt, auch soviel wieder auszuführen. Ein Zollbeamter kontrolliert die Zollpapiere und manchmal auch intensiv den Inhalt der Gepäckstücke von den Einreisenden. Erst als der Zoll hinter uns liegt, können wir aufatmen und freuen uns, daß alles problemlos abgelaufen ist.

Kurz vor dem Flughafenausgang befinden sich Service-Telefone von Hotels und Autovermietungen. Mit oder ohne Reservierung kann man sich nach einem Anruf direkt von dort aus abholen lassen. Die Busse befördern ihre Kunden mit Gepäck kostenlos zum ausgewählten Hotel oder zur Autovermietung. Wir lassen uns mit dem Avis-Bus zu deren Counter fahren. Mit unserem schweren Gepäck ist das eine angenehme Erleichterung. Nach Prüfung unserer internationalen Führerscheine, der Reservierungspapiere, dem Ausfüllen der Versicherungsunterlangen und dem Hinterlassen eines Kreditkartendeposits bekommen wir sofort unseren Leihwagen, einen Plymouth Sundance. Zu beachten ist hierbei, daß man als Deposit eine Kreditkarte haben sollte und der Automieter über 24 Jahre alt ist. Auch wenn in Deutschland schon alles »geregelt« wurde, müssen Autoversicherung und Steuern noch vor Ort gezahlt werden. Und die Versicherung wird extrem teuer, falls der Mieter und Fahrer unter 24 Jahre alt ist. Viele Reisebüros wissen nichts von dieser Regelung in Amerika oder geben diese Informationen selten weiter. Darunter kann die Urlaubskasse stark leiden.

Mit unserem Leihwagen fahren wir vom JFK über den Van Wyck Expressway und dem Highway 495 bis zum Queens Midtown-Tunnel, der nach Manhattan führt. Schon von weitem beeindruckt uns die imposante Skyline von Manhattan, die für uns einfach faszinierend ist. Nachdem wir die obligatorische Tunnelgebühr von vier Dollar bezahlt haben, ist der Weg nach Manhattan frei. Wir fahren die 7th Avenue entlang quer durch die Halbinsel zum Holland-Tunnel, durch den wir unter dem Hudson River nach Jersey City fahren.

Kurze Zeit später treffen wir unseren Freund Henry, bei dem wir zwei Wochen wohnen können. Er freut sich, uns zu sehen und unternimmt mit uns gleich mal eine Stadtrundfahrt durch Manhattan. Wir sehen das Künstlerviertel Soho, Greenwich Village, Downtown Manhattan, fahren über die Park Avenue zur Uptown, sehen die 5th und 6th Avenue, bevor wir in der Bleeker Street innerhalb des Villages unser erstes amerikanisches Dinner bestellen. Hier befinden sich viele kleine Restaurants und Geschäfte unterschiedlichster Nationalitäten, die alle jetzt am Samstagabend um 21 Uhr noch geöffnet sind. Es herrschte eine angenehme Betriebsamkeit. New York zeigt sich in diesem Viertel von einer fast kleinstädtischen Seite. Die Häuser sind auch nur zwei- bis dreistöckig und wunderschön gealtert, immer mit den berühmten Feuerleitern bestückt.

Auf der Rückfahrt nach Jersey City fallen uns vor Müdigkeit bereits die Augen zu, denn in Deutschland ist es ja schon 4.30 Uhr, als wir wieder in Henrys Wohnung eintreffen.

Bereits am nächsten Tag, dem Martin Luther King-Memorialday, sehen wir die Autoverkaufs-Annoncen nach Lieferwagen (den sogenannten *Vans*) und nach Wohnmobilen durch. Henry hilft uns an diesem arbeitsfreien Gedenktag, der wie die meisten Feiertage auf einen Montag festgelegt ist und eines der beliebten »Holiday-Weekends« bildet. Wir suchen nach einem preiswerten Van, den wir zum Wohnmobil umbauen wollen, um damit möglichst unauffällig durch Nordamerika reisen zu können. Henry hat uns für diesen Zweck spezielle »Auto-Trader«-Hefte besorgt. Das sind Zeitschriften, die nur private und kommerzielle Autoverkaufsanzeigen enthalten. Nachdem wir zwei sehr vergammelte Autos abgelehnt haben, werden wir noch am selben Tag fündig. Ein Dodge MaxiVan, Baujahr 1982, scheint das ideale Fahrzeug für uns zu sein. Er ist etwa zwei Meter länger als ein VW-Bully und innen überall mit isolierendem Teppich ausgelegt, verfügt über eine Klimaanlage, Radio-Cassettenrecorder, CB-Funkanlage, elektrische Fensterheber und ein Automatikgetriebe. Für uns ist neben dem Komfort vor allem die Unauffälligkeit des Autos von Bedeutung. Es hat nur verdunkelte Fenster, je eines an der Seite und an den Hecktüren, durch die man von außen nicht hineinsehen kann. Sie lassen den Wagen auf den ersten Blick eher als Lieferwagen, denn als Wohnmobil erscheinen. Ein sehr wichtiger Punkt, da wir ja nicht vorwiegend auf Campingplätzen übernachten wollen. Strom- und Wasseranschlüsse, die aber auch nicht unbedingt erforderlich sind, gibt es leider nicht. Der Dodge mit seinem starken 6-Liter-Motor bietet uns für ein Jahr ausreichend viel Platz und Komfort. Auch der Preis ist mit 1800 Dollar sehr attraktiv. Allerdings hat das Fahrzeug auch einige Mängel, die zu beheben sind. Der Verkäufer vermutet, daß der Bezintank undicht ist, und bietet den Wagen deshalb so preiswert an. Am nächsten Tag einigen wir uns nach kurzer Verhandlung mit dem privaten Verkäufer auf einen Kaufpreis von 1650 Dollar. Bei dem Kauf müssen wir beachten, daß wir den *title* (Fahrzeugbrief) bekommen. Ohne ihn wären wir nicht die rechtmäßigen Fahrzeug-Eigentümer und könnten den Wagen später kaum weiterverkaufen. Auch bei der Anmeldung im Registration-Office würde man Probleme bekommen.

Unser Dodge MaxiVan

In den nächsten Tagen gibt es viel zu tun. Unser neues Auto muß repariert werden, außerdem besorgen wir uns Holz für den Einbau des Podestes, das mit einer Matratzenauflage unser Bett wird. Der Raum unter dem Bett soll als Stauraum für Wäsche, Schuhe und weitere Ausrüstung dienen. Glücklicherweise ist der Benzintank nicht undicht, wie es der Vorbesitzer befürchtet hatte, sondern die Benzinleitung hat unmittelbar vor dem Tank ein kleines Loch. Ich muß die Leitung lediglich etwas kürzen und wieder anmontieren. Wegen dieses Schadens und des hohen Tachostandes von über 195000 Meilen haben wir den MaxiVan so preiswert bekommen. Der neu eingebaute Austauschmotor soll etwa 70000 Meilen auf dem Buckel haben.

Natürlich muß unser Van auch beim Registrations-Office angemeldet werden. Dort haben wir dann noch sechs Prozent Steuern auf den Kaufpreis zu entrichten, der auf dem alten *title* vermerkt ist. Die Versicherung wird geprüft, wir bekommen neue Nummernschilder, zahlen die Registrationsgebühr (Kraftfahrzeugsteuern) und bekommen die Auflage, den Wagen binnen 14 Tagen zur

Inspektion zu bringen. In New Jersey ist man auf diesem Gebiet erheblich penibler als in anderen amerikanischen Staaten.

Unsere Versicherung wird auch nicht sofort anerkannt, und so müssen wir extra zu dem Repräsentanten unserer Versicherungsagentur nach New York City fahren. Wir nehmen den Zug von Jersey City direkt zum unterirdischen Bahnhof des World Trade Center (WTC). Dort sind wir zunächst sehr beeindruckt von den großzügig angelegten Serviceräumen, Shops, Restaurants und Hallen. Es herrscht ein hektisches Treiben. Überall laufen Menschen eilig in den Bürotrakten umher oder versuchen noch schnell einen Zug oder eine U-Bahn zu erreichen. 60 000 Menschen arbeiten in den zwei Türmen des World Trade Center. Es ist praktisch eine komplette Stadt, die alles bietet: Blumenläden, Restaurants, Fast-Food, Boutiquen, Friseure, Lebensmittelgeschäfte, Drogerien, Tabakläden, Schuhputzer, Optiker und Souvenirgeschäfte. Trotz der Hektik sind die Menschen freundlich. Als wir uns auf der Straße nur einen kurzen Moment nach den Straßenschildern umsehen, um uns zu orientieren, werden wir sofort unaufgefordert gefragt, wohin wir denn wollen, welche Straße wir suchen, und erhalten freundlich die richtige Wegbeschreibung. So finden wir schnell das Büro von Ben Sully, der uns das erforderliche Schriftstück aushändigt. Die Zeit bis zur Rückfahrt nutzen wir dazu, uns bei herrlichem Wetter auf den Pier 17 am East River zu setzen und genießen dort die Sonne. Es ist ein alter Pier am Fulton Market, der heute schöne Fischrestaurants und Geschäfte beherbergt. Die romantische Ruhe, die der Sonnenschein und die einlaufenden Schiffe ausstrahlen, täuscht. Gleich in der Nachbarschaft wird das Kapital der Welt an den Börsen der Wall Street gehandelt. Auf dem Weg zurück zum World Trade Center sehen wir uns noch die schöne alte Einkaufsstraße Fulton Street und deren Fischmarkthalle an. Von hier wird ganz New York mit frischem Fisch aller Art versorgt. In einem koscheren, jüdischen Selbstbedienungs-Restaurant mit Buffet und Salatbar essen wir gut und preiswert. In der Wall Street Area gibt es viele Restaurants und Bars dieser Art, in denen die Berufstätigen hastig ihr Mittagessen verkösigen. Natürlich treffen wir auch die kleinen

Imbißwagen, wo hauptsächlich Hot Dogs mit Sauerkraut und Brezen angeboten werden.

Wieder in Jersey City angekommen, fahren wir direkt zum »Motor Vehicel Departement«. Jetzt ist alles o. k., und wir bekommen die notwendigen Registrationspapiere mit den Nummernschildern. In der Sache mit der Inspektion (amerikanische »TÜV«-Prüfung) unternehmen wir zunächst einmal nichts, weil sie ohnehin nur für New Jersey erforderlich ist und wir diesen Bundesstaat schließlich in einigen Tagen verlassen wollen.

Nach genau einer Woche ist unser Wohnmobil startklar für die Weiterreise. Inzwischen haben wir eine Kühlbox, Vorhänge, das Bett, einen Gaskocher und eine Innenbeleuchtung installiert. Jetzt können wir auch unseren Leihwagen zurückgeben, mit dem wir bisher alle Besorgungen erledigt haben, und fahren wieder zum JFK-Flughafen.

Am Nachmittag erwarten wir Anne-Kathrin und Michael, gute Freunde aus München, hier in New York, die wir natürlich mit unserem großen Dodge MaxiVan vom Flughafen abholen wollen. Nach der Rückgabe unseres Leihwagens an die Autovermietung unternehmen wir einen langen Strandspaziergang auf der nahen Atlantikinsel Long Beach, um die Zeit bis zur Ankunft des Flugzeugs aus Deutschland zu überbrücken. Long Beach ist ein wunderschönes, aber auch exklusives Naherholungsgebiet der New Yorker. Hier spürt man nichts von der Hektik der nahen Weltstadt. Wir fühlen uns fast wie auf einer ostfriesischen Nordseeinsel.

Anne-Kathrin und Michael sind sehr erfreut, als wir sie vom Flughafen abholen. Voller Stolz führen wir ihnen unser neues Auto vor, von dem sie ebenfalls begeistert sind. Auf dem Weg nach Manhattan sind auch sie von der imposanten Skyline beeindruckt. Wir begleiten sie zu ihrem Century Paramount Hotel in die Nähe des Time Square. Am Abend bummeln wir zusammen vom Hotel aus die 5th Avenue entlang bis zum Empire State Building und fahren bis zur Aussichtsplattform des 102. Stockwerks hinaus. Dort erleben wir bei Dunkelheit und klarer Sicht einen atemberaubenden Rundblick über New York. Um 18 Uhr

Eastern Time, was 24 Uhr Mitteleuropäischer Zeit entspricht, feiert Anne-Kathrin ihren 30. Geburtstag. Es ist natürlich eine tolle Sache, diesen Tag auf dem Empire State Building zu erleben. Die Szenerie erinnert uns stark an den Film »Frühstück bei Tiffany« mit Audrey Hepburn und George Peppard. Zum Glück gibt es hier oben einen Münzpräger, der aus Ein-Cent-Stücken zur Erinnerung Schlüsselanhänger anfertigt. Damit haben wir ein spontanes Geschenk für das Geburtstagskind. Den Geburtstag feiern wir in dem ausgezeichneten spanischen Restaurant »Cafe Espagnol« in 172 Bleeker Street und genießen dort eine exzellente Paella mit frischen Meeresfrüchten und Hummer, so gut, wie wir sie noch nie zuvor in Spanien oder anderswo gegessen haben.

Am nächsten Tag besuchen wir Henry an seinem Arbeitsplatz in einer Bank. Offiziell treten wir bei diesem Besuch als Investoren auf, die sich um eine Kreditaufnahme zum Kauf von Immobilien bemühen. Dafür müssen wir ein Bankkonto eröffnen. Nach amerikanischem Recht ist das jedoch nur möglich, wenn man eine Social Security-Nummer besitzt. Aus diesem Grunde kann Henry bei der Bank ein Schreiben aufsetzen lassen, das uns den Antrag einer Social Security-Nummer erleichtert. Das Schreiben reichen wir beim zuständigen Social Security Office in Jersey City ein und bekommen damit keine Schwiergkeiten mit der Beantragung. Jetzt müssen wir nur noch drei Wochen warten, bis wir die Karten erhalten, die uns bei der Arbeitssuche eine große Hilfe sein werden, obwohl unsere eigentlich nicht zur Arbeitsaufnahme berechtigen. Henry wird sie uns postlagernd (general delivery) nachsenden, sobald wir irgendwo längere Zeit Station machen. Am Abend des gleichen Tages lernen wir bei Henry den kenianischen Diplomaten John kennen, der bei der UNO akkreditiert ist. Mit ihm und Henry fahren wir an unserem letzten Abend vor der Weiterreise nach Manhattan. Dort treffen wir Anne-Kathrin und Michael im Beckman Tower, der direkt neben dem UN-Gelände liegt. Von der Bar aus, die im obersten Stockwerk liegt, haben wir eine gute Aussicht auf die East Side Manhattans. Mit dieser fröhlichen Runde verabschieden wir uns von unseren Freunden und von New York. Während unseres gesamten zehntägigen Aufenthalts verwöhnte uns das Wetter. Der Himmel war tagelang klar und blau und ohne Bewölkung bei etwa 10° C, ungewöhnlich mild für den Januar. New York wollen wir uns dann noch zum Abschluß unserer Reise ausführlicher ansehen.

Die Ostküste

Endlich... *on the road!*

Aufgeregt und froh, nach den vielen vorbereitenden Arbeiten und zeitraubenden Pflichten jetzt auf der Fahrt in den warmen Süden zu sein, fahren wir in Jersey City auf den New Jersey Turnpike. Das ist eine Art Autobahn, für die geringe Benutzungsgebühren fällig werden. Wir sind schon gespannt und ein wenig unsicher, ob unser aufgepeppter MaxiVan auch die weite Strecke kreuz und quer durch Amerika bewältigen wird. Wir bemerken bald, daß bei längerem, schnellen Fahren der Wagen doch ziemlich laut wird, was wohl an den unwuchtigen Reifen liegt. Gleich beim ersten Tankstopp müssen wir feststellen, daß der Keilriemen und das Öl gewechselt werden müssen.

Etwas beruhigter fahren wir danach weiter und erreichen bald unser erstes Ziel, die alte Hauptstadt Philadelphia, die heute im Bundesstaat Pennsylvania liegt. Hier wurde die amerikanische Unabhängigkeit von der englischen Kolonialherrschaft erklärt, und die ersten Kongresse tagten in einem relativ kleinen, aber sehr schönen Gebäude, der Congress Hall. Wir sehen uns auch die Independence Hall und die *Liberty Bell* an, die für die Amerikaner ein Symbol für die Unabhängigkeit ist, weil sie nach der denkwürdigen Erklärung läutete.

In der alten Bourse und im Visitors Center machen wir uns über die Geschichte der Stadt kundig. Am 4. Juli 1776 unterzeichneten 13 Kolonien in der Independence Hall die Unabhängigkeitserklärung und legten damit den Grundstein für die Vereinigten Staaten von Amerika. Die daraufhin geläutete *Liberty Bell* steht heute in einem kleinen Glasbau, der gegenüber der Independence Hall inmitten eines Parks liegt. Wir erreichen alle sehenswerten Gebäude zentral in der Independence National Historic Area. Im Visitor Center erfahren wir, daß etwa zehn km entfernt der Stadtteil Germantown liegt, wo sich vor 300 Jahren die ersten deutschen Einwanderer aus Krefeld niederließen. Es soll noch viele historische Häuser im deutschen Stil geben, die wir uns allerdings nicht mehr ansehen, da es mittlerweile dunkel geworden ist und wir nicht in der Stadt bleiben wollen. Auf der Route 30 fahren wir weiter ins Landesinnere Richtung Lancaster, wo die *Pennsylvania Dutch* leben, die auch *Amish People* genannt werden. Die erste, spannend erwartete Nacht in unserem Dodge verbringen wir auf einem Parkplatz in einem ruhigen Wohngebiet. Der Wagen erweist sich als gut isoliert, so daß wir in unseren Daunenschlafsäcken nicht frieren und bis neun Uhr ausschlafen. Wir haben Glück, daß es ungewöhnlich mild für die Jahreszeit ist. Wir waschen uns mit feuchten Tüchern, und die Zähne putzen wir uns mit Wasser aus dem Wasserkanister, den wir immer mitführen. Dann fahren wir weiter, um die Heizung auf Touren zu bringen, uns aufzuwärmen und dann zu frühstücken. Wassertanks und Stromaggregate wären jetzt natürlich schon vorteilhaft.

Nach dem Frühstück fahren wir nach Lancaster, ins Amish-Gebiet. Die Amishen kommen hauptsächlich aus der Schweiz (teilweise auch aus Deutschland) und wurden dort aus religiösen Gründen verfolgt, weil sie sich von der Schweizer Staatskirche lossagten. Sie sind eine Art *Mennoniten*, die als Sekte den Kreisen der Schweizer Widertäufer entstammen und heute noch jeglichen technischen Fortschritt ablehnen. Selbst einfache tägliche Gebrauchsgegenstände wie Reißverschlüsse an Hosen, moderne landwirtschaftliche Gerätschaften oder Kunstdünger werden von ihnen nicht verwendet. Auch Autos und Fahrräder sind verpönt. Hin und wieder sehen wir die traditionellen, schwarzen Kutschen der Amishen auf den Straßen in der Umgebung Lancasters. Trotzdem leben die Menschen dieser Glaubensrichtung glücklich und sind vielleicht zufriedener als viele streßgeplagte amerikanische Wohlstandsbürger. Untersuchungen ergaben, daß sie die

niedrigste Krebsrate Amerikas haben, was den Sinn ihres natur-
verbundenen Lebens anscheinend rechtfertigt.

Leider haben wir hier erstmals Pech mit dem Wetter. Es regnet
heftig, und der Himmel ist so stark bewölkt, daß es nicht richtig
hell wird. Die Touristen-Bauernhöfe der Amishen sind geschlossen, genauso wie die vielen Souvenirläden. Auch Lancaster, die
schöne alte Pennsylvania Dutch City, ist im Regen nicht so reizvoll, wie wir es uns vorgestellt hatten. Wir sehen viele alte Kolo-
nialgebäude, niedliche Häuschen, Kirchen und Kopfsteinpflaster-
Straßen. Im Visitor Center informieren wir uns zum Schluß noch
über die Stadtgeschichte.

Am frühen Nachmittag fahren wir weiter in Richtung Baltimore.
Die Landschaft ist von der traditionellen Landwirtschaft geprägt,
wobei hauptsächlich Getreide und Tabak angebaut werden. In
York wechseln wir von der Route 30 auf die 83, die direkt nach
Baltimore führt, der größten Stadt im Bundesstaat Maryland.

Wir fahren gleich bis zur Stadtmitte, dem Inner Harbor-Vier-
tel. Es ist ein neugestaltetes Hafengebiet, in dem die Verbindung
von alten und neuen Gebäuden besonders gut gelungen ist. Hier
liegt an dem Pier 1 das älteste Kriegsschiff der USA, die Fregatte
»Constellation« von 1797, die heute ein Marinemuseum beherbergt. Gleich nebenan sehen wir in einem formschönen, modernen Gebäude das *National Aquarium*, das auf fünf Ebenen alles
über Meeresökologie zeigt. Wieder sind wir hier zu spät und das
Aquarium ist schon geschlossen.

Statt dessen sehen wir uns zwei Pavillonkomplexe mit interessanten Geschäften, Restaurants, Bars und Discotheken an. Im
Light Street Pavilion essen wir in einem Food-Corner mit vielen
Schnellimbißlokalen und Bäckereien. Hier können wir Hamburger, Fischgerichte, chinesische Küche, Pizza, Hot Potatos mit unterschiedlichen Soßen, Eis oder Cookies essen. Eine gute Einrichtung, wenn man mit mehreren Leuten essen geht und sich nicht
auf ein Lokal einigen kann oder wenig Zeit hat. In der Mitte des
Food-Corners, wie wir sie später überall in den USA antreffen
werden, sind Sitzplätze angelegt, wo man sich zum Essen trifft.

Qualitativ sind die Gerichte meistens gut, oft kann man auch vor dem Kauf eine kleine Kostprobe bekommen. Die einzelnen Fast-Food-Stände sind selbständig und an einem zentralen Ort konzentriert angesiedelt, häufig in Shopping-Centern, die auch *Mall* genannt werden.

Nach einigen Stunden sind wir dann schon wieder auf Achse, da wir so schnell wie möglich in den Süden wollen, um nicht doch noch vom Winter überrascht zu werden. Wir können uns nicht weiter auf das milde Wetter verlassen. Wir übernachten wieder in einem Wohngebiet und fahren am nächsten Morgen weiter auf dem Highway US 95 nach Washington D.C. Bei strahlendem Sonnenschein erreichen wir am frühen Morgen die ironisch als »Mall« bezeichnete Gegend, in deren Umkreis sich das Capitol, White House, unzählige Museen und Denkmäler drängen. Die Hauptstadt der USA wurde auf dem Reisbrett von Architekten von Grund auf geplant und in trockengelegten Sumpfgebieten aufgebaut.

Washington beeindruckt durch seine großzügig und weitläufig angelegten Straßen, Grünzonen und Gebäude, die im klassizistischen Stil errichtet wurden. Vor allem die Architektur der Kunstmuseen ist sehr eindrucksvoll.

Besonders gelungen ist die *National Art Gallery*. Sie besteht aus zwei extrem spitzwinkligen Dreiecken und zeigt innen europäische Kunst vom 13. Jahrhundert bis zur Gegenwart. Wir sehen uns auch das *Museum of National History* an. Sehr interessant finden wir darin die Abteilung über die Kultur der indianischen Ureinwohner Amerikas. Allein von seiner Dimension her überragend ist in der »Mall«, neben dem berühmten *Capitol*, das *George Washington-Monument*, das 169 m hoch in den Himmel ragt. Mit dem Fahrstuhl gelangt man zur Aussichtsplattform auf die Spitze des riesigen Obelisken und kann von dort die Hauptstadt von oben überblicken. Hinter dem Washington Monument wird mit dem *Lincoln Memorial* und *Jefferson Memorial* der Verdienste der alten Präsidenten gedacht. Dann kommt das *Vietnam Memorial*, in dem alle 58000 in den Vietnamkriegen gefallenen Amerikaner verewigt sind.

Das Capitol, Washington

Danach gehen wir ins *Air and Space Museum,* wo wir alles über die Geschichte der Luft- und Raumfahrt erfahren. Alle bedeutenden Meilensteine der Fluggeschichte sind hier zu bewundern. Auch die erste bemannte Mondlandung können wir noch einmal auf großen Bildschirmen miterleben. Dazu werden auch eine Mondlandefähre und ein Modell der Apollo-Rakete gezeigt.

Anschließend erreichen wir wieder das *Capitol,* den Sitz der amerikanischen Bundesregierung, des Senats und des Repräsentantenhauses. Man kann an kostenlosen Rundgängen durch das riesige Gebäude teilnehmen. Besonders beeindruckend ist ohne Zweifel die *Rotunda,* eine hohe Rundhalle gleich am Eingang, die mit Skulpturen und Gemälden aus der amerikanischen Geschichte aufwartet. Wir könnten in dieser schönen, faszinierenden Stadt einige Tage verbringen – und wollte man alles sehen, benötigte man Wochen. Uns reicht ein Tag intensiven und, zugegeben, etwas stressigen Sightseeings. Nicht zu sehen bekamen wir die Ghettos, die hier von der zu 60 Prozent schwarzen Bevölkerung Washingtons bewohnt werden und die nicht weit vom Capitol Hill entfernt liegen. Allerdings soll es dort nicht anders aussehen als in anderen schwarzen Stadtteilen amerikanischer Großstädte.

In Washington bekommen wir dann auch gleich unser erstes Ticket. Wir sollen 15 Dollar zahlen, weil unsere Parkuhr abgelaufen ist. Doch das Ticket wandert gleich in den Papierkorb, denn Amerika ist groß und es gibt viele verschiedene Bundesstaaten... Wir haben zumindest nie etwas gehört von den ganzen Tickets, die wir so mit der Zeit bekommen haben.

Noch am Abend fahren wir weiter auf der Interstate 95 durch den Bundesstaat Virginia und über Richmond nach Williamsburg. Damit kommen wir vom neuen zum alten Amerika: Williamsburg war die alte Hauptstadt der englischen Kolonien in Nordamerika. In Colonial Williamsburg ist ab 1920 die ursprüngliche, alte Hauptstadt nachgebildet worden. Dabei wurden historische Bauten, Straßen, Gärten, Amtsgebäude, Werk- und Arbeitsstätten aus dem 18. Jahrhundert restauriert. Es ist ein schönes, sauberes Museumsstädtchen geworden. Die *Historic Area* von Williamsburg liegt an einer alten Kopfsteinpflasterstraße und umfaßt über 100 alte Häuser, in denen die Bewohner in historischer Kleidung heute noch Handwerk und Gewerbe der damaligen Zeit ausüben. Es gibt Buchbinder, Silberschmiede, Bäcker, Korbflechter, Schuhmacher, Schneider und viele mehr, die das Leben und Schaffen der ersten Siedler darstellen. Bei herrlichem Frühlingwetter unternehmen wir lange Spaziergänge in dieser historischen Area, die für 60 Millionen Dollar von John D. Rockefeller restauriert wurde. Im Visitor Center bekommt man Sammel-Eintrittskarten für bestimmte Häuser, in denen besondere Attraktionen gezeigt werden, sowie für Rundfahrten mit Pferdekutschen. Die Karten sind relativ teuer. Es ist aber auch nicht erforderlich, sie zu kaufen, denn die meisten Häuser sind auch ohne Eintritt zu besichtigen und die anderen kann man auch durch die Fenster in Augenschein nehmen. Wir sehen das alte Capitol, ein altes Fort, das Guardhouse, eine Apotheke, die Basset Hall (Wohnhaus der Rockefellers), eine Schmiede, eine Schreinerei, ein Schuhmachergeschäft, drei alte Gasthäuser, eine Holzfaßherstellung, das Courthouse (Gerichtsgebäude), den Gouverneurspalast, einen Büchsenmacher, einen Musikinstrumentenbauer, eine Druckerei und viele Wohnhäuser der frühen Siedlerzeit, die alle mit dem echten Mobiliar eingerichtet sind. Obwohl Williamsburg als Hauptstadt zur Loyalität gegenüber England verpflichtet war, bestand auch hier ein starker Drang nach Unabhängigkeit. So mußte schließlich 1775 der englische Gouverneur aus Williamsburg fliehen, und 1776 wurde von den Abgeordneten Williamsburgs die Unabhängigkeitserklärung verfaßt, die dann in Philadelphia ausgerufen wurde.

Unser Hauptziel in Williamsburg im engeren Sinne ist jedoch die Familie von Peter Bartz, einem deutschen Koch, der als Chefkoordinator für den Gastronomiebereich der *Busch Gardens* verantwortlich ist. Peter, seine Frau Amalia und ihre Kinder haben uns eingeladen, einige Tage bei ihnen zu verbringen. Sie bewohnen ein typisch amerikanisches Einfamilienhaus, und für uns ist es natürlich sehr reizvoll und interessant, einen Teil ihres Alltags mitzuerleben.

Wir werden von Peter und seiner Familie sehr nett aufgenommen und unterhalten uns mit ihnen am ersten Abend bis tief in die Nacht. Nach einem amerikanischen Frühstück mit Waffeln und Honig sehen wir uns am nächsten Tag das alte Williamsburg und das *College of William and Mary* an, wo unter anderem Thomas Jefferson, der die amerikanische Verfassung schrieb, ausgebildet worden war. Auf uns wirkt das Theater, das hier um die alten Häuser gemacht wird, etwas lächerlich, aber für Amerika sind die Gebäude aus dem 17. Jahrhundert halt schon etwas besonderes. Trotzdem sind wir froh, diesen alten kolonialen Ursprung Amerikas zu sehen. Das Wetter ist schon merklich wärmer, und unsere Winterjacken können wir bereits wieder einmotten. Am Abend kocht Peter ein tolles Abendessen, bei dem wir unsere ersten amerikanischen Barbeque-Rippchen genießen können.

In den nächsten Tagen fahren wir nach Yorktown sowie nach Jamestown, wo einst die ersten englischen Siedlungen Amerikas gegründet worden waren. In Yorktown fand 1781 die entscheidende Schlacht um die Unabhängigkeit statt, die von den Amerikanern mit Hilfe Frankreichs gewonnen wurde. Wir besichtigen die alten Schlachtfelder und sehen im Visitor Center eine kostenlose Filmvorführung über den Verlauf der Schlacht. Im benachbarten Jamestown gründeten die Engländer 1607 ihre ersten Niederlassungen. Ein Großbrand im Jahre 1698 ist verantwortlich dafür, daß nur noch ein alter Kirchturm und einige Ausgrabungen im *Colonial National Historical Park* zu besichtigen sind. Gleich nebenan liegt der *Jamestown Festival Park*, wo eine Nachbildung von Jamestown aufgebaut wurde. Sogar drei Schiffe, mit denen einst die ersten Siedler landeten, sind zu sehen. Man erfährt hier viel über die Lebensweise der Kolonialzeit. Das alles ist jedoch nicht so anschaulich und spannend aufgemacht wie in Williamsburg. Dafür ist die umliegende Landschaft um so schöner und stark bewaldet.

Nach einigen Tagen müssen wir von Peter und seiner Familie Abschied nehmen. Wir fahren von Williamsburg aus durch Hampton und Norfolk, wo die amerikanische Atlantikflotte liegt.

Dann geht es weiter in den alten Süden. Zum ersten Mal läßt es das Wetter zu, daß wir unseren Campingkocher einweihen können. Wir essen die erste Mahlzeit in freier Natur.

Von Norfolk bis South Carolina wird die Landschaft vor allem durch den gewaltigen Tabakanbau und ausgedehnte Wälder geprägt. Hier befinden sich die berühmten Zigarettenfabriken Amerikas. In North Carolina fahren wir wieder auf die Interstate 95 bis nach South Carolina, und wir befinden uns damit bereits in den Südstaaten, die 1860 die Union der amerikanischen Bundesstaaten verließen, um damit unter anderem auch gegen die Abschaffung der Sklaverei zu votieren. Daraus entstand später der amerikanische Bürgerkrieg, der den alten Süden am Lebensnerv traf, wovon er sich bis heute nicht erholt hat.

An der Küste South Carolinas, wo sich schöne Sandstrände und Orte mit alter Südstaaten-Architektur abwechseln, hat sich viel Tourismus breitgemacht. Herausragend sind hier Myrtle Beach, Blackfort, und weiter im Süden, das moderne Hilton Head Island. Mit Charleston erleben wir die wunderbare Stadt des alten Südens, die Außenbezirke und vor allem die Altstadt sind sehenswert.

Überall beeindrucken uns die Häuser im Kolonialstil, prachtvolle bunte Gärten und Parks mit üppiger Vegetation. Im Gegensatz zu den Industriestädten im Norden ist hier alles schöner, sauberer, romantischer und etwas verträumt. Die hier lebenden Familien müssen sehr reich gewesen sein. Alle Häuser sind in der verspielten, aber dennoch zweckmäßigen Südstaaten-Architektur aus Holz errichtet.

Wir könnten in dieser friedlichen Stadt tagelang bummeln. Häufig sehen wir auch kleine Häuschen mit schmiedeeisernen, verspielt ornamentierten Toren, die aber keinesfalls kitschig wirken. Besonders schön finden wir die herrlichen Hafen- und Uferpromenaden, die Broad Street und Church Street. Hier kann man die historische Atmosphäre erleben und sehen, daß der alte Süden neben der abscheulichen Sklaverei auch sehr viel Kultur hervorbrachte. In den Sommermonaten kamen die Plantagenbesitzer in die Stadt und bezogen ihre komfortablen Stadthäuser, um der Hitze im Landesinneren zu entfliehen.

Das *Dock Street Theater* ist das erste Gebäude, daß speziell für Theateraufführungen im Jahre 1736 eingerichtet wurde. Von außen wie von innen ist es immer noch schön anzusehen. Die Zeit scheint in diesem Haus stehengeblieben zu sein; es wird weiterhin als Theater genutzt.

In der Nähe befindet sich die *Catfish Row*, ein schmaler Fußweg, der von der Church Street aus durch einen schmiedeeisernen Torbogen erreichbar ist. Der Weg ist von herrlichen Gebäuden umgeben, die stark mit Pflanzen bewachsen sind. Auf dem Marktplatz, dem *City Market*, stehen zahlreich Boutiquen und interessante Läden. Unter langen Steindächern, wo vor 150 Jahren noch Sklaven versteigert wurden, befinden sich heute Verkaufsstände für Obst, Gemüse, Korbwaren, T-Shirts, Andenken und Trödel. Obwohl erst Anfang Februar ist, können wir uns schon den ganzen Tag im T-Shirt bei angenehmen Temperaturen im Freien bewegen.

Auf der Route 17 fahren wir an der *Boone Hall Plantation* vorbei, wo der Film »Vom Winde verweht« gedreht wurde. Baumwolle wird jedoch auch hier nicht mehr angebaut, sondern mehr Pecan-Nüsse und andere Früchte. Wieder auf der Interstate 95, fahren wir weiter bis Savannah, ebenfalls eine alte Handelsstadt des Südens, die direkt hinter der Grenze im Bundesstaat Georgia liegt. Auch hier gibt es schöne Häuser und Parkanlagen. Die Stadt ist aber bei weitem nicht so schön und beeindruckend wie Charleston. Sehenswert sind eigentlich nur die alten Lagerhäuser des Hafens an der River Road, die zu Wohnungen, Geschäften, Restaurants und Pubs umgebaut wurden.

Wir halten uns nur kurze Zeit in Savannah auf und fahren auf der 95 weiter durch Georgia, dem Staat des »neuen Südens« mit seiner Industriemetropole Atlanta (der Heimatstadt von IBM). Vor Brunswick übernachten wir erstmals auf einer *Rest-Area*, einem Rastplatz mit Toilettenhäusern, die es überall an den Highways und manchmal sogar an Landstraßen gibt. Für die Bedürfnisse des Durchreisenden sind die *Rest-Areas* ideal konzipiert; so ist es z. B. gestattet, sich mit dem Auto bis zu 24 Stunden dort aufzuhalten. Wir empfinden sie als eine sehr praktische Einrichtung, denn wir können kostenlos übernachten und die sauberen Sanitärräume benutzen.

Florida

Bei Jacksonville erreichen wir unser Zwischenziel Florida und fahren auf der Route 10 direkt ans Meer und dann auf die A1A-Route, die an den langen Stränden entlang bis nach Miami führt. Unsere erste Station ist St. Augustine, die erste Koloniesiedlung Amerikas. Hier landeten die Spanier als erste Europäer im Jahre 1513 und errichteten die Stadt. Sie nannten das Land wegen seines Blumenreichtums *La Florida*. Wir besuchen zwei Museumsdörfer, die jedoch nur tourismusorientiert sind und viele wertlose Souvenirläden enthalten. Dazu gehört die *Big Fountain of Youth,* wo die ersten Häuser und das erste Fort der Spanier standen. Die *Fountain of Youth* ist ein wahrer Touristennepp. Wir vermuten zunächst, die alte Siedlung besichtigen zu können, doch für drei Dollar dürfen wir lediglich ein Tasse Wasser aus der Quelle trinken und durch den schlecht gepflegten Garten der ehemaligen Siedlung gehen, von der nicht einmal mehr Ruinen zu sehen sind. Auch ein Vortrag über die ersten Besiedlungen und die Vorführung im Planetarium, in dem gezeigt wird, wie die Schiffe früher navigierten, können unsere Enttäuschung nicht mindern.

Die Altstadt St. Augustine Antigua und die alte spanische Burg, das *Castillo de San Marcos*, kommen erst etwa zwei Kilometer weiter südlich. Diese Gegend ist viel interessanter, jedoch sind hier so viele Touristen, daß wir schnell wieder in Richtung Strand flüchten. In der Nähe von St. Augustine Beach können wir mit dem Auto über den breiten, sauberen Sandstrand direkt bis an den Atlantischen Ozean fahren und dort campieren. Es ist für uns schon etwas ungewohnt, Autos auf dem Sand fahren zu

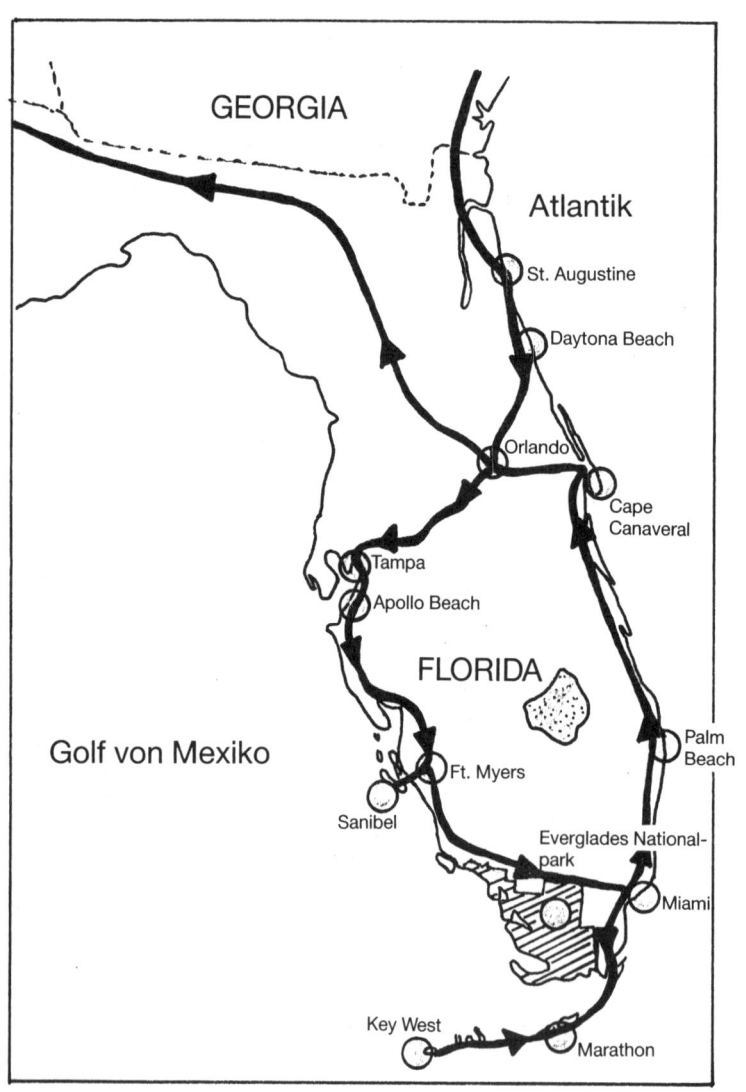

sehen. Sogar Verkehrsschilder sind dort aufgestellt. Ein nahe gelegener Campingplatz bietet uns eine gute Duschmöglichkeit, die wir natürlich nutzen. Dann fahren wir ca. 60 km weiter an der Küste entlang bis Daytona Beach. Auf der gesamten Strecke gibt es keine freien Grundstücke am Meer. Alles ist mit Hotels, Ferienhäusern, Fast-Food- und Souvenirläden zugebaut. Besonders scheußlich aus dieser Sicht ist Daytona Beach. Auf der gesamten Strecke entlang der Route 1 sind auf der Meerseite hohe Hotelbauten und Motels. Auf der Landseite befinden sich Supermärkte, Fast-Food- und Souvenirläden, Autowerkstätten, Tankstellen, die alle mit großer Leuchtwerbung ihre Leistungen anpreisen.

Auch in Daytona Beach können wir für drei Dollar mit dem Auto direkt ans Wasser fahren und dort schwimmen gehen. Am Strand geht es zu wie auf einer Autostraße. Jeder bringt sein Fahrzeug mit an den Strand, und häufig fahren uns die Autos direkt an der Nase vorbei, als wir uns in die Sonne legen. Interessant ist es trotzdem. Wir genießen herrlichen Sonnenschein, warmes Wasser und haben immer unseren Wagen in der Nähe, in dem sich ja unsere gesamten Wertgegenstände befinden. Außerdem müssen wir unsere Strandausrüstung nicht von einem entfernten Parkplatz bis zum Strand tragen und können sogar den Autoschatten nutzen, wenn es in der Sonne zu heiß wird.

In Europa gibt es solche Möglichkeiten der Strandfreizeit nicht, aber man stelle sich einmal vor, alle Urlauber in Rimini nähmen ihr Auto mit an den Strand! Abends wird der Strand allerdings gesperrt, und alle Autos müssen ihn verlassen, denn campen über Nacht ist verboten. Wir nutzen das warme Wetter, um unseren Dodge MaxiVan nochmals gründlich zu reinigen. Nur mit Badehose bekleidet, wird der Teppich am Strand shampooniert und dann bei einer Tankstelle abgesaugt.

Hinter Daytona Beach fahren wir auf der Interstate 4 in Richtung Orlando. Die Landschaft ist hier relativ eintönig, flach, teilweise bewaldet und mit viel Sumpfgras bewachsen. Unterwegs sehen wir immer wieder riesengroße Wohnmobile, die schon fast fahrende Häuser verkörpern. Und viele dieser Wohnmobile ziehen sogar noch einen Personenwagen hinter sich her. Sie erreichen dann eine Gesamtlänge von unglaublichen fünfzehn Metern oder mehr. Am frühen Abend erreichen wir Orlando, die Stadt vor dem *Disney World*-Gelände, das etwa 30 km entfernt liegt. Wir entscheiden uns, zur Church Street Station zu gehen. Um den alten Bahnhof *Church Street* herum befindet sich mitten in Orlando ein großer Straßenkomplex, in dem sich viele Saloons im Westernstil befinden. Dort wird Western- und Country-Musik von Livebands gespielt. Der Bahnhof und seine Umgebung sind gut renoviert und vermitteln noch etwas von dem Flair der Siedler- und Pionierzeiten Amerikas. Interessante Läden, Restaurants, Snackshops, Straßenmusiker und Gaukler tummeln sich hier, und gleich nebenan liegt Rosie O'Gradys Good Time Emporium, wo auch Dixie-Jazz gespielt wird. Wir haben dort eine schöne Zeit und fahren anschließend zum *Disney World*-Gelände, um dort auf dem Parkplatz des *Disney Village* zu übernachten, damit wir gleich früh am nächsten Morgen zum *Magic Kingdom* kommen. Doch mitten in der Nacht, so gegen 2.30 Uhr, werden wir rüde geweckt. Ein Parkwächter klopft wild an die Frontscheibe unseres Vans und fordert uns auf, das Gelände sofort zu verlassen. Damit haben wir zunächst genug von *Disney World* und fahren gleich weiter auf der Interstate 4 zur nächsten Rest-Area in Richtung Tampa, wo wir übernachten.

In Apollo Beach, 30 km südlich von Tampa, wohnt ein Freund von Heikes Vater. Zaki ist ein syrischer Architekt, der seinen Hauptwohnsitz in Darmstadt hat und vorübergehend in Apollo Beach wohnt, um hier die Wohnanlage »Andalucia« zu bauen. Die Golfküste Floridas ist touristisch nicht so attraktiv wie die Atlantikseite. Trotzdem gibt es hier auch schöne Wohnanlagen direkt am Meer. Die Einfamilienhäuser in Apollo Beach liegen fast alle an künstlichen Wasserstraßen, die mit dem Meer verbunden sind.

Die Bewohner haben fast alle ihren eigenen Bootsanleger. Leider sind die Strände und das Wasser nicht so schön wie an Floridas Atlantikküste. Die Tampa-Area ist auch mehr eine Industriemetropole. Aber es wird hier eine hohe Lebensqualität geboten, denn das Wetter ist in Florida das ganze Jahr über stabil. Lediglich im Sommer regnet es häufiger, was oft ein feucht-schwüles Klima bewirkt.

Im Community-Park von Apollo Beach spielen wir einige Male Tennis, denn hier gibt es, wie in vielen anderen amerikanischen Gemeinden auch, öffentliche Tennisplätze, deren Benutzung kostenlos ist. Sogar die abendliche Flutlicht-Beleuchtung muß nicht bezahlt werden. Die Tennisplätze bestehen zwar fast immer aus pflegeleichtem Betonboden, an den wir uns jedoch schnell gewöhnen. In Europa wären solche Einrichtungen zur Nachahmung empfohlen, obwohl man berücksichtigen muß, daß Amerika seiner Jugend auch mehr Freizeitaktivitäten anbieten muß, da Jugendliche unter 21 Jahren keine Discotheken, Kneipen oder Lokale betreten dürfen, in denen Alkohol ausgeschenkt wird. Auch in Geschäften ist der Verkauf jeglicher alkoholischer Getränke an Jugendliche verboten. Das alles wird streng kontrolliert. Auch wir müssen immer unsere Ausweise vorzeigen, wenn wir eine Kneipe besuchen.

Wir können eine Woche in Zakis Appartement wohnen und versuchen in dieser Zeit bei einer Werbeagentur in Tampa unterzukommen. Einige Tage nach unserem Bewerbungsgespräch bekommen wir jedoch eine Absage, weil wir keine gültigen Arbeitspapiere besitzen – immerhin haben unsere Arbeitsnachweise die Agenturmanager beeindruckt.

Seit einiger Zeit gibt es ein neues Gesetz, nach dem sich der Arbeitgeber strafbar macht, wenn er Arbeitskräfte illegal beschäftigt. Für dieses Vergehen werden hohe Geldstrafen angedroht. Obwohl eine Entdeckung relativ unwahrscheinlich ist, sind die Amerikaner in dieser Beziehung sehr vorsichtig, auch wenn sie in der Regel gerne helfen würden.

An diesem Abend lädt uns Zaki zum Trost in ein amerikanisches Fischrestaurant ein, das im Hafen von Tampa liegt. Das Lokal ist sehr stark frequentiert, viele Leute warten am Eingang auf einen freien Tisch. Um die Zeit zu überbrücken, werden draußen Drinks serviert. Den bestellten Chablis bekommen wir dann vor diesem ausgezeichneten Restaurant doch tatsächlich in Plastikbechern serviert. Trotzdem ist das anschließende Essen super und eigentlich sehr preiswert. Zwölf Austern kosten zum Beisiel nur 3,50 Dollar.

Am folgenden Tag besuchen wir Tampas *Bush Garden*. Peter Bartz aus Williamsburg hat für uns Karten am Eingang hinterlegen lassen, womit wir uns die Eintrittsgebühr von 21 Dollar sparen. Dieses Geld wäre der Park mit seinen vielen Attraktionen allerdings auch wert gewesen.

Das Motto des Parks lautet »The dark Continent«, also »Der Schwarze Kontinent«. Eine großzügig angelegte Serengeti-Landschaft erwartet uns, mit zahlreichen Zebras, Giraffen, Elefanten, Kaffernbüffeln, Antilopen und vielen weiteren Tierarten. Zunächst fahren wir mit einer Magnetbahn über die riesige Steppe hinweg, wobei man die Tierwelt beobachten kann. Danach kommen wir durch Bazare und sauber angelegte afrikanische Städte, in denen dann Souvenirläden, Restaurants, Spielstände für Kin-

Delphinshow, Bush Gardens, Florida

der, Karussells, Gaukler, die Kunststücke vorführen, Schlangen-
beschwörer, Feuerschlucker, Fakire, Theater etc. zu sehen sind.
Dazu kommen noch Achterbahnen, Eisenbahnen, Wildwasserbahnen, Zirkusarenen, verschiedene Glücksspiele und vieles mehr.
Nirgendwo muß man zusätzlich zum Haupteintrittspreis noch etwas zahlen – außer für Essen und Getränke. Die Preise hierfür
sind sehr moderat und nicht so überteuert, wie es in Europa in
ähnlichen Anlagen sehr häufig der Fall ist. Ein Hamburger kostet
hier genausoviel wie außerhalb des Parks. Die Shows in den
Theatern oder Zirkusarenen sind sehr viel lustiger als bei uns.
Selbst bei der Jongleurvorstellung – bei uns meist sehr ernst und
angespannt – kommt man aus dem Lachen nicht mehr raus.
Auch die Tierdressuren und -vorstellungen sind sehenswert.
Insbesondere die Delphinshow und die Elefantendressur gehören
zur Spitzenklasse. Nachdem wir den ganzen Tag im *Bush Garden*
verbracht haben, gehen wir am Abend durch die Downtown von
Tampa, die aber nach 18.00 Uhr, wie in fast allen amerikanischen
Großstädten, fast ausgestorben ist. Hier wird nur gearbeitet, gelebt wird außerhalb. Sehenswert ist in Tampa noch die Universi-
tät, die im Baustil der Alhambra nachempfunden ist.
Nach einigen Tagen geht unsere Reise weiter, an der Küste entlang auf der US 41 durch Sarasota, Venice und Port Charlotte
nach Fort Myers. Schon nach einigen Kilometern sind wir von der
US 41 sehr enttäuscht, denn wir hatten erwartet, daß sie an schönen Küstenlandschaften vorbeiführen würde. Statt dessen ist die
Straße beiderseits von vielen Geschäften umzingelt, eine Rekla-
metafel jagt die andere und preist die Leistungen von Autohänd-
lern, Supermärkten und Fast Food-Läden an. Dazu kommen viele
Ampeln, die eine zügige Weiterfahrt unmöglich machen; dazu
kommt, daß in Amerika eine »grüne Welle« offensichtlich unbekannt zu sein scheint.
Fort Myers ist dann wieder eine schöne, kleine und friedliche
Stadt, in der Thomas A. Edison, der große amerikanische Erfinder, immer im Winter gelebt hat. Wir besichtigen auch seine Re-
sidenz mit den Wohnräumen, dem Museum und Laboratorium.
Einzigartig ist der Garten mit den vielen exotischen Pflanzen aus

verschiedenen Erdteilen, den Edison selbst angelegt hat. Ihm ist es auch zu verdanken, daß die wichtigsten Straßen von Fort Myers heute herrliche Palmenalleen sind. Die Palmen hatte Edison aus Südamerika heranschaffen und anpflanzen lassen. Imposant sind vor allem die riesigen indischen Bäume vor seinem Haus, die mächtig in die Breite wuchern. Die auf ihnen wuchernden Lianen, die von den Ästen herunterbaumeln, schlagen neue Wurzeln ins Erdreich und vermehren sich auf diese Weise. In den etwa achtzig Jahren seit ihrer Anpflanzung haben die Bäume ein so skurriles Ast- und Stammwerk geschaffen, daß kaum noch Tageslicht hindurchdringt. Vom Edison-Haus aus fahren wir durch eine Palmenallee über eine Mautbrücke auf die Insel Sanibel, wo wir direkt am Meer übernachten können und am nächsten Morgen angeln. Auf Sanibel gibt es einen großen Naturschutzpark mit dem lustigen Namen *Ding Darling Wildlife Refuge*. Es ist ein Nationalpark für Wildvögel, seltene Pflanzen, Alligatoren und weitere Wildtierarten, die auf der Insel leben. Der Park nimmt mehr als die Hälfte der Insel ein und man kann ihn nur zu Fuß durchqueren. Sanibel hat auch weite, sandige Strände, vor denen viele Appartementhäuser und Hotels stehen, die sich mit lediglich zwei bis drei Etagen gut in die Landschaft einfügen. Das milde, ausgeglichene Klima lockt viele Erholungssuchende und Kurzurlauber aus der näheren Umgebung an. Massentourismus gibt es hier nicht, dafür aber viel unberührte Natur.

Nach zwei schönen Tagen auf Sanibel fahren wir weiter auf der Route 41 durch Naples und dann nach Everglades City, dem Tor zu den großen Nationalparks *Big Cypress National Preserve* und *Everglades National Park*. Von dort aus fahren wir noch kurz auf die Insel Chokoloskee, der Hauptinsel der *Ten Thousand Islands*. Chokoloskee ist Ausgangspunkt für Kanu- und Angeltouren durch unberührte, ruhige Gewässer, die fast Sumpfcharakter haben und in denen man viele seltene Vogelarten beobachten kann. Die geführten Fischereitouren sind jedoch sehr teuer. Der kleine Abstecher zu dieser Insel lohnt sich nur, wenn man wirklich eine Bootstour unternehmen möchte.

Wir verlassen Chokoloskee bald und erreichen den *Big Cypress Park*, in dem wir vom Land aus mehr sehen können. Der Park gehört de facto auch zu den *Everglades*, hat nur einen anderen Rechtsstatus und wir müssen keine Eintrittsgebühr entrichten. Im Park gibt es Campresorts, in denen wir kostenlos übernachten können. Vorher sehen wir uns in dem kleinen Dorf Everglade City im Visitor Center einen Film über das Ökosystem im *Big Cypress* und *Everglades National Park* an. Von hier aus können auch preiswertere Bootstouren durch die Inselwelt der *Ten Thousand Islands* unternommen werden. Die Fahrt auf dem Ausflugsboot, auf dem etwa dreißig Leute mitfahren, kostet zehn Dollar pro Person.

Die Route 41 führt uns quer durch den *Big Cypress Park* und zum Teil am *Everglades National Park* vorbei bis nach Miami. Ungefähr auf der halben Strecke liegt ein schöner, gebührenfreier Campingplatz direkt an einem kleinen, glasklaren See, in dem wir angeln und baden. Erst am nächsten Tag erfahren wir von unseren Camper-Nachbarn, daß im See einige Alligatoren leben. Unter diesen Bedingungen wären wir sicher nicht im See geschwommen! Später sehen wir an dem *Tamiami Trail*, wie die Route 41 auch bezeichnet wird, noch viele Alligatoren in den Wasserläufen und Kanälen, die sich neben der Straße befinden. Die Landschaft ist interessant, obwohl sie sehr flach ist. Überall sind sumpfige Wiesen, die im Sommer total naß sind, mit vielen kahlen, weißen Bäumen und verschiedenen Vogelarten. Abends überfallen uns tausendfach kleine Stechmücken, die in regenreichen Sommern zur noch größeren Plage werden. Sie stellen jedoch in den Everglades die Lebensgrundlage aller Lebewesen dar.

Kurz vor Miami campieren wir an einem kleinen Alligatorengewässer, wo noch weitere Wohnmobile stehen. Obwohl hier und da ein Alligator auftaucht, scheint es niemanden zu stören. Solange man die Alligatoren in Ruhe läßt, so wird uns gelassen erklärt, könne nichts passieren. Krokodile verhalten sich da schon anders, wie uns Australier erzählen, die direkt neben uns campieren. Sie haben bisher fast genau dieselbe Reiseroute gemacht wie wir.

Dave Pretty von »Pretty Pictures«, einer Filmgesellschaft aus Perth, Jan und Susanne sind auf Weltreise. Zunächst haben sie Australien durchquert, befinden sich jetzt auf dem Amerika-Trip und wollen anschließend in sechs Monaten durch Europa reisen. In einer feuchtfröhlichen Runde im australischen Wohnmobil tauschen wir unsere Erfahrungen aus und lassen dabei gemütlich den Tag ausklingen.

Am nächsten Morgen fahren wir quer durch Miami direkt zum Strand von Miami Beach. Am *Ocean Drive* parken wir vor den herrlich bunten, pastellfarbigen Art-Deko-Bauten, in denen sich Restaurants, Hotels und Appartements befinden. Gleich gegenüber liegt sich der etwa dreihundert Meter breite, weiße Sandstrand. Bei phantastischem Sonnenschein werden wir von der brillianten Farbintensivität des Meeres geblendet. Der Anblick des unglaublich intensiven, grünlich bis türkisblauen Meerwassers ist atemberaubend schön. Solche Farben haben wir noch nie gesehen. Sie lassen sich auch in dieser Form nicht auf Fotos oder Filmen festhalten, man muß sie *in natura* erleben. Wir relaxen lange an diesem viele Kilometer langen, riesigen Sandstrand, wandern häufig durch den warmen Sand am Wasser entlang und baden in der kräftigen, tosenden und erfrischenden Meeresbrandung. Dieser Bereich von Miami Beach ist wunderbar. Hier paßt eigentlich alles toll zusammen. Vor allem die verspielten Art-Deko-Häuser und ein langgezogener Strandpark zwischen Ocean Drive und Strandpromenade mit vielen kleinen Palmenwäldchen vermitteln ein tolles Flair.

Nur ein oder zwei Straßen weiter landeinwärts wechselt die Szenerie abrupt, es ist schmutzig und ungepflegt. Dort stehen viele alte, heruntergekommene Appartementhäuser, die fast nur von ärmeren Rentnern bewohnt werden. Aus vielen Teilen der USA, vor allem aus New York, kommen die alten Menschen, um hier ihren Lebensabend angenehm zu verbringen oder auch nur, um zu überwintern. Doch mittlerweile ist das Leben auch in Miami Beach teurer geworden und die Rente reicht nur fürs Allernotwendigste. Die meisten alten Leute wirken auf uns sehr arm und

sehen teilweise verkommen aus. Es ist schon bedrückend zu sehen, wenn sie sich bei Burger King mit dem Bedienungspersonal
zanken, nur weil sie heimlich ihren Colabecher wieder aufgefüllt
haben.

Miami Beach ist eine Insel und liegt nur etwa zehn Kilometer
vom Stadtzentrum Miamis entfernt. Mehrere Brückendämme, die
causeways, die über die *Biscayne Bay* führen, stellen die Verbindung zum Festland her. Wir fahren vom Ocean Drive, der durch
das alte Miami Beach führt, auf der Collins Avenue durch den
neuen Teil der Insel an den vielen Hotelpalästen der großen Hotelketten vorbei. Diese Gegend ist sehr viel teurer, und die Strände sind häufig nur von den Hotels aus erreichbar. Die riesigen Betonbauten wirken einfach zu erdrückend und sind scheußlich,
auch wenn sie sicherlich jeden erdenklichen Luxus bieten. Sehenswert sind hier vor allem die Yachthäfen vor den Hotels, wo
millionenschwere Luxusboote liegen. Downtown Miami besitzt
eine imposante Skyline mit vielen Bürogebäuden, Banken, Luxushotels und Shopping-Malls. Die weiten Wege innerhalb dieser Innenstadt können mit einer Hochbahn überbrückt werden, die über
mehrere Straßen verläuft. Interessant ist aber eigentlich nur das
Bayside Village, das direkt vor dem Hafen angelegt ist. Darin befinden sich viele interessante Geschäfte, Boutiquen, Fischrestaurants, Kneipen und Discotheken. Wir sehen auch einige Freiluftkonzerte. Hier ist auch der einzige Ort, wo auch am Abend noch
»etwas los« ist. Ansonsten ist die Innenstadt nach 18 Uhr in Miami tot, weil die Menschen, die dort arbeiten, in den Randgebieten
der Stadt wohnen. Aber so ist es eigentlich in fast allen amerikanischen Großstädten.

Einen Besuch wert sind auch die Shopping-Malls »The Falls«
und »Cutler Ridge«, die im Süden der Miami-Area liegen. »The
Falls« ist ein künstlich angelegtes Areal mit vielen Seen und Wasserfällen, um die sich viele kleine Geschäfte reihen, die alle in
gleich aussehenden, harmonischen Holzhäuschen untergebracht
sind. Den Mittelpunkt bildet hier ein Kaufhaus von Bloemindales, dessen Waren jedoch sehr teuer sind. Im »Cutler Ridge« liegen die Preise auf einem niedrigeren Niveau.

Die Jobsuche gestaltet sich in Miami für uns schwierig, weil viele Exilkubaner den Arbeitsmarkt überschwemmen. Wir fahren deshalb nach einigen Tagen die US 1 weiter Richtung Süden auf die *Florida Keys*. Zunächst über Key Largo, Plantation Key, Islamorada, Long Key bis nach Grassy Key, wo wir in einem Motel übernachten. Die US 1 heißt auf den Keys *Overseas Highway*, weil sie über 42 Brücken führt und fast alle Florida Keys miteinander verbindet.

Auf Key Largo gibt es den ersten Unterwasser State Park, den *John Pennekamp Coral Reef State Park*. Für Taucher ist das ein hervorragendes Revier mit vielen Korallenbänken und gesunkenen Schiffen. Aber auch mit einem Glasbodenboot kann man die schönen Korallenriffe und Unterwasserpflanzen sehen, die sich nicht weit unter der Wasseroberfläche befinden. Die Keys haben in Florida eine tolle klimatische Lage mit Temperaturen, die sich das ganze Jahr über zwischen 20 und 35° C bewegen; außerdem regnet es im Sommer nicht soviel wie auf dem Festland Floridas.

Wer hier jedoch astreine Sandstrände erwartet, wird enttäuscht, denn die Keys bestehen aus abgestorbenen Korallenbänken, und die wenigen kleineren Sandstrände sind künstlich mit Sand aus Südamerika angelegt worden. Trotzdem bieten die Keys alle Möglichkeiten für fast jede Wassersportart. Die Wassertemperaturen liegen selten unter 20° C. Vor allem dem Schwimmen, Schnorcheln, Tauchen, Fischen, Segeln, Surfen und Wasserskifahren kann hier ideal gefrönt werden.

Die schönsten Keys treffen wir weiter im Süden, wobei man sich nicht vom Anblick der größeren Orte entlang des Overseas Highways schocken lassen darf, denn die sehen nicht so berauschend aus. Meist nur eine Querstraße vom Overseas Highway entfernt befinden sich wunderschöne Häuser, Hotels und Appartementhäuser mit Bootsanlegern, die an kleinen Wasserstraßen liegen. Hinter der Stadt Marathon überqueren wir die riesige *Seven-Miles-Bridge*, die eine Verbindung zum *Bahia Honda State Park* herstellt. Hier ist einer der Keys nicht bebaut bzw. bewohnt, weil er der Natur überlassen bleiben soll. Lediglich ein staatlich betriebener Campingplatz direkt am Wasser kann benutzt wer-

Typische Architektur in Key West

den. Er ist jedoch extrem teuer. Dreißig Dollar kostet eine Übernachtung pro Wohnmobil – im übrigen ohne Duschen, denn die werden in Naturschutzparks grundsätzlich nicht angeboten. Solche Campingplätze lohnen sich folglich nur für große Wohnmobile mit eingebauten Duschen und Toiletten.

Kurze Zeit später erreichen wir Key West, die sicherlich schönste Insel der Florida Keys. Der Ort hat einen gewachsenen Stadtkern mit phantasievollen, alten Holzhäusern im karibischen Baustil. Die Häuser haben fast alle rundum Holzveranden und Balkone, die unter anderem verhindern, daß die Sonne in die Häuser hineinscheint. Wir genießen es hier, schön und lange durch die kleinen Straßen zu bummeln und uns etwas treiben zu lassen. Auf Key West, so kommt es uns vor, gibt es mehr junge Leute als in den anderen Urlaubsorten Floridas.

Der Schriftsteller Ernest Hemingway lebte bekanntlich hier. Sein interessantes, grün gestrichenes Haus kann einschließlich der Nachkommen seiner vielen Katzen besichtigt werden (Eintritt fünf Dollar). Auch der ehemalige US-Präsident Truman lebte im

45

Winter auf Key West und hatte ein »Little White House« auf der Insel, die nur etwa 150 km nördlich von Kuba liegt.

Einzigartig ist an jedem schönen Abend der Sonnenuntergang am südlichsten Punkt von Nordamerika auf Key West, wo der Golf von Mexiko und der Atlantische Ozean zusammentreffen. An dieser Stelle finden sich täglich viele Menschen ein, die gemeinsam den Sonnenuntergang miterleben wollen. Es sind viele Imbiß-, Getränke-, T-Shirt- und Souvenirstände aufgebaut. Musikbands spielen, Artisten führen Kunststücke vor, Tarotkartenleser sagen die Zukunft voraus, Tierdressuren und Feuerschlucker sind zu sehen, und man probiert den traditionellen *Key Lime Pie*, eine Art von Zitronenkuchen. Hunderte von Menschen sind immer hier anzutreffen.

Unsere ersten Versuche, einen Job in einem der vielen Restaurants oder Hotels zu bekommen, scheitern, weil wir keine Green-Card oder die eine Social-Security-Nummer besitzen. Lediglich einen kleinen Aushilfsjob für kleine Hausreparaturen bekomme ich für drei Stunden im Curry Manison, dem Hotel des Eisenbahn- und Hotelmagnaten Henry Flagler. Immerhin gibt uns der erste Verdienst in Amerika ein wenig Optimismus mit auf die Reise. Kurz vor Key West bleiben wir einige Tage auf Boyd's Campground für 21 Dollar pro Nacht. Mit der Zeit fühlen wir uns immer unwohler auf Key West. Der Mangel an Geld und die fehlende Aussicht auf einen Job machen uns zu schaffen. Außerdem geht uns der ständige Rummel auf den Straßen allmählich auf die Nerven – fast alle Leute sind so aufgesetzt freakig und fröhlich.

Im Stellenmarkt einer Tageszeitung lesen wir, daß in Marathon, der zweitgrößten Stadt auf den Florida Keys, ein größerer Arbeitskräftebedarf besteht. Zahlreiche Stellenangebote offerieren interessante Jobs für uns. Wir fahren also am nächsten Tag zurück nach Marathon, das etwa eine Stunde entfernt liegt. Zunächst sind wir nicht begeistert von der Stadt, denn entlang des Overseas Highways gibt es nur viele häßliche Gewerbebauten mit den typisch großen Leuchtwerbeschildern. Als wir jedoch zu beiden Seiten der Insel ans Meer fahren (im Nordosten der Golf von

Mexiko, im Südwesten der Atlantik), wird es viel schöner. Hier stehen viele kleine, maximal dreigeschossige Hotelgebäude, Appartementanlagen und schöne Ferienhäuser mit eigenem Bootsanleger vor der Haustür.

Besonders schön ist Key Colony Beach, kurz vor Marathon. Nachdem wir etwa zehn Hotels und Restaurants aufgesucht und uns dort beworben haben, wollen uns tatsächlich drei Arbeitgeber einstellen. Inzwischen hat Henry uns die Social-Security-Nummer telefonisch durchgegeben, die wir jetzt in die Bewerbungsunterlagen eintragen können und somit bessere Chancen haben, einen Job zu bekommen.

Am Abend haben wir sogar noch einen Vorstellungstermin in einem deutschen Restaurant, der so erfolgreich verläuft, daß Heike als Kellnerin eingestellt wird. Als »Arbeitskleidung« muß sie ein bayerisches Dirndlkleid tragen, das ihr zur Verfügung gestellt wird; sehr glücklich ist sie darüber nicht gerade. Aber bei den Amerikanern kommt es sehr gut an, wie sich später herausstellt.

Ich habe inzwischen auch Erfolg und kann bei einer kleinen Bootswerft arbeiten, auf der Sport- und Hausboote gewartet werden. Ludwig und Karla heißen unsere Arbeitgeber. Ludwig ist vor zehn Jahren aus Kaiserslautern gekommen, weil es für ihn als Bootsbauer in Deutschland wenig Möglichkeiten gab, einen guten Job zu finden. Karla lebt schon seit über 20 Jahren in den USA und hat schon in Texas und in Memphis (Tennessee) gewohnt, bevor sie Ludwig kennenlernte und mit ihm nach Florida ging. Ich verdiene fünf Dollar pro Stunde, während Heike nur zwei Dollar und einen Cent bekommt. Sie wird ihr Geld hauptsächlich mit dem Trinkgeld verdienen, das zwischen 15 und 20 Prozent des Rechnungsbetrages liegt. Durch diese Regelung versucht man Dienstpersonal wie Kellner, Hotelpagen, Gepäckträger und andere zu animieren, schneller und freundlicher zu arbeiten. Damit werden natürlich auch die Hauptkosten für das Personal einfach auf die Kunden übertragen.

Mein Job in der Bootswerft ist zwar interessant, aber auch sehr anstrengend. Meine Aufgabe besteht vorwiegend im Wachsen

Heike in ihrer Arbeitskleidung

Elmar vor dem Ocean Beach Club

und Polieren von Kunststoffbooten. Nicht schlecht, welche Yachten ich dabei so zu sehen bekomme. Heike arbeitet zunächst nur mittags, hat aber nach einer Woche Glück, daß eine Kollegin von heute auf morgen nicht mehr erscheint. Sie kann dann auch abends arbeiten, wo sie viel mehr *Tips* (Trinkgeld) bekommt, da die Gäste mehr und teurere Gerichte essen als mittags. Die Gäste sind sehr erfreut darüber, daß sie von einem »Fräulein« aus Deutschland bedient werden und geben gutes Trinkgeld.

Nach einer Woche habe ich keinen Spaß mehr an meinem Job und suche mir einen neuen. Schnell werde ich fündig und kann gleich in einem Hotel- und Appartementkomplex in Key Colony Beach als Hausmeister arbeiten. Dort bin ich für Reparaturen, Wartungsarbeiten und die Pflege des Swimming-pools zuständig. Ich lerne während dieser Tätigkeit viele Hotelgäste kennen und kann dabei viel im Freien arbeiten oder auch mal den Fernseher einschalten, wenn ich auf irgendwelchen Zimmern etwas reparieren muß. In unserer Freizeit können wir an dem besonders schönen Privatstrand des Hotels liegen und auch das Schwimmbad nutzen. Das ist besonders für Heike interessant, die nachmittags meistens drei Stunden Pause hat.

△ *Südstaaten-Architektur in Charleston*
▽ *Bush Gardens, Tampa*

Art Deco am Ocean Drive, Miami Beach

△ *Auf den Florida Keys*
▽ *Cape Canaveral*

△ *Am Mississippi*
▽ *Preservation Hall, New Orleans*

△ *Endlose Weite in New Mexico*
▽ *Taos Pueblo*

Arches National Park, Utah

Grand Canyon

△ *Unglaubliche Farben und Formen im Bryce Canyon*
▽ *Grand Canyon*

An einem unserer freien Tage fahren wir zu dem kleinen Flughafen von Marathon und buchen einen Rundflug mit einem Charterflugzeug über die Inselwelt der Keys. Bei wolkenlosem Himmel haben wir eine herrliche Aussicht auf das türkisblaue Meer und die grünen, mit Mangroven bewachsenen Keys. Von oben sehen wir zu unserer Überraschung, daß der Großteil der Inseln unbewohnt ist.

Nach dem Rundflug lerne ich Dave, einen ehemaligen TWA-Piloten, kennen, der sich anbietet, mir Flugunterricht zu geben. Bis zum Flugschein soll es etwa 2500 Dollar kosten. Ein gutes Angebot, aber trotzdem für mich leider nicht zu finanzieren – oder wir müßten unsere Reise danach beenden. Schweren Herzens muß ich ablehnen, denn in Deutschland wird so ein Pilotenschein bestimmt dreimal so teuer sein.

Wir wohnen während unseres siebenwöchigen Aufenthalts in Marathon auf dem Knights Key Campground, der sehr gut angelegt ist, mit eigenem Yachthafen, Bootsrampe, kleinem Badestrand, einem Pub und sauberen Sanitäranlagen. Allerdings ist der Spaß sehr teuer: 21 Dollar kostet es pro Tag auf dem billigsten Platz, d. h. wir bekommen noch nicht einmal den sonst üblichen Tisch mit Bank und auch keinen fest zugewiesenen Platz, sondern müssen uns ein Plätzchen auf einer großen Wiese suchen. Da wir so lange bleiben, bekommen wir zum Glück erheblichen Rabatt und zahlen »nur« 15 Dollar pro Übernachtung.

Eines Abends muß ich Dan, den Tellerwäscher vom »Little Bavaria«, auf Kaution aus dem Gefängnis von Key West freikaufen. Er war am Abend zuvor in eine Schlägerei verwickelt und wurde sofort von der Polizei eingesperrt. Für 250 Dollar Kaution kann ich ihn freikaufen. Das Geld hat Karla, seine Chefin, ausgelegt. Wie fast alle Amerikaner, die wir auf den Keys kennenlernen, hat Dan zwei Jobs, um einigermaßen vernünftig leben zu können. Nach seinem harten Tagesjob kommt er direkt ins »Little Bavaria« – und arbeitet dann noch bis etwa 22 Uhr.

An diesem Abend bringe ich ihn nach Hause und vertrete ihn in der Spülküche. In Amerika zählt es nicht, womit man sein Geld macht, sondern ob man überhaupt welches besitzt. Viele Amerikaner sind stolz auf ihre bescheidenen Anfänge und scheuen sich nicht, davon zu erzählen, wenn sie es dann später geschafft haben. Genauso ist es beim Abstieg. Ich habe von Amerikanern gehört, die bei großen Konzernen im Top-Management saßen; nachdem sie dort gefeuert worden waren, hatten sie vorübergehend als kleine Anzeigenvertreter oder in ähnlichen Jobs gearbeitet, um die Zeit zu überbrücken, bis sie wieder eine vergleichbare Stellung gefunden hatten. So etwas wäre in Deutschland undenkbar.

Im Hotel erlebe ich noch weitere auffällige Unterschiede zwischen Deutschland und Amerika. In den Staaten wird nicht sehr sorgfältig und gründlich gearbeitet. Das Motto ist meistens: Hauptsache, es geht schnell und problemlos. Das ist vor allem beim Hausbau und bei Reparaturen zu sehen. Bei genauerem Hinsehen kommen einem ganz schöne Zweifel an dieser Methode. Ein amerikanischer Arbeitgeber erwartet von seinen Angestellten, daß sie, wenn irgendwie möglich, ihre Aufgaben erfüllen. Egal wie. Dabei wird dann auch keine hundertprozentige Genauigkeit erwartet, wichtig ist nur, daß etwas schnell erledigt wird und funktioniert. Niemand nimmt sich die Zeit und die Mühe, irgendwelche Banalitäten zu bemängeln. Im amerikanischen Geschäftsleben kümmert man sich mehr um den schnellen Gewinn, und Privatleute wollen sich ihre knappe Freizeit nicht vermiesen. Diese Einstellung zieht sich durch alle Geschäftsbereiche. Deshalb bieten amerikanische Unternehmen auch keine richtige Berufsausbildung an. Um die muß man sich selbst bemühen und irgendwelche Schulen oder Kurse besuchen.

Am 17. März ist St. Patricks Day, und viele Menschen ziehen am Tage und abends grüne Kleidung an und feiern den irischen Nationalfeiertag. Toll, wie alle mitmachen, auch wenn nicht viele mit Iren zu tun haben. Wir feiern in einem Country Club, wo gute Livemusik gespielt wird. Zu später Stunde kommen dann einige Gäste auf die Bühne und singen mit dem Künstler. Sie machen das so gut, daß der eigentliche Star des Abends verblaßt, sich zu den Zuhörern gesellt und die Gäste weiter musizieren läßt. Die

Amerikaner scheinen Spaß daran zu haben, ihr Können öffentlich zur Schau zu stellen. Wir würden uns meistens nicht trauen, einfach aufzustehen, auf die Bühne zu gehen und vor wildfremdem Publikum zu singen.

Mit Norman, einem Hotelgast aus Kanada, fahre ich einige Male zu einem öffentlichen Golfplatz, wo wir für 6,50 Dollar inklusive Schlägerverleih eine 9-Loch-Runde spielen können. Öffentliche Golfanlagen sind häufig in Nordamerika, auf ihnen kann gegen eine geringe Gebühr auch ein Anfänger spielen. Nach irgendwelchen Clubmitgliedschaften wird nicht gefragt. Auf einer *Driving-Range* läßt sich gut üben, bevor man sich auf die richtige Anlage wagt. Jeder, der einigermaßen begabt ist, kommt schon nach wenigen Stunden intensiven Übens gut auf der Anlage zurecht. So etwas wird in Amerika nicht so tierisch ernst genommen wie in Deutschland, wo das Golfspielen immer noch unerschwinglich teuer und snobistisch ist.

Meine Eltern besuchen uns für zwei Wochen in Florida. Sie wohnen zunächst im Adrian-Hotel vom Miami Beach und dann in einem kleinen Motel in Marathon. Sie unternehmen viele Radtouren und Ausflüge, und es gefällt ihnen gut bei uns. Natürlich freuen sie sich, daß bei uns alles so prima läuft. Heike arbeitet mit Marianne aus Wien im Restaurant zusammen, die seit zwei Jahren in Florida lebt. Sie war mit einem Amerikaner verheiratet, und nach ihrer Scheidung sind ihre Arbeitspapiere nicht mehr gültig. Sie ist Zahnarzthelferin, arbeitet am Wochenende als Serviererin und putzt samstags in einem Haushalt, um finanziell über die Runden zu kommen. Mit diesem Verdienst kann sie sich gerade eine Zwei-Zimmer-Wohnung leisten, die sie sich mit einem »Roommate« teilt. Dies ist eine weitverbreitete Praxis in den USA, Wohngemeinschaften zu bilden, um Kosten zu sparen.

Eines Tages kommen plötzlich zwei Beamte in die Zahnarztpraxis und wollen Mariannes Arbeitspapiere kontrollieren, die nunmehr ungültig sind. Sie wird vor die Wahl gestellt, zu klagen, mit dem Risiko, eventuell fünf Jahre Einreiseverbot in die USA aufgebrummt zu bekommen oder »freiwillig« binnen eines Monats das

Land verlassen zu müssen. Ihr Paß wird gleich eingezogen, den sie dann erst wieder am Flughafen zurückbekommt.

Marianne will freiwillig gehen, weil sie sowieso nicht ganz glücklich ist und sich wegen der hohen Lebenshaltungskosten auf den *Keys* nicht einmal ein Auto leisten kann. Ohne Auto ist es hier sicher ein Alptraum, denn fast jede Besorgung kann nur mit dem Auto erledigt werden.

In unserer letzten Woche auf den *Florida Keys* belegen wir einen Tauchkurs. Die ersten Unterrichtsstunden bestehen aus Video-Schulungsfilmen, die uns auf die Gefahren dieses Sports hinweisen. Dann geht es in den Swimming-pool von »Tildens Pro Dive Shop«. Tilden, unser Tauchlehrer, ist sehr nett, und wir haben jetzt, am Ende der Saison, quasi Einzelunterricht bei ihm, weil sich keine weiteren Tauchschüler angemeldet haben. Der Kurs kostet 225 Dollar inklusive aller Unterrichtsunterlagen wie Bücher und Testhefte. Im Pool lernen wir an drei Tagen mit der Tauchausrüstung umzugehen. Atemtechnik, das Reinigen der Taucherbrille unter Wasser, die Bleigewichte unter Wasser ab- und anlegen, Flossenschwimmen, mit dem Octopus-Atemstück des Tauchpartners atmen und vieles mehr.

Als wir das alles gut beherrschen, geht es endlich zu den »Open Water Lessons« mit dem Motorboot hinaus zu den Korallenriffen ins offene Meer. Mit dem Wetter haben wir Glück: strahlend blauer Himmel, kaum Wind und total ruhiges, glasklares Wasser, das eine Sicht bis auf den Grund zuläßt.

Gregg, der Tauchlehrer aus Alaska, begleitet uns beim ersten Tauchgang bis in 25–30 Meter Tiefe. Wir sind sehr aufgeregt, als wir uns langsam an der Ankerkette in die Tiefe hinabhangeln. Unten angekommen, schwimmen wir mit Gregg zu einem sandigen Stück Meeresboden. Dort führt uns Gregg die Prüfungsübungen vor und wir müssen sie einzeln nachmachen. Alles klappt prima, und wir können danach schon auf Entdeckungsreise gehen, bis unser Luftvorrat aufgebraucht ist. Wir sehen herrliche, farbenfrohe Korallen, die wunderschön leuchten und sich mit der Meeresströmung bewegen. Viele bunte Fische schwimmen in großer Anzahl um uns herum. Es ist wie in einem schönen Traum.

Die Zeit geht viel zu schnell vorbei und wir müssen bald wieder auftauchen. Mit dem Kompaß finden wir leicht den Weg zum Boot zurück, und als alle Taucher wieder an Bord sind, fahren wir zu einem anderen Riff, das wir nach einer halben Stunde erreichen. Hier ist das Wasser nur etwa 10–15 Meter tief. Nachdem wir mit Gregg noch einmal das *Buddybreathing* (atmen mit dem zweiten Atemstück des Tauchpartners) geübt haben, tauchen Heike und ich noch etwa vierzig Minuten allein weiter und besichtigen einen Korallenhang, der noch schöner und farbintensiver ist.

Mit den beiden Tauchgängen haben wir die praktische Tauchprüfung bestanden und dürfen schon am nächsten Tag zwei Tauchgänge völlig allein unternehmen. Auch an diesem Tag haben wir genauso schönes Wetter, jedoch kräftigeren Wind. Nach zunächst ruhiger Fahrt kommt das Tauchboot dann in der Nähe der Tauchgebiete in turbulentere Regionen. Viele Menschen, zu denen auch Heike gehört, werden dabei seekrank; sie ist froh, als sie dann endlich mit ihrer Ausrüstung ins Wasser springen kann. Beim ersten Tauchgang gehen wir bis auf 25 Meter hinunter. Bleiwesten erleichtern uns den Tiefgang, den wir wieder an der Ankerkette entlang unternehmen. Diesmal bleiben wir fünfzig Minuten unten und sehen wieder eine phantastische Unterwasserwelt. Der zweite Tauchgang bewegt sich zwischen sieben und zehn Meter Tiefe, wo es noch farbenfroher und heller ist. Wir sehen sogar seltene Cathedral- und Pillow-Korallen, zwischen denen sich bunte Fische tummeln.

Ein aufregendes Erlebnis.

Zum Glück begegnen wir hier keinem der Haie, die in diesen Gewässern zahlreich vorkommen. Als wir dann wieder zur Tauchschule zurückkommen, absolvieren wir die theoretische Prüfung. Von einhundert Fragen dürfen wir nur zehn falsch beantworten. Nicht so einfach, aber wir schaffen es und erhalten den begehrten Taucherausweis.

Am folgenden Abend verabschieden wir uns mit einem Bummel durch Marathons Discotheken und Kneipen und einem Essen von unseren Freunden, bevor wir am nächsten Morgen weiterfahren.

Ein Abschied mit Wehmut, denn Marathon ist für uns schon nach sieben Wochen so etwas wie eine Wahlheimat geworden. Wir haben uns hier sehr wohl gefühlt. Zunächst geht es nach Miami und Miami Beach, wo wir ein letztes Mal den Ocean Drive entlangfahren und dann auf der A1A weiter durch Hollywood bis nach Fort Lauderdale. Dort befindet sich auch das Steak-Restaurant Ambry, das dem ehemaligen Weltklassefußballer Gerd Müller gehört. Das Ambry liegt direkt an unserem Weg, ist jedoch klein und unscheinbar. Das Essen soll sehr gut sein. Leider ist heute Ruhetag, es ist geschlossen. Nicht weit entfernt liegen der herrliche Sandstrand von Fort Lauderdale und weit verzweigte Wasserstraßen, an denen große Villen und Häuser mit Bootsanlegern stehen. Je weiter wir nach Norden kommen, um so pompöser und größer werden die Anwesen und Paläste der Millionäre Amerikas. Sie sind in Pompano Beach, Boca Raton und vor allem Palm Beach angesiedelt. Der Reichtum der hier lebenden Menschen ist kaum zu ermessen, und sie schämen sich nicht, ihren Reichtum auch zu zeigen, was in Deutschland in diesem Maße undenkbar wäre. In Palm Beach sollen die meisten Millionäre der Welt leben, die prachtvollsten Villen zeugen davon.

Auch das dortige Flagler Museum ist ein Prachtbau. Der Strand ist zwar sauber, jedoch etwas schmal und direkt an der A1A-Straße gelegen. Und kurz vor Palm Beach kommen wir nirgendwo an den Strand, denn überall ist strenges Parkverbot, und die Treppen, die zum Meer hinabführen, sind privat und dürfen nicht benutzt werden. So werden hier Privatstrände angelegt. Für das normale Volk haben die Reichen dieser Gegend etwa zehn km vor Palm Beach ein großes Strandbad-Resort gestiftet, das wunderschön angelegt ist, allen erdenklichen Komfort bietet und lange Sandstrände hat. Auch der Hauptstrand von Palm Beach ist natürlich öffentlich, jedoch etwas schmal. Von der A1A fahren wir dann auf der Interstate 95 weiter bis Cape Canaveral zum *Kennedy Space Center*, wo die Weltraumflüge der NASA vorbereitet und gestartet werden. Alles ist für den Touristenansturm gerüstet. In speziellen Besucherhallen gibt es Filme und Dokumentationen zu sehen, und von dort aus starten gut organisierte Bustouren zum Montage- und Abschußrampengebiet, wo die verschiedenen Trägerraketen und die Space-Shuttles gestartet werden. Im Mission-Control-Center erleben wir noch einmal Werdegang und Ablauf der ersten Mondlandung mit. Auch die Astronauten-Trainingsprogramme und -Übungsräume werden uns gezeigt. Ferner sehen wir die alte Apollo-8-Rakete und Mondlandefähre mit allen Triebwerken. Ist schon riesig so eine Rakete, aber schaut man sich die Details an, so ahnt man, daß alles auch irgendwie billig zusammengeflickt ist. Interessant ist zum Schluß auch der Gift-Shop, in dem man sehr viele originelle Souvenirs aus dem Raumfahrtbereich kaufen kann, wie echtes Weltraumeis und Weltraumkugelschreiber. Sehenswert sind natürlich auch die vielen Filme, die in den Kinos gezeigt werden.

Nach ungefähr vier Stunden im Kennedy Space Center fahren wir weiter nach Orlando, wo wir diesmal auf einer Rest-Area vor dem Disney-Gelände übernachten. Morgen geht es zur Mickey Mouse.

Ein Traum wird wahr, endlich sind wir auf dem Gelände der *Walt Disney-World!* Um neun Uhr erreichen wir den Parkplatz »Daisy«; dort werden wir mit einem kleinen Zug abgeholt und zu den Eingangskassen gefahren. Alles ist perfekt organisiert. Schon die Anfahrtswege sind so großzügig geplant, daß selbst an Tagen mit über 300 000 Besuchern keine langen Wartezeiten entstehen. Das gesamte Gelände ist unvorstellbar groß, wobei bestimmt 80 Prozent der Fläche noch nicht bebaut sind. Perfekt ist auch der Service für Kleinkinder und Behinderte, für die spezielle Kinderwagen und Rollstühle bereitstehen. Wie überall in Amerika können Rollstuhlfahrer alle Einrichtungen bequem erreichen. Die Rollstühle werden aber auch vielfach von Leuten benutzt, die sich die weiten Wege innerhalb des riesigen Parkgeländes nicht zumuten wollen.

Drei große Disney-Attraktionen bestimmen im wesentlichen das Angebot: Magic Kingdom, Epcot-Center und die MGM-Filmstudios. Für jedes Gebiet benötigt man mindestens einen Tag, um alles miterleben zu können. Der Eintrittspreis von 28 Dollar pro

Mickey's Auto, Disney World

Tag gilt immer nur für eine Disney-Attraktion. Die Parkplatzgebühr von drei Dollar kommt extra. Für eine größere Familie wird es also ein teurer Tag.

Wir besuchen das *Magic Kingdom* und fahren mit einer Magnetschwebebahn durch das imposante Disney-Hotel und dann zum Magic Kingdom. Mit Mickeys Birthday-Train kommen wir in die Stadt von Mickey Mouse und seinen Freunden. Dort findet Mickeys 60. Geburtstagsfeier statt. Es wird ein kleines Musical aufgeführt, in dem Mickeys Freunde eine große Geburtstagstorte backen und anschließend groß feiern. Danach sehen wir die Realität gewordene Comicstadt Entenhausen, die phantasievoll aus vielen bunten Häusern aufgebaut worden ist.

In einem Kino werden die ersten Mickey Mouse-Filme und neuere 3-D-Filme aufgeführt. Um 15 Uhr findet die große Geburtstags-Parade mit Musikkapellen, bunten Wagen und Figuren vor fröhlichen Kindern auf der Mainstreet statt. Imposant sind vor allem das Cinderella-Schloß und die vielen alten, nachgebildeten Häuser am Liberty Square, wo auch eine Kopie der *Liberty Bell* aus Philadelphia zu sehen ist.

In der Halle der Präsidenten werden alle US-Präsidenten vorgestellt, die als lebensecht aussehende Wachsfiguren zum Publikum sprechen. Sogar Ronald Reagan ist schon dabei. Fast überall, wo Musicals oder irgendwelche Szenen nachgestellt werden, hat Disney mittlerweile Roboterfiguren eingesetzt, die sich wie reale Menschen bewegen.

Im Adventureland unternehmen wir eine Bootsfahrt durch einen nachgebildeten Dschungel, im Frontierland sehen wir eine Wildwest-Schießerei und fahren mit der Big Thunder Mountain Railroad. Im Phantasieland nehmen wir an einer U-Boot-Fahrt mit der Nautilus teil und sehen uns die Mickey Mouse Revue show an. Das Tomorrowland bietet Nervenkitzel. Die Fahrt mit der Space Mountainbahn, einer Achterbahn im dunklen Weltall, und der Raketenstart zum Mars sind wahnsinnig gute Einrichtungen, die sehr realistisch wirken.

In jedem Abschnitt gibt es darüber hinaus noch weitere Aufführungen und Karussells, deren Nutzung wie überall keine zusätzlichen Gebühren kosten. Trotz der hohen Preise lohnt sich Disney World auf jeden Fall, denn der Gegenwert stimmt. Natürlich ist alles hier ein Riesengeschäft, und es gibt noch unzählige

Möglichkeiten auf dem Parkgelände, noch mehr Geld auszugeben. Vor allem in guten Souvenirläden, Restaurants, Cafés und Imbißstuben. Doch die Preise für das Gebotene sind fair, und es liegt an jedem Besucher, möglichst viel für seinen Eintrittspreis zu bekommen. Nach über zwölf Stunden verlassen wir müde und erschöpft Disney World. Aber wir sind zufrieden und erlebten einen interessanten Tag.

Das *Epcot-Center*, eine Art Dauer-Weltausstellung, ist für Amerikaner sicher interessanter als für uns, denn Schwerpunktthema ist Europa. Es wird viel Technik und Kultur aus den verschiedenen Ländern der Erde gezeigt. Wir sehen uns nur noch einen Teil der MGM-Filmstudios an, wo man hinter die Kulissen der Filmindustrie blicken kann. In der Nacht fallen wir müde in unsere Betten, waren wir doch den ganzen Tag von einer Attraktion zur anderen gelaufen.

Am nächsten Tag fahren wir über den Florida Turnpike, eine gut ausgebaute Mautstraße, bis zur Interstate 75 und wechseln dann auf die 10 bis Pensacola. Die Landschaft ist abwechslungsreicher als im Süden Floridas, mit viel Mischwald und Weiden für Rinder und Pferde. In der Nähe von Pensacola verlassen wir Florida und fahren weiter nach Westen.

Auf dem Weg zum Westen

Dem Highway 10 folgend, durchqueren wir den südlichen Teil des Baumwollstaates Alabama und sehen uns dabei auch die interessante Hafenstadt Mobile an. Im Hafen der Stadt liegt das bedeutende Schlachtschiff »Alabama« aus dem 2. Weltkrieg, das heute ein Marinemuseum ist. Vor dem Schiff sind auch mehrere Jagdflugzeuge und weitere Kriegsobjekte ausgestellt, die von Veteranenverbänden unterhalten werden.

Hinter Mobile beginnt die amerikanische Riviera, wie die Golf-küste des Südens auch genannt wird. Auf der Route 90 fahren wir die Küste entlang und begegnen im Bundesstaat Mississippi schönen Badeorten. Vor allem in Biloxi gibt es breite Sandstrände und zahlreiche gepflegte Südstaatenhäuser mit Säulenumgängen und alten Baumbeständen in den Gärten. Auf der anderen Straßenseite liegt der Golf von Mexiko mit langen, menschenleeren Stränden. Wir rasten am Strand und legen uns etwas in die Sonne. Zum Baden kommen wir leider nicht, weil das Meer sehr flach ist und das Wasser durch den schlammigen Meeresboden trüb und ekelig aussieht. Außerdem ist das Ufer mit Teerklumpen verunreinigt.

Im Herbst wird diese Gegend häufig von Hurrikans heimgesucht, und Biloxi ist schon einige Male schwer zerstört worden, zuletzt vom Hurrikan »Hugo«. Mobile und Biloxi waren wie New Orleans einmal Hauptstadt der französischen Kolonien in Nordamerika.

Auf der Strecke nach New Orleans erkundigen wir uns am *Welcome-Center* Louisianas, welchen Weg wir zum *Vieux Carré*, der Altstadt von New Orleans, fahren sollen und welche Sehenswürdigkeiten wichtig sind. Die Welcome-Center der verschiedenen Bundesstaaten geben uns immer gute Tips, kostenlose Straßenkarten und Stadtpläne.

In New Orleans ist noch viel von der französischen Kolonialzeit erhalten geblieben. Das wird vor allem im *Vieux Carré*, dem sogenannten French Quarter, und an der Cajun-Küche sichtbar, die zur besten Amerikas zählt. Auch das *Mardi Gras*, ein berühmtes Karnevalsfest, findet nur noch in New Orleans statt.

Direkt am Mississippi in der Nähe des French Quarter gibt es für vier Dollar einen bewachten Parkplatz. Der Parkwächter weist uns sogar drauf hin, daß wir hier auch in unserem Van übernachten könnten, wenn wir wollten. Doch zunächst beobachten wir, wie der große, stolze Mississippi-Raddampfer »Natchez« ablegt und langsam, fast majestätisch davonfährt. Nur wenige Meter weiter tuckert die letzte alte Straßenbahn »St. Charles« an uns vorbei. Die Bahn ist noch im Originalzustand, wie vor hundert

Jahren. Gleich hinter dem French Quarter fängt die neue Innenstadt an, mit den üblichen Wolkenkratzern und einem abends leblosen Stadtkern.

Ganz anders sieht es im French Quarter, der Altstadt, aus, die zu jeder Tag- und Nachtzeit sehr belebt wirkt. Es sind jedoch meistens Touristen, die sich in der Nähe des French Markets an Touristenbuden und Obst- und Gemüseständen tummeln. In den kleinen, verträumten Gassen und Sträßchen ist es zum Glück leerer, und wir können die ganze Schönheit der französischen und spanischen Architektur bewundern, die sich hier mit Elementen aus den Südstaaten verbunden hat. Zahlreiche blumengeschmückte Balkone mit verschnörkelten spanischen Schmiedeeisenarbeiten

New Orleans

zieren die Hausfassaden. Leider regiert in den größeren Straßen der totale Tourismus, und jedes natürliche Leben scheint sich dadurch zurückzuziehen. Besonders die Bourbon Street, in der sich zahlreiche Jazzclubs befinden, wird vom Touristenstrom ganztägig belagert. Am Nachmittag sind wir vom vielen Laufen so müde, daß wir ein wenig im Auto schlafen, um am Abend noch etwas Jazz erleben zu können.

Nach einem Drink in Pat O'Brians Pub gehen wir zur *Preservation Hall*, der letzten authentischen Jazz-Spelunke. Bereits eine Stunde vor dem ersten Auftritt müssen wir am Eingang warten, um noch hineinzukommen. Zum Glück hatten wir nicht bemerkt, daß in Louisiana die Central-Zeitzone gilt und die Uhr um eine Stunde zurückgestellt werden muß. Deshalb sind wir jetzt auch rechtzeitig da und bekommen für zwei Dollar um 20 Uhr Einlaß gewährt.

Drinnen trifft uns zunächst der Schlag. Ein winziger Raum dient als »Konzerthalle«, in einer Ecke stehen die Musikinstrumente und davor lediglich drei Reihen mit Holzbänken. Hier liegt noch der Staub aus den guten alten Zeiten. Die weiteren Zuhörer können nur im dichten Gedränge stehend das Konzert miterleben. Das Publikum ist jedoch jazzunkundig und klatscht häufig an den falschen Stellen. Das überträgt sich auf die Band, und obwohl sie gut spielt, sind die Musiker nicht voll mit dem Herzen dabei. Trotzdem lohnt sich der Besuch. Im Café du Monde bestellen wir anschließend noch Kaffee mit Beignets. Dort glaubt man wirklich irgendwo in einem Pariser Straßencafé zu sitzen.

Auch jetzt am späten Abend sich noch viele Vergnügungssuchende im *Vieux Carré* unterwegs, und im Bereich der Bourbon und Royal Street blüht das Geschäft mit der Nostalgie. In Galerien, Antiquitätengeschäften und Souvenirläden gibt es wenig gute Waren, vielfach wird nur Kitsch gehandelt. Auf jeden Fall lohnt es sich, die kreolische Küche – auch *Cajun* genannt – zu probieren, die süßlich-scharf gewürzt ist. Viele Restaurants bieten spezielle Cajun-Gerichte an, häufig Fischmenüs mit Rotbarschfilet oder Catfish (Wels), Gumbo-Gemüsesuppe und Jambalaya, einer Mahlzeit mit Hähnchen, Shrimps und Reis.

Von New Orleans aus fahren wir auf dem Highway 55 weiter nach Norden, wieder in den Bundesstaat Mississippi. In der Nähe von Summit biegen wir auf die kleine Landstraße 98 ab und fahren durch eine traumhafte Südstaaten-Landschaft am Mississippi mit viel, viel grünem Laubwald und saftigen Wiesen entlang. Nach sieben Wochen auf den Florida Keys mit Sonne, Sand und Palmen wirkt das Grün dieser Tom-Sawyer- und Huckleberry-Finn-Landschaft auf uns wie eine Wohltat.

Die Bevölkerung scheint hier sehr arm zu sein, denn oft sehen wir verfallene Häuser am Straßenrand. Auch viele alte Herrenhäuser der einst mächtigen Plantagenbesitzungen sind in einem schlechten Zustand und stehen häufig leer. Trotzdem entdecken wir bald zwei schöne, renovierte Herrenhäuser, die auch zu besichtigen sind. Sie erinnern stark an den Film »Vom Winde verweht«, in dem unter anderem der Verfall dieses Landes dargestellt wird. In Natchez, der nächsten größeren Stadt am Mississippi, sehen wir wieder ein altes Schaufelrad-Dampfschiff im historischen Hafen vor Anker liegen. Natchez war eine wichtige Handelsstadt des alten Südens und im 19. Jahrhundert das Kultur- und Wirtschaftszentrum des Bundesstaates Mississippi. Aus dieser Zeit existieren noch dreißig alte Südstaaten-Herrenhäuser, die während einer speziellen Veranstaltung, der *Spring Pilgrimage*, im März und April besichtigt werden können. Es handelt sich dabei um *Ante Bellum*-Häuser. Nur zu dieser Zeit wird die Stadt aus ihrem Dornröschenschlaf erweckt; es kommen viele Besucher, die etwas Geld bringen. Seit dem Bürgerkrieg ist Natchez bedeutungslos und arm geworden, aber es hat sich einen gewissen nostalgischen Mississippi-Charme bewahrt; irgendwie haben wir dabei die Melodie »Old Man River« im Ohr.

Kurz hinter Natchez besuchen wir in der Nähe der Landstraße 61 eine alte indianische Kultstätte, den *Mound Emerald*. Auf einem grasbewachsenen Berg, inmitten einer sonst flachen Landschaft, haben Indianerstämme eine hohe Plattform geschaffen. An einem Ende dieser rechteckigen, etwa 500 Meter langen und 200 Meter breiten Plattform sind weitere Ebenen pyramidenförmig übereinander angelegt. Insgesamt erinnert die Stätte eher an eine grasbewachsene Pyramide der alten Mayas. Auf den einzelnen Plattformen fanden Tänze, Huldigungen an die Götter und Feste statt. Beeindruckend zu sehen, welch hochstehende Kulturen die Indianerstämme bereits im 16. Jahrhundert vor Christi hatten.

Auf dem Weg nach Vicksburg, das etwa einhundert Kilometer nordwestlich liegt, gibt es keine Orte mehr. Dafür aber weiterhin die tolle Mississippi-Landschaft mit vielen alten Plantagen, die zum Teil nicht mehr bewirtschaftet werden. An einem kleinen Zufluß des Mississippi mit sandigen Uferstreifen befindet sich eine Rest-Area im Wald, wo wir problemlos grillen und übernachten können. Die Umgebung ist dicht bewaldet mit hohen Nadel- und Laubbäumen. Überall blühen Blumen, Libellen stehen in der Luft, Frösche quaken, Vögel zwitschern, und leise plätschert das Wasser des Flusses. Wir sehen etliche Forellen und eine kleine Schlange, die wohl auf Beutezug ist, im klaren Wasser schwimmen. Wir genießen einen ruhigen Frühlingstag bei herrlichem Wetter in ungestörter Natur.

In Vicksburg mieten wir am nächsten Tag ein Motelzimmer, um mal wieder im Swimming-pool zu schwimmen, Tennis zu spielen, warm zu duschen, unsere Wäsche zu waschen und etwas zu fernsehen.

Natürlich sehen wir uns auch die Stadt an, die direkt am Mississippi liegt und wo 1863 eine der entscheidenden Schlachten des Bürgerkriegs stattfand. Das Schlachtfeld ist heute eine nationale Gedenkstätte und liegt zum Teil direkt im Stadtgebiet. Im Visitor Center wird ein Film über Schlachtverlauf und Belagerung der Stadt gezeigt. Anschließend fahren wir den 26 Kilometer langen Rundweg durch die Stadt und kommen an den einstigen Schlachtfeldern vorbei. Dabei sehen wir weitere schöne Südstaaten-Häuser und das alte Gerichtsgebäude, in dem heute ein Court House Museum untergebracht ist. Wunderschön ist auch die Aussicht auf den Mississippi und die ihn überspannenden alten Brücken.

Nachdem wir auf dem Highway 20 in Vicksburg den Mississippi überquert haben, sind wir wieder in Louisiana, und schlagartig wird die Landschaft langweilig, öde, flach und stark landwirtschaftlich genutzt. Wir durchqueren diesen uninteressanten Teil Louisianas schnell und erreichen bald Texas, den Bundesstaat der Superlative: Größter Grenzstaat, zweitgrößter Bundesstaat der USA, die meisten Ölfelder und Ölmillionäre in Amerika und natürlich die größten Rinderherden, die die berühmten Texassteaks produzieren. Man muß eigentlich kaum erwähnen, daß diese Steaks auch riesengroß sind. Dazu passen die größten Cowboy-Hüte, die Zehn-Gallonen-Hüte (eine Gallone sind 3,78 Liter!)

Endlich erreichen wir Dallas. Vom Stadtzentrum sind wir zunächst recht enttäuscht, weil alles kleiner aussieht, als es in der bekannten Fernsehserie gleichen Namens dargestellt wird. Natürlich gibt es einige beeindruckend gestylte Wolkenkratzer, die vor allem nachts zur Geltung kommen, weil sie dann raffiniert beleuchtet sind.

Wir fahren durch die relativ kleine Downtown, sehen das unscheinbare John F. Kennedy Memorial und verweilen dann im neu gestalteten West-End-District. Das ist ein nettes Viertel mit vielen Restaurants, kleinen Geschäften, Pubs und Discos, die in renovierten alten Lagerhallen untergebracht sind. Hier herrscht ein munteres Treiben. Viele Menschen, die in den umliegenden Bürogebäuden arbeiten, treffen sich hier nach Dienstende in einem der guten Restaurants oder Pubs, in denen vielfach Livemusik gespielt und meistens das Angebot der »Happy Hour« genutzt wird. Zwischen fünf und acht Uhr bieten dann viele Lokale Essen und Getränke zu verbilligten Preisen an. Dabei treffen sich Singles und Arbeitskollegen in guter, entspannter Atmosphäre – es herrscht ein unbeschwertes Flair, das uns gefällt.

Mit der Cowboy- oder Westernszenerie hat bzw. hatte Dallas eigentlich nie etwas zu tun. Auch Ölvorkommen gibt es in der näheren Umgebung keine, entgegen der Darstellung in der Fernsehserie. Die Stadt scheint mehr von ihrem Ruf zu leben, als sie in Wirklichkeit bietet. Interessant sind lediglich das eigenwillige Hochhaus Reunion Tower und das von Frank Lloyd Wright entworfene Dallas Theatre Center sowie das Museum of Fine Arts.

Spannend wird es in der Stadt vor allem im Herbst, wenn die American Football-Saison beginnt und die ganze Stadt ins Footballfieber verfällt und nichts mehr wichtiger als die »Dallas Cowboys« ist.

Am Abend haben wir eigentlich vor, bei »Butchers« ein riesiges Texas-Steak zu essen, entscheiden uns aber, lieber ein Restaurant aufzusuchen, wo es möglich ist, im Freien zu sitzen und dem munteren Treiben im West-End-District zuzuschauen. Unsere Wahl fällt auf »Tony Romas«, ein Haus für herzhafte Barbeque-Ribs. Die großen, gegrillten Rippchen schmecken super, und es gibt sie sogar in einer speziellen Version der Cajun-Küche.

Anschließend fahren wir auf der Route 75 weiter nach Norden und erreichen nach etwa fünfzig Kilometern in der Nähe von Murphy die Southfork-Ranch. Dort finden wir als einzige Übernachtungsmöglichkeit den Parkplatz einer Kirche. Aber gerade angekommen, erscheint schon ein Polizeiwagen, der einen Suchscheinwerfer auf uns richtet. In der Kirche war in letzter Zeit häufig eingebrochen worden, und die Polizei ist deshalb so vorsichtig geworden. Der Polizist ist aber sehr freundlich und zeigt uns ein verlassenes Grundstück, wo wir übernachten können. Erleichtert sehen wir den Polizisten davonfahren. Wir hatten schon einige Male Kontakt mit den *Cops* (überhöhte Geschwindigkeit, bei Rot über die Ampel), und jedesmal war es sehr spannend.

In Amerika gibt es genaue Regeln, wie sich der Verkehrsteilnehmer gegenüber der Polizei verhalten muß, um nicht in Schwierigkeiten zu geraten. Fährt ein Polizeiwagen mit Blaulicht hinter einem her, muß sofort am Seitenstreifen oder Straßenrand angehalten werden. Niemals überholen die Cops einen verdächtigen Wagen, um nicht Gefahr zu laufen, von hinten erschossen zu werden. Ist das Fahrzeug zum Stehen gekommen, bleibt man erst mal sitzen und hält die Hände für den Polizisten sichtbar auf dem Armaturenbrett. Niemals zum Handschuhfach oder zur Ablage greifen, um schon mal die Papiere zu holen! Das bedeutet Gefahr für die Cops, man könnte ja zu einer Waffe greifen. Ich habe es sogar erlebt, daß Amerikaner zur Sicherheit die Hände hinter den Kopf nehmen.

Alles in allem hatten wir es aber immer mit sehr freundlichen Polizisten zu tun, und als harmlose Touristen, die Geld ins Land bringen, mußten wir nicht einmal die zum Teil sehr hohen Strafen zahlen.

Am nächsten Morgen stellen wir fest, daß unser Übernachtungsplatz genau hinter der Southfork-Ranch liegt. Wir machen

Southfork Ranch, Dallas

uns schnell auf den Weg, denn immerhin ist die Southfork-Ranch die begehrteste Touristenattraktion in ganz Texas, und somit stellen wir uns auf einige Touristen ein. Die Heimat der Fernsehstars J. R., Bobby und Mrs. Ellie zu sehen, ist teuer. Eintritt 7,95 Dollar plus zwei Dollar Parkgebühr. Dafür wird man dann mit einer kleinen Bimmelbahn über das gesamte Gelände gefahren. Zu sehen ist natürlich das Haus der Ewings, ein Ölbohrturm, Jocks erste Wohnhütte, die Stallungen (außer zu den Dreharbeiten wird das Anwesen auch als Pferderanch genutzt). Dann gibt es noch eine riesige Festhalle, wo unter anderem der Ball der Ölbarone stattfindet, die auch privat gemietet werden kann. Zu der Festhalle gehören noch ein Restaurant mit kleiner Schaubühne, ein Dallas-Museum mit Filmausschnitten der ersten Serien, eine Zusammenfassung der Geschichte der ganzen Serie, Fuß- und Handabdrücke der Schauspieler, Zeitungsausschnitte und vieles, vieles mehr. Nicht fehlen darf natürlich auch ein Souvenirladen, wo der Fan seine Lieblingsdarsteller auf Tassen, Postkarten und so weiter wiederfindet. Wir werden mit dem Bähnchen zunächst zum

Wohnhaus befördert, das eigentlich enttäuschend klein ist. Durch Weitwinkelaufnahmen wirkt das Haus im Fernsehen erheblich größer. Nach einem obligatorischen Erinnerungsfoto am Swimming-pool erfahren wir bei der in halbstündigen Abständen stattfindenden Führung, daß das Wohnhaus einst im Besitz einer ganz normalen Familie war. Nachdem sie nach langem Hin und Her Außenaufnahmen ihrer Ranch erlaubten, wurde ihr Leben durch den Erfolg der Serie zur Qual. Immer mehr Schaulustige kamen, die auch schon mal ein Bad im Swimming-pool nahmen, und mit dem Privatleben der Familie war es vorbei. Aus ihrem Traumhaus war ein Alptraum geworden. Das ging so weit, daß sie ihre Ranch an einen Geschäftsmann verkauften, der es flugs zu einem Touristenmekka ausbaute. Jetzt wissen wir endlich auch, weshalb Bobby und J. R. ihr Auto niemals in die Garage fahren – weil sie nämlich von außen nur eine Attrappe ist. In Wirklichkeit handelt es sich um einen ganz normalen Raum, der hin und wieder für Innenaufnahmen genutzt wird. Normalerweise werden nur die Außenaufnahmen auf der Ranch gedreht, und zwar im Juni und Juli. Der Rest wird in Hollywood produziert.

Am Nachmittag geht es dann weiter auf dem Highway 287 durch den nördlichen Teil von Texas, vorbei an Wichita Falls und Amarillo, wo wir bei einem kurzen Tankstopp von der Hitze beinahe erschlagen werden. Die Landschaft wird immer karger, nur vereinzelt ist sie mit Viehherden bevölkert. Die Erde ist rot und trocken. Uns ist schleierhaft, wie die Rinder von den wenigen vertrockneten Büschen und Grashalmen satt werden können. Ab Amarillo fahren wir auf der Interstate 40 nach New Mexico, dem 47. Staat der USA, mit der dennoch ältesten Geschichte. Bereits im späten 15. Jahrhundert kamen die Spanier bis nach Santa Fé, wo sich heute die ältesten Gebäude Amerikas befinden. In New Mexico leben anteilsmäßig die meisten Indianer in den oft kargen Reservationen.

Unterwegs wird es immer heißer, und die Sonne brennt unerbittlich auf das trockene, wüstenhafte Land. Die vereinzelten Rinder, die wir noch sehen, werden auf ihren riesigen trockenen Weiden auch nicht mehr eingezäunt, und man muß höllisch aufpassen, nicht eines zu überfahren. Mittlerweile fühlen wir uns schon wie in einem Western und würden uns nicht wundern, plötzlich Winnetou hinter einem der Felsen hervorkommen zu sehen.

Unweigerlich blicken wir immer wieder nach oben, die hohen Felskulissen hinauf. Wie um die Westernromantik noch zu vervollkommnen, bilden sich immer wieder kleine Windhosen, *twister*, die den Sand aufwirbeln und trockene Gebüschrollen durch die Gegend treiben.

Die Architektur der Häuser hat sich der Landschaft angepaßt. Fast alle Häuser sind im Pueblo-Stil aus Sand und Lehm errichtet. Kurz vor Albuquerque, dem neuem Zentrum von New Mexico, fahren wir über die kleine Landstraße 14 durch Golden, Madrid und Cerillos. Drei Geisterstädte, die der vergangenen Blütezeit nachtrauern. Sie sind mittlerweile aber schon wieder – diesmal touristisch – erschlossen. Der Weg dorthin lohnt aber nicht. Schließlich gelangen wir über die stetig ansteigende Straße ins 2100 Meter hoch gelegene Santa Fé. Die Stadt wurde 1620 von den Spaniern gegründet, gehörte zwischenzeitlich zu Mexiko und ist seit 1912 mit der Aufnahme New Mexicos als 47. Bundesstaat der USA dessen Hauptstadt. Zunächst sind wir sehr beeindruckt von der Stadt, in der alles im Pueblo-Stil gebaut ist, sogar Parkhäuser und Supermärkte. Alles ist so sauber und ordentlich gepflegt.

Nach einer Weile beschleicht uns ein ähnliches Unbehagen wie auf Key West. Aus der ehemaligen Stadt der Aussteiger und Flippigen ist eine klinisch reine Stadt geworden, mit einer Galerie neben der anderen, wo der Wohlstands-Amerikaner seinen »Kunstverstand« unter Beweis stellen kann. Aber natürliche, städtische Lebensgemeinschaften scheint es hier nicht mehr zu geben. Hin und wieder ein paar übriggebliebene Aussteiger oder Ökos, und selbst die Indianer sind ordentlich vor den Türen des Gouverneurspalastes aufgestellt, um ihre sauber präsentierte Ware zu verkaufen. Sogar handeln ist bei ihnen fast unmöglich.

Mittelpunkt der Stadt ist die Plaza, wo der berühmte *Santa Fé Trail*, die Handelsroute zwischen den USA und den Spaniern, endet. Hier finden alle Festlichkeiten statt, wie im September, wenn mit einer viertägigen Fiesta der Sieg über die Indianer gefeiert wird. 1680–1692 hatten die Pueblo-Indianer nach einem Aufstand die Spanier aus ihrem Land vertrieben, bevor diese das Territorium zurückeroberten. Das Ehrendenkmal auf der Plaza ist nur den gefallenen Weißen aus der Zeit dieser Indianerkriege gewidmet. Wir verbringen den Nachmittag in dieser Stadt, streifen durch ein paar Kunstgewerbeläden und Galerien und schauen in die vielen schönen Hinterhöfe mit ihren Geschäften und Restaurants. Mit etwas mehr Geld in der Tasche und Platz im Auto hätten wir bestimmt so einiges erstanden. Die Gebäude mit ihren zum Teil bemalten alten Holzbalken sind wirklich wunderschön, wenn nur nicht alles so gezwungen wirken würde. An der unheimlich klaren und frischen Luft merkt man deutlich das extreme Höhenklima. Im Winter ist Santa Fé Ausgangspunkt für die benachbarten Wintersportgebiete.

Gegen Abend verlassen wir Santa Fé fast schon erleichtert gen Taos. Unterwegs legen wir einen Tag Rast im *Rio Grande Gorge Park* ein. Bei herrlichstem Sonnenschein und schönster Cowboylandschaft mit steilen Felswänden faulenzen wir vor uns hin. Ich versuche, leider erfolglos, ein paar Fische zu angeln, während Heike liest und den herrlichen Sonnenschein genießt. Es tut gut, mal einen Tag nichts Neues zu sehen und verarbeiten zu müssen. Der Park ist fast menschenleer, nur hin und wieder treiben einige Schlauchboote den Rio Grande hinab.

Auf dem Weg nach Taos fahren wir die Schotterstraßen des *Rio Grande Gorge Parks* hinauf, den herrlichen Canyon entlang, bevor wir das Hochplateau erreichen, auf dem die alte Handelsstadt Taos liegt. Die Stadt ist heute ein begehrter Ausgangspunkt für Ski- und Wandertouren. Die Umgebung ist jedoch sehr trocken und scheint nicht sehr fruchtbar zu sein. Die Architektur ähnelt der in Santa Fé, nur erscheint sie uns etwas gewachsener und natürlicher zu sein. Wiederum sind fast alle Häuser im Pueblo-Stil gebaut, sehen aber nicht so aus, als würden sie jedes Jahr alle gleichzeitig angestrichen werden. Doch die Tendenz wird, so fürchten wir, wohl in die gleiche Richtung wie in Santa Fé gehen.

Taos, New Mexico

Taos gilt heute schon mit seinen über 80 Kunstgalerien und Museen als »Kunstzentrum des Südwestens«. Wir sehen uns das Haus des berühmten Trappers und Scouts Kit Carson an, das noch in seinem ursprünglichen Zustand erhalten ist. Kit Carson erlangte unter anderem Berühmtheit, als er während des amerikanischen Bürgerkriegs hier die amerikanische Flagge der Union hißte, obwohl Taos zum Territorium der Konföderierten zählte. Für fünf Dollar kann das Haus besichtigt werden.

Fünf Meilen weiter nördlich liegt eines der zahlreichen Dörfer der Pueblos dieser Umgebung, das *Taos Pueblo*. Das Dorf liegt sehr schön am Fuß der hohen Berge, wo ein kleiner Gebirgsbach die Bewohner mit frischem Wasser versorgt. Das umliegende Land ist sehr trocken, so daß man es sich kaum vorstellen kann, wie die Indianer vorwiegend von Viehwirtschaft leben können, wie uns erzählt wird. Natürlich müssen viele Dorfbewohner außerhalb ihrer Pueblo-Gemeinschaft nebenerwerblich arbeiten.

Obwohl das Dorf touristisch ausgeschlachtet wird, versucht es, eine gewisse natürliche Eigenart zu bewahren. Strom und fließend Wasser gibt es in den Häusern zum Beispiel immer noch nicht. Für eine Parkgebühr von zwei Dollar können wir das *Taos Pueblo* besichtigen. Eine Fotografiergenehmigung kostet weitere fünf Dollar. Nur ein Teil des Pueblos ist zur Besichtigung freigegeben, damit die Indianer wenigstens irgendwo vor neugierigen Touristen geschützt sind. Die meisten der zu besichtigenden Wohnungen sind in kleine Läden umgebaut worden, in denen die Pueblo-Indianer ihren Schmuck oder ihr selbstgebackenes Brot anbieten.

In einem kleinen Museum lernen wir den jungen Indianer Aspen Sing kennen, mit dem wir uns ein wenig unterhalten. Er erzählt uns, daß sein Großvater während des 2. Weltkriegs in Deutschland gefallen ist. Wir fühlen uns dabei ein wenig unwohl. Da kommen die Weißen, die die Indianer von ihrem Land vertrieben und in Reservate gepfercht haben, und begaffen ihre Nachkommen als exotische Naturwunder. Andererseits wurden sie in den Kriegen der USA, wo es um weiße Belange ging, an vorderster Front verheizt.

Als wir das Pueblo verlassen und nur wenige Meilen weiter über einen Gebirgspaß auf der Route 64 weiterfahren, wird die Landschaft schlagartig wunderschön grün und stark bewaldet. Hier ist es auch etwas kühler und feuchter, alles erinnert uns stark an den alpenländischen Raum.

Wahrscheinlich waren dies einst die Jagdgründe der Pueblo-Indianer, doch heute gehört dieser Landstrich zum *Carson National Forest*, in dem das Jagen verboten ist. An diesem Beispiel sieht man genau, daß die Indianerreservate in den miesesten und unfruchtbarsten Gegenden liegen. Derartige Beispiele gibt es häufig zu sehen.

Wir übernachten auf einem Rastplatz des *Carson National Forest*, direkt neben unserem Platz plätschert ein schöner, kleiner Gebirgsbach.

Am nächsten Morgen fahren wir zur alten Westernstadt Cimarron, die an der Grenze zwischen den grünen, bewaldeten Bergen auf der einen Seite und einer trockenen, staubigen, wüstenhaften

Hochprärie liegt, die sich östlich bis nach Colorado erstreckt. Das ist die legendäre Cowboylandschaft vieler Hollywood-Filme. Cimarron war ein wichtiger Stationspunkt des Santa Fé-Trails. Von hieraus fuhren die bekannten *Wells Fargo*-Postkutschen nach Santa Fé und dann weiter bis Kalifornien. Sie mußten dabei die Indianergebiete durchqueren. In den alten Reisebedingungen, die wir im St. James-Hotel einsehen, wurden die Mitreisenden aufgefordert, warme Decken, Proviant, Pistolen und Gewehre mitzunehmen. Besonders interessant in dem alten St. James-Hotel von 1880 sind die vielen Zimmer, in denen Buffalo Bill, Jesse James und andere Revolverhelden übernachtet haben. Einige sind hier sogar erschossen worden, erzählt uns die alte Dame an der Hotelrezeption, die selbst beinahe so aussieht wie Barbara Stanwyk. Die Zimmer befinden sich noch im Originalzustand.

Cimarron ist ein staubiges, verschlafenes, aber urwüchsiges Westernkaff geblieben. Die Häuser stehen ohne erkennbare geometrische Ordnung in großzügigen Abständen zueinander und sind teilweise in einem trostlosen Zustand. Im Coffee-Shop des

St. James Hotel, Cimarron

80

alten, ehrwürdigen St. James-Hotels essen wir in alten Räumlichkeiten, die auf amerikanische Art modernisiert worden sind: Neben einer antiken Anrichte stehen Plastik-Paravents aus Taiwan und große Vogelkäfige auf Plastikfolien. (An die auf den Tischen der meisten Restaurants stehenden Plastikblumen haben wir uns schon fast gewöhnt.)

Nach sechsstündiger Fahrt auf dem Highway 25 durch eine staubige und verstepptе Hochebene erreichen wir über den Raton-Paß den Bundesstaat Colorado. In Trinidad campen wir auf einem neu erschlossenen Naherholungsgelände am Trinidad-Lake, bevor wir bis nach Colorado Springs fahren, wo wir uns die schönen Cheyenne-Berge und das exklusive Bradmore-Hotel ansehen. Die Stadt des amerikanischen Olympiazentrums hat sonst wenig zu bieten. Attraktiv ist eigentlich nur die schöne, gebirgige Umgebung, in der es viele Mineralquellen gibt.

Nach kurzem Aufenthalt fahren wir weiter bis Denver, der größten und bedeutendsten Stadt Colorados. Sie wird auch *Mile High City* genannt, weil sie 1600 m (eine Mile) über dem Meeresspiegel liegt.

Zunächst unternehmen wir am Abend eine kleine Stadtrundfahrt durch die schöne Downtown und besuchen dann den *Tivoli*, eine übliche Shopping-Mall mit vielen Restaurants, Kinos, Kneipen und Discotheken. Am *Sakura Square*, dem kleinen japanischen Viertel, stehen einige japanische Restaurants, die für uns zur Zeit leider zu teuer sind.

Am nächsten Morgen waschen wir uns in einem französischen Bistro in der Innenstadt, wo wir auch das Frühstück einnehmen. Das Wetter ist schlecht, bei 7° C kommt uns die Luft sehr frisch vor. Irgendwie riecht sie nach Schnee.

Im Larimer Square und der 16th Street-Mall gehen wir zum Shopping. Das ist die größte Fußgängerzone und überdachte Einkaufsstraße, die wir bisher gesehen haben. Sie ist etwa zwei km lang, und in der Mitte verkehren kostenlos Busse, um die Distanzen schneller überbrücken zu können. Ein tolles Einkaufsparadies mit interessanten Geschäften und gutem Preisniveau. Danach besichtigen wir das imposante *Colorado State Capitol*. Dieses Regierungsgebäude sieht ähnlich aus wie das Capitol von Washington, nur ist die Kuppel mit 28karätigem Blattgold vergoldet. Sie soll an den Ursprung der Stadt erinnern, der auf die Zeit des Goldrausches in Colorado zurückgeht. Denver gefällt uns gut – die vielen grünen Parks verschönern das Stadtbild –, und es liegt nur eine Autostunde von den besten Skigebieten der Rocky Mountains entfernt. Ein Verkäufer aus dem Larimer Square erzählt uns, daß wir noch in zwei Orten skifahren könnten, die direkt an der Interstate 70 liegen. Ursprünglich hatten wir geplant, in Colorado bei Hotels oder Restaurants zu arbeiten. Da aber die Saison erst im Juni beginnt, lohnt es sich für uns Ende April noch nicht, nach Jobs zu suchen.

Deshalb beschließen wir, hoch hinauf in die Rockies zu fahren. Nächster Halt ist der urige Ort Idaho Springs. Es ist eine schöne, alte Silberminenstadt, die ihren Charakter bewahrt hat. Hier fällt dann auch der erste Schnee, und wir beeilen uns, weiter zum »Loveland Basin and Valley«-Skigebiet zu fahren, wo auch tatsächlich noch gute Skibedingungen herrschen. Es liegt auf über 3400 Metern Höhe. Unterwegs geraten wir in ein heftiges Schneetreiben, und der gut ausgebaute Interstate-Freeway führt schnurstracks geradeaus und steil die Berge hinauf.

Als wir die Skistation erreichen, werden die Lifte gerade abgestellt und die Besucher beginnen nach Hause zu fahren. Es liegt sehr viel Schnee, und zu unserer Überraschung kostet der Tagesskipaß nur zwölf Dollar, während die Leihgebühr für die gesamte Skiausrüstung 10 Dollar beträgt. Jetzt in der Nachsaison gelten offenbar Sonderpeise.

Wir beschließen wegen der einbrechenden Dunkelheit und den schlechten Straßenverhältnissen direkt auf dem Parkplatz vor der Liftstation zu übernachten, um früh am nächsten Morgen Skilaufen zu können. Im weiteren Umkreis befinden sich nur Lifte, ein Sportshop, ein Restaurant und eine Skischule. Nach einem kräftigen Abendessen suchen wir für die Nacht alle wärmeren Sachen zusammen, die wir dabei haben, um uns vor der Kälte zu schützen. Dann fahren wir mit unserem Dodge noch ein wenig umher, damit die Heizung den Innenraum aufheizt und wir gut einschlafen können. Wir freuen uns auf den nächsten Tag, denn wir haben nie damit gerechnet, in diesem Jahr noch die Ski anzuschnallen. Immerhin haben wir mittlerweile den 28. April!

Die Nacht wird, vor allem in den frühen Morgenstunden, schon etwas unangenehm kalt. Unsere Schlafsäcke halten uns zwar bis –7° C warm und das Thermometer an der Scheibe zeigt nur 0° C an, doch jedesmal beim Umdrehen spüren wir die kalten Stellen des Schlafsacks. Vor allem am Kopf frieren wir und wissen nun, warum die Leute früher Schlafmützen getragen haben. Wir haben sie zumindest in diesem Fall darum beneidet. Insgesamt geht die Nacht doch besser vorbei als wir befürchtet haben und schließlich muß man so was doch auch mal erlebt haben.

Am frühen Morgen fahren wir dann erst einmal ein wenig durch die Gegend, um die Heizung auf volle Touren zu bringen und im wieder aufgewärmten Wagen frühstücken zu können. Wir werden mit leeren Pisten und idealen Schneebedingungen belohnt. Obwohl es den ganzen Tag leicht schneit, ist die Sicht ausreichend gut. Die Pisten bieten fast jeden Schwierigkeitsgrad, überwiegend jedoch für bessere Skifahrer. Die Abfahrten sind zum Teil ganz schön steil.

Gegen 15 Uhr wird dann der Schneefall immer dichter, und es wird spürbar kälter. Wir beschließen nach Vail, dem Austragungsort der Skiweltmeisterschaften von 1989, zu fahren. Am Vail Pass, der über 3000 m hoch liegt, geht es so steil bergauf, daß unser Wagen es nur noch im Schrittempo schafft. Dazu kommt noch die extreme Höhenluft, für die unser Auto nicht eingestellt ist. Kurze Zeit später erreichen wir Vail und lassen uns im Visitors Center ein preisgünstiges Motel vermitteln.

Auf dem Weg nach Aspen, wo wir ein anderes Hotel suchen wollen, verfolgt uns längere Zeit schon ein Auto. Als ich absichtlich Schrittempo fahre, läßt der Fahrer plötzlich seine Polizeisirene erschallen und zwingt uns zum Anhalten. Wie sich herausstellt, versucht dieser Polizist sich wie ein kleiner Amateur-Kojak aufzuspielen. Er vermutet, wir hätten unseren Dodge in New Jersey gestohlen. Ein Fahrzeug aus dieser entfernten Gegend kommt ihm verdächtig vor. Ein Anruf bei seiner Zentrale und unsere Fahrzeugpapiere beweisen jedoch unsere Unschuld, und ein enttäuschter »Kojak« muß uns weiterfahren lassen.

Wieder zurück in Vail, kommen wir im Motel Roost-Lodge für 36 Dollar pro Nacht unter. Es ist sehr niedlich eingerichtet und bietet allen Komfort, den wir jetzt auch dringend benötigen. Es tut gut, nicht mehr frieren zu müssen. Nach einem ausgiebigen Duschbad bestellen wir telefonisch bei Dominos eine riesengroße Pizza und verbringen den restlichen Abend faul und zufrieden vor dem Fernseher.

Wir bleiben drei Tage in Vail, um einerseits unseren Wagen einer gründlichen Säuberung zu unterziehen, die dringend nötig ist, und um uns die schöne Umgebung von Vail genauer anzusehen. Wir unternehmen einige interessante Schneewanderungen.

Am nächsten Morgen liegen weitere 20 cm Neuschnee, und die Sonne strahlt von einem knallblauen Himmel herab. Es tut uns in der Seele weh, daß hier alle Lifte schon geschlossen sind. Aber nochmals zum Loveland-Skigebiet über den Paß fahren, das wollen wir unserem Auto nicht zumuten. Die Stadt Vail ist sehr schön im alpinen Stil und ohne Hochhäuser angelegt. Sie könnte vom Aussehen her auch in Österreich oder in der Schweiz liegen. Es gibt einige deutsche und schweizerische Hotels und Restaurants, die jedoch zum Großteil zur Zeit geschlossen sind. Die Sommersaison fängt erst in einem Monat an. Dann würden wir sicher den einen oder anderen Job finden. Aber so lange wollen wir natürlich nicht warten.

Das Zentrum der Stadt ist verkehrsberuhigt, Autofahren verboten. So etwas ist eine Seltenheit in Amerika. Wir bummeln ein wenig durch den gemütlichen Ort und kehren dann zum Motel zurück. Die Höhenluft macht uns ganz schön zu schaffen und wir werden schnell müde.

Utah – Land der Nationalparks

Nach drei erholsamen Tagen verlassen wir die Schneegebiete der Rockies und kommen auf der Interstate 70 in Richtung Utah schnell in wärmere Gefilde. Kurz vor der Grenze in der Nähe von Grand Junction zweigen wir auf eine Nebenstraße ab und campieren am Ufer eines Coloradozuflusses, der einen kleinen Canyon (= Schlucht) gebildet hat. Die Landschaft ist hier schon viel trockener als wir erwartet haben und so warm, daß wieder T-Shirt und kurze Hose angesagt sind. Schließlich befinden wir uns mittlerweile wieder 1500 Meter tiefer, wo der Frühling das Sagen hat. Besonders schön sind die Birken in ihrem zartem Grün. Gestern Schnee und heute schon wieder schwizten! Wir können unsere Steaks im Freien grillen.

Am nächsten Tag erreichen wir Utah, und mit jeder weiteren Meile wird es wärmer und wärmer und die Landschaft immer trockener. Den Interstate 70 fahren wir bis zur Landstraße 191, der wir bis Moab folgen, dem Ausgangspunkt zum *Arches National Park*. Wie wir im nachhinein erfahren, soll jedoch die unbefestigte Straße 128, die von Cisco aus abzweigt, wesentlich schöner sein. In Moab frischen wir erst einmal unseren Lebensmittelvorrat auf, was auch unbedingt erforderlich ist, denn in nächster Zeit werden wir durch keinen größeren Ort kommen.

Gegen Nachmittag sind wir endlich im *Arches National Park*, wo uns zunächst schlicht die Spucke wegbleibt: Es ist eine traumhaft schöne Landschaft, die aussieht, als wären tagtäglich moderne Bildhauer am Werk. Wir sehen Skulpturen, Felsbrücken, -löcher und -gebilde aus rötlichem Sandstein, die durch Erosion entstanden sind. Wind, Wasser, Kälte und Hitze arbeiten ständig an den Gesteinen. So eine schöne Landschaft haben wir nicht im Traum erwartet. Der *Arches National Park* stellt alles andere, was wir bisher gesehen haben, in den Schatten. Er liegt etwa 1500 m über

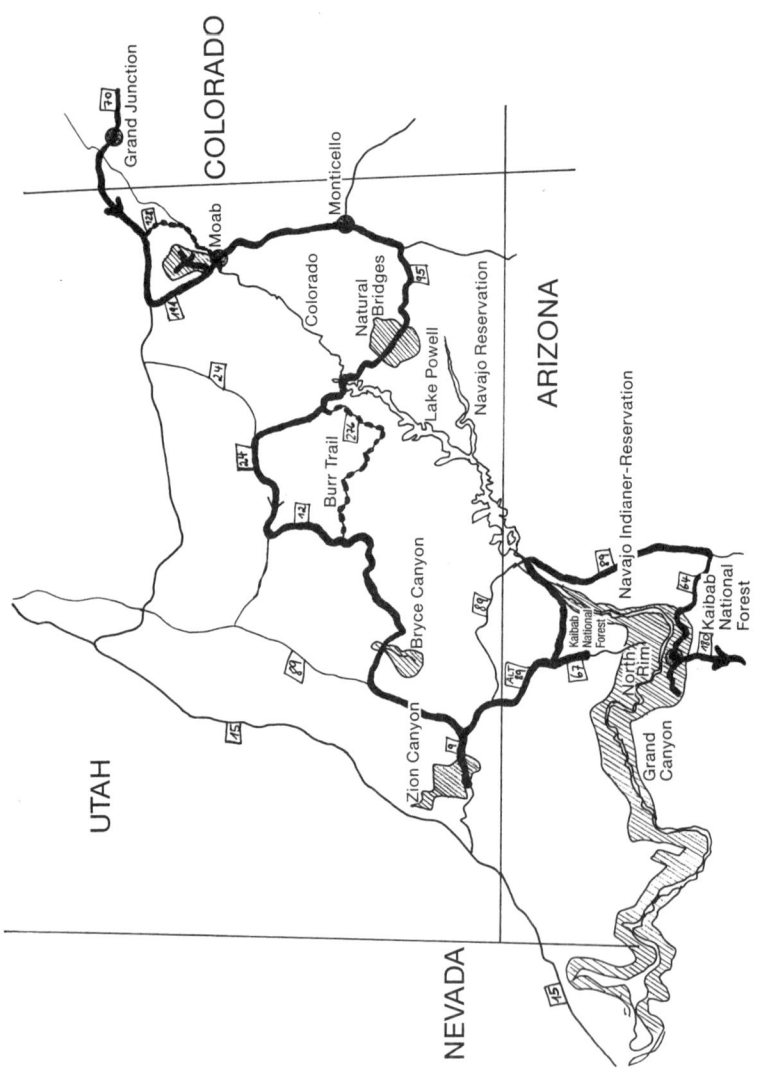

dem Meeresspiegel auf einem der wüstenähnlichen Colorado-Hochplateaus. Eine 35 km lange Straße führt an den schönsten Fels- und Erosionsformen des Parks vorbei. Immer wieder treffen wir auf Aussichtspunkte, von wo aus wir kleine Wanderungen unternehmen.

Die Steinbögen entstehen zum einen durch den leicht sauren Regen, der die Bindemittel, die die Sandkörner zusammenhalten, auflöst, und zum anderen durch die unterschiedliche Härte der Schichten. Die Gesteinsformationen bestehen aus drei Schichten, wovon die mittlere die weicheste ist und somit am schnellsten verwittert. Erst entstehen im Fels kleine Nischen, und dann im Laufe der Jahrtausende Höhlen und Löcher (*Arches*), die sich zu Steinbögen ausweiten. Stürzen die Steinbögen ein, entstehen Steinsäulen, auf denen manchmal riesige balancierende Felsbrocken liegenbleiben.

Die Entstehungsgeschichte wird im Visitors Center am Parkeingang sehr anschaulich dargestellt. Der Eintrittspreis für den Park beträgt pro Tag und Auto 5 Dollar. Wir kaufen jedoch an der Kasse für 25 Dollar den *Golden Eagle Pass*, mit dem wir uns ein Jahr lang in jedem Nationalpark der USA so lange aufhalten können, wie wir wollen.

Der *Arches National Park* ist der absolute Wahnsinn, mit Worten kaum zu beschreiben, man muß ihn einfach sehen. Besonders beeindruckend sind »Balance Rock«, »The Delicate Arche«, »The Windows« und »Devils Garden«. Es gab sogar mal einen Farmer, der in dieser Wüste sein Land bestellte. Seine Behausung, die »Wolf's Cabin« ist noch zu besichtigen. Sie ist so klein und bescheiden, daß man sich kaum vorstellen kann, daß hier Menschen gelebt haben.

Von der Hütte aus führt ein Weg direkt zum 26 Meter hohen »Delicate Arch«, der völlig frei auf einem hohen Steinplateau steht. Da es aber schon spät ist, fahren wir mit unserem Dodge noch ein Stück auf der unbefestigten Straße weiter hinauf. Vom nächsten Parkplatz aus gehen wir einen Abkürzer zum Plateau; von hier haben wir eine gute Aussicht auf den »Delicate Arch«. Besonders im Abendlicht sieht er phantastisch schön aus.

Arches National Park, Utah

Wieder am Auto angelangt, beschließen wir, gleich die Nacht auf dem abgelegenen Parkplatz zu verbringen. Eigentlich ist dies nicht erlaubt, und wir sind auch froh, nicht von einem der Parkranger erwischt zu werden. Aber die Campingplätze innerhalb des Parkes sind alle schon belegt, und wir haben keine Lust, wieder raus zu fahren. Außerdem ist es so am billigsten. Man muß halt nur darauf achten, daß nichts in die Gegend geworfen wird. Selbst Toilettenpapier sollte, wenn möglich, nach Benutzung in einem Papierkorb landen.

Arches National Park, Utah

Am nächsten Morgen stehen wir umsonst zur Morgendämmerung auf – es ist leider bewölkt. Am »Devil's Garden« endet die Parkstraße, und wir fahren die gleiche Strecke wieder zurück und dann auf die Landstraße 191. Etwa 20 km vor Monticello, mitten in unwegsamer Wüstenlandschaft, fängt unser Wagen plötzlich stark zu vibrieren an. Nach einiger Zeit können wir es nicht mehr auf die Straßendecke zurückführen, es dröhnt schlimmer und schlimmer.

Dann sinkt auch noch der Öldruck rapide ab, und die Motortemperatur steigt unverhältnismäßig stark an. Wir können gerade noch an den Straßenrand fahren und stellen fest, daß unser Dodge sein gesamtes Motoröl verloren hat. Die ganze Unterseite ist mit Motoröl verschmiert. Fix und fertig und völlig ratlos stehen wir am Straßenrand.

Keine fünf Minuten später hält neben uns schon eine Highway-Patrol, die diese Straße regelmäßig kontrolliert. Wir haben halt Glück, daß sie gerade jetzt vorbeikommt. Der sehr freundliche Polizist kann auch nicht mehr tun, als einen Abschleppwagen rufen. Interessant und erschreckend zugleich ist dabei nur seine vorsichtige Frage, ob es uns stören würde, daß möglicherweise ein Indianer den Abschleppwagen fährt. Während unserer Wartezeit auf den Abschleppdienst hält ein Truck und bietet uns seine Hilfe an. Ein beruhigendes Gefühl, in dieser Wüste nicht allein gelassen zu werden.

Es kommt dann aber doch kein Indianer, sondern der Besitzer des Abschleppdienstes und Truckservices. Nur 20 Minuten mußten wir warten. Wie sich herausstellt, ist Herr Shafer deutschstämmig, sein Großvater ist aus Deutschland eingewandert und hat später seinen ursprünglichen Namen Schäfer amerikanisiert. Da unser Wagen ein Automatikgetriebe hat, wird er hinten hochgehoben und hängt nun rückwärts am Abschleppwagen. Ein Wunder, daß er nicht durchbricht. Wir sind so aufgeregt, daß wir vergessen, ein Foto davon zu machen. Wir wollen nur so schnell wie möglich wissen, was auf uns zukommt.

In der Werkstatt wird der Fehler schnell gefunden. Erleichtert hören wir, daß sich lediglich ein Haltebolzen des Getriebes gelöst und ein Loch in den Ölfilter gebohrt hatte. Dieser Fehler läßt sich leicht beheben, und nach einigen weiteren kleinen Reparaturen sind wir froh, insgesamt nur 75 Dollar zahlen zu müssen. Da wir Deutsche sind und wenig Geld zur Verfügung haben, hat Mr. Shafer uns diesen sehr günstigen Preis gemacht.

In Monticello leisten wir uns auf den Schreck »verdientermaßen« eine große Pizza. Bei der Weiterfahrt stellt sich aber heraus, daß der Wagen weiterhin vibriert. In der Angst, einen richtigen Getriebeschaden zu haben, fahren wir wieder zur Werkstatt zurück. Shafer läßt alles stehen und liegen, um sich um unseren Wagen zu kümmern.

Wieder haben wir Glück. Ein kleines Verbindungsstück der Antriebswelle ist ausgeschlagen und hat die Vibration verursacht. Der indianische Helfer von Shafer fährt in den nächsten Ort, um gerade noch vor Ladenschluß das benötigte Ersatzteil zu bekommen. Nach der weiteren, nur 30 Dollar hohen Rechnung können wir nun endgültig unsere Fahrt fortsetzen. Zur Beruhigung der Nerven gehen wir im nächsten Ort, in Blanding, ins Kino und sehen den Walt-Disney-Film »Bernhard und Bianca« an, der zur Zeit wiederholt wird. Dazu gibt es natürlich die obligatorische Popcorn-Tüte mit salzigem Popcorn, das mit flüssiger Butter übergossen wird, und Coca-Cola. Wir übernachten auf der Mule Canyon Rest-Area an der Landstraße 95.

Von dort aus besichtigen wir am nächsten Morgen einige Anasazi-Ruinen. Eine schöne, kürzere Wanderung führt uns auf die gegenüberliegende Seite der Höhlen. Innerhalb eines alten, tiefen Flußbettes haben die *Anasazi* (= die Alten) sich Wohn- und Lagerräume in Höhlen hineingebaut, die nur von oben zu erreichen sind. Somit waren sie gut vor Feinden geschützt. Die *Anasazi* sind um 1300 wahrscheinlich weiter nach New Mexico und Arizona gezogen, wo sie in den Pueblo- und Hopi-Indianern weiterleben. Genaueres ist darüber nicht bekannt. Man nimmt an, daß um diese Zeit eine Dürreperiode herrschte und das Klima insgesamt zu ungünstig wurde. Wieder am Auto angelangt, fahren wir weiter zum *Natural Bridges Monument*, dessen Hauptattraktion aus drei durch Flüsse entstandenen Steinbrücken besteht. Der Parkdrive führt an einzelnen Aussichtspunkten vorbei, von wo aus man gute Aussicht auf die Naturbrücken hat. Insgesamt sind wir nicht so begeistert von dem Ganzen, wahrscheinlich sind wir noch vom *Arches-Park* zu verwöhnt. Von daher nehmen wir auch keinen der sicherlich sehr schönen Wanderwege in Anspruch und verlassen den Park recht schnell.

Mittlerweile sind wir zu der Überzeugung gelangt, daß es sich doch erst in Kalifornien wieder lohnen wird, nach einem Job zu suchen. Deshalb wollen wir schnell die Westküste erreichen und uns nicht länger als nötig bei den einzelnen Sehenswürdigkeiten aufhalten. Wir hetzen nicht übermäßig, aber an manchen Orten hätten wir uns vielleicht doch mehr Zeit lassen sollen. Heike ist froh, momentan nicht auf Arbeitssuche zu gehen, denn so können wir ruhiger in den Tag hineinleben. Das Problem haben wir erst mal zur Seite geschoben.

So trostlos und wenig bewohnt haben wir uns dieses Gebiet nicht vorgestellt. Zum Durchfahren als Tourist ist es sehr imposant, doch hier leben – lieber nicht. Die auf der Landkarte eingezeichneten Orte bestehen meist nicht mehr als aus einer Häuseransammlung. Es gibt nur noch kleine Krämerläden; um richtig einkaufen zu können, müssen die Leute hier Hunderte von Meilen zurücklegen. Schwierigkeiten haben wir zum Beispiel mit unserem Filmmaterial. Diafilme sind nur schwer zu bekommen und wenn, dann zu überhöhten Preisen.

Lake Powell, Utah

Inzwischen haben wir das *Castle-Land* erreicht, eine Landschaft, deren rote Gesteinsformen wie Schlösser aussehen. Kurz darauf erreichen wir den *Glen Canyon National Park*. Der eigentliche

Glen Canyon befindet sich in einer roterdigen, wüstenhaften Region und ist mit dem aufgestauten Wasser des Colorado aufgefüllt. Der vielverzweigte lange Stausee heißt *Lake Powell* und ist nicht nur flächenmäßig einer der größten Süßwasserseen, sondern sicherlich auch einer der schönsten. Mächtige, monumentartige, rote Felswände ragen von den Ufern des Sees empor und werfen ihr rötliches Licht auf das Wasser zurück.

Bei der kleinen Rangerstation *Hite Crossing* leihen wir uns ein Motorboot, mit dem wir zwei Stunden den wunderschönen See und einige Seitenarme des alten Canyons befahren. Es sind viele Hausboote unterwegs, die man sich überall leihen kann. Das muß auch ein fabelhaftes Erlebnis sein. Die Luft ist sehr heiß, und Heike entschließt sich zu einem kurzen Schwimmversuch in den kalten Fluten. Trotz des heißen Klimas hat der Colorado sicher nicht mehr als 10° C; es ist also Vorsicht geboten. Der Colorado entspringt in den Hochlagen der Rocky Mountains und liefert daher klares, aber eiskaltes Gebirgswasser.

Nach unserer Bootstour campieren wir auf dem kostenlosen Campingplatz von Hite direkt am See, umgeben von den schönsten Felsgebilden. Man wähnt sich schon fast im »Marlboro-Country«. Hier grillen wir und werden nur von ein paar vorwitzigen Erdhörnchen gestört, die hoffen, etwas Eßbares abstauben zu können.

Am nächsten Tag überqueren wir den *Lake Powell* und baden auf der anderen Seite noch einmal zum Abschied in dem kristallklaren See zwischen kleinen Felsbuchten und ausgewaschenen Sandsteingebilden. Es fällt uns schwer, diese schöne Region zu verlassen.

Unser nächstes Ziel ist der *Capitol Reef National Park.* Von der Route 95 fahren wir auf die 24 und dann durch den Park. Wie wir im nachhinein von einem Geologen erfahren, sollte man nicht weit vom *Lake Powell* entfernt, von der 95 aus, dem *Burr-Trail* (Route 276) folgen. Das ist zwar eine unbefestigte Straße, und sicher eine staubige Angelegenheit, man fährt aber durch unberührte, unerschlossene, einmalige Canyonlandschaften. Den

Capitol Reef, Utah

Burr-Trail kann man bis zum *Lake Powell* im *Bullfrog Basin* fahren und dann wieder zurück und westlich weiter bis Boulder. Dabei durchquert man auch den *Capitol Reef National Park*, der sich auf einem etwa 2000 m hohen Coloradoplateau befindet. Quer durch den Park erstreckt sich die 100 km lange Gebirgsplatte *Waterpocket Fold*. Die bis zu 100 m starken, an der Faltung beteiligten Sandsteinschichten bilden durch Erosion entstandene Canyons, Steinbögen, und -brücken in den verschiedensten Farben von Rot, Braun über Gelb und Sandfarben. Den 20 km langen Scenic Drive fahren wir nur ein kurzes Stück, denn die Straße ist nicht befestigt, viele kleine Wellen und Rillen schütteln uns gewaltig durch. Für so etwas ist unser Wagen weniger geeignet. Imposant ist dann das »Castle«, das aus aufrechtstehenden Sandsteinblöcken besteht. An verschiedenen Felswänden sehen wir alte Zeichnungen der Indianer, die ihre Jagdszenen festgehalten haben.

Dann geht's weiter in den *Dixie-National Forest*, wo wir auf einem schönen, zur Zeit noch gebührenfreien Campingplatz übernachten. Wir haben mittlerweile den 6. Mai, aber hier ist noch

Vorsaison. Von daher gibt es auch noch kein fließendes Wasser, und die Toiletten sind ohnehin nur Plumpsklosetts. Jeder Platz hat, wie in Amerika üblich, einen Tisch mit 2 Sitzbänken und zu unserer Freude auch eine Grillstelle.

Zum Frühstück besuchen uns wieder ein paar Erdhörnchen, die uns nach einigem Zögern und possierlichem Taktieren aus der Hand fressen. Noch wissen wir nicht, daß man sie eigentlich nicht füttern soll, damit sie nicht verlernen, sich eigenständig zu ernähren. Im weiteren Verlauf unserer Reise werden wir diesen an sich lustigen Gesellen noch häufiger begegnen, immer wieder um Futter bettelnd. Leider kommt zu ihrer Bettelsucht auch noch ihre Rolle als Krankheitsüberträger. Man sollte sie also lieber sich selbst überlassen.

Auf der Landstraße 12 geht es durch schönsten Nadel- und Birkenwald immer höher hinauf, bis auf 3000 m, wo noch Schneereste liegen. Hier ist der Frühling gerade erst eingezogen, und wir sehen wieder zartes Birkengrün. Nach unserer Begegnung mit der kargen Wüstenlandschaft ist es eine Wohltat, diese frischen Wälder zu sehen; wir unternehmen spontan einen Spaziergang, um sie zu genießen.

Als wir dann weiterfahren, sind wir bald wieder in trockeneren Gefilden und machen bei Henryville einen 16 km langen Abstecher zum *Kodachrome Basin*. Das Basin zeigt viele verschiedenfarbige Gesteinsschichten in Rot-, Blau-, Grau- und Grüntönen. Es ist eine fast kreisrunde, erhabene Landschaftsform in wüstenartiger Umgebung. Als 1949 der erste Kodachrome Farbfilm herauskam, wurde das Basin von der National Geographic Society nach dem neuen Film benannt. Leider ist bei unserer Ankunft der Himmel bedeckt und die Farben leuchten nicht wie gewohnt. Am meisten freuen wir uns darüber, auf dem Campingplatz des Basins warme Duschen zu finden, was sonst in den Naturparks eine Seltenheit ist.

Nach einem intensiven Duschbad geht die Reise zum nahegelegenen *Bryce Canyon*, der selbst den *Arches National Park* in seiner Schönheit noch übertrifft. Zum Glück ist die Sonne wieder hervorgekommen, und der Canyon sieht überwältigend schön aus: apricotfarbene, rote, blaßrosa und cremefarbene Türmchen drängen sich zu Tausenden neben- und übereinander. Es erinnert mich an die Tropfgebilde, die wir als Kinder früher aus nassem Sand geformt haben, nur viel schöner. Dazwischen stehen vereinzelt dunkelgrüne Nadelbäume, die einen harmonischen Farbkontrast zu den Erd- und Steinfarben darstellen.

Am *Sunset-View*-Aussichtspunkt ist es am schönsten, wenn die Abendsonne ein interessantes Schattenspiel erzeugt und die Farben noch intensiver leuchten. Die Canyon-Landschaft sieht aus, als hätten viele Künstler ein imposantes Mammutwerk geschaffen.

Der *Bryce Canyon* liegt auf einem 2500 m hohen Plateau und erstreckt sich über 30 km. Schnee, Regen, Frost und Wind verändern den Canyon ständig und schufen aus dem tonigen, kalkhaltigen, meistens apricotfarbenen Sandstein eine phänomenale Traumlandschaft mit Türmchen, Säulen und abstrakten Gebilden. Entlang der Parkstraße gibt es viele Aussichtspunkte, die einen phantastischen Überblick auf die Erosionslandschaft gewähren. Nur mit Mühe ergattern wir auf dem Park-Campingplatz gerade noch den letzten Stellplatz für unseren Van. Kostenpunkt sieben Dollar. Beim nächsten Mal wollen wir sofort, wenn wir einen Nationalpark erreichen, unseren Campingplatz anmieten und erst dann zu den Aussichtspunkten fahren. Es sind jetzt schon zu viele Urlauber und Touristen aus aller Welt unterwegs. Mit den ersten Sonnenstrahlen stehen wir früh am nächsten Morgen auf, um bei bestem Tageslicht die letzten Aussichtspunkte anzufahren. Vom südlichsten Punkt aus, dem *Rainbow Point*, wo sich extrem hohe Säulen befinden, fahren wir zur *Natural Bridge*, *Fairview Point*, *Inspiration Point* und dem *Sunrise Point*. Alle Stellen sind sehenswert, am besten gefällt uns noch der *Sunset Point*. Wenn man den gesehen hat, gibt es keine Steigerung mehr und man kann sich den Rest eigentlich schenken.

Wir starten dann eine Wanderung den *Moonlit Navajo Loop Trail Walk* entlang, der tief hinab in die Schlucht führt. Der Weg ist ziemlich steil, doch die Mühe lohnt sich. Wir sehen hautnah, aus welchem Material sich die Steingebilde geformt haben. Einfach traumhaft sind auch aus dieser Perspektive die verschiedenen

Formen und Farben der Steine. Unsere Wanderung dauert etwa zwei Stunden.

Danach verlassen wir das Parkgelände und waschen in einem Selbstbedienungs-Waschsalon des »Rubys Inn«-Hotels unsere gesamte Wäsche und füllen an der Eismaschine die Kühlbox auf. Wir haben nur eine einfache Kühlbox für unsere Lebensmittel. In jedem Supermarkt oder an Tankstellen können wir Eiswürfel kaufen. Zwei Beutel reichen etwa drei Tage. Kostensparender ist es, einfach zu den Eiswürfelmaschinen der Hotels oder Motels zu fahren oder mit Wasser gefüllte Wasserkanister einfrieren, die dann fast eine Woche lang kühlen. Im nahe gelegenen Lebensmittelgeschäft füllen wir unseren Proviant auf, leider zu extrem hohen Preisen. Wir hätten doch mehr Vorräte im preiswerten Colorado einkaufen sollen.

Noch am Abend fahren wir weiter bis zum *Zion Canyon*, der nur 100 km entfernt liegt. Dort übernachten wir auf dem Park-Campingplatz für 6 Dollar. Im *Zion National Park* haben sich Flüsse durch viele Gesteinsschichten hindurch bis 800 m tief eingesägt. Dabei haben sie besonders schmale, mit fast senkrechten Wänden ausgestattete Schluchten gebildet. An verschiedenen Stellen strömt Wasser aus den Felswänden, die teilweise stark bewachsen sind und kleine Oasen in der wüstenhaften Landschaft entlang der Flüsse bilden.

Über die Landstraße 9 erreichen wir den Osteingang. Wir fahren den Parkdrive entlang bis zum Ende des *Zion Canyons*. Dort beginnt ein 2 km langer Fußweg, der zu den *Narrows* führt, den engsten Schluchtstellen. Am Ende des Trails, der am Fluß entlangführt, können wir dann nur noch durch das Flußbett weitergehen, weil der Canyon hier so eng wird, daß der Fluß ihn ganz ausfüllt. Es gehört zum besonderen Zion-Erlebnis, durch das kleine Flußbett des Virgin-Rivers barfuß watend zur engsten Stelle der tiefen Schlucht zu gelangen. Am Anfang des Weges wird der Wasserstand angezeigt, der nach Regenfällen stark ansteigen kann. Nicht immer wird eine Begehung erlaubt.

Wir ziehen unsere Schuhe aus und gehen barfuß weiter. Das ist ein Fehler, denn die vielen Steine im Flußbett sind meistens rund

Zion National Park, Utah

und extrem glitschig. Wir wären besser mit Turnschuhen durch das Wasser gegangen, das auch noch extrem kalt ist; zudem ist es sehr schmerzhaft, wenn wir immer wieder mit den kalten nackten Füßen an ihnen abrutschen und uns die Zehen anstoßen.

So kommen wir nur langsam voran und gehen etwa 3 km durch den Fluß bis zum engsten Durchlaß. An einer schönen, tief ausgekalkten Stelle mit glasklarem, smaragdgrünem Wasser schwimmen wir in den eiskalten Fluten, die für uns bei ca. 35° C Außentemperatur sehr erfrischend sind. Zum Glück kommen hier nur wenige andere Watende vorbei, denn ich schwimme nackt und Heike in Unterwäsche, da wir das Badezeug vergessen haben. Interessant zu beobachten, daß nach etwa 2 km die jüngeren Watenden meistens Europäer, die im Rentenalter dagegen meistens Amerikaner sind. Wir glauben, daß ältere Amerikaner im Durchschnitt wesentlich aktiver sind als Deutsche gleichen Alters.

Nach ungefähr fünf Stunden erreichen wir wieder den Ausgangspunkt des Trails und fahren müde zum Zion Lodge, um dort zu essen, und vor allem unseren Durst zu löschen. Etwas erholt fahren wir wieder zurück auf die Parkstraße, die sich in engen Kurven wieder zur Plateau-Ebene emporschlängelt. Vorbei an tollen Gesteinsabfolgen, die aus bis zu 800 m hohen Sandsteinwänden bestehen, und vorbei am *Great Arch*, einem großen bogenförmigen Felsloch. Besonders gefällt uns *Checkerboard Mesa*, ein Sandsteinberg mit senkrecht und waagrecht verlaufenden Rillen, ähnlich einem Schachbrett.

Es gibt auch hier noch viele Wanderwege und Lehrpfade. Wir meinen jedoch, daß eine Wanderung am Tag genug ist; und weil der Park uns sonst nicht so atemberaubend erscheint, verlassen wir ihn am Abend in Richtung Kanab. Wenn man unter Zeitdruck ist, kann man unserer Meinung nach den *Zion Canyon* am ehesten auslassen.

Unterwegs müssen wir noch mal unseren Filmvorrat auffrischen, denn wir benötigen mehr als zunächst angenommen. Und da es auf den *Grand Canyon* zugeht, werden wir sicher so einiges verbrauchen. Auf dem Lande sind die Filme im Durchschnitt 2 bis 3 Dollar teurer als in den Städten.

Eindeutig am preiswertesten sind sie im K-Markt, den es in jeder größeren Stadt gibt. Auch haben wir den Eindruck, daß sie dort schnell verkauft und somit immer wieder frisch aufgefüllt werden.

Arizona – der schöne Wüstenstaat

Am *Jacob Lake* im *Kaibab National Forest* finden wir mitten im Wald ein schönes Plätzchen zum Übernachten. Die Route 67 soll uns am nächsten Morgen zur North Rim des *Grand Canyon* führen. Aber dort haben wir Pech. Wegen der Gefahr von Schneeverwehungen bleibt der Nordrand immer bis zum 13. Mai geschlossen. Wir sind ganze vier Tage zu früh! Schnee liegt natürlich keiner, aber wir können nichts dagegen machen und müssen den großen Umweg bis zum Südrand akzeptieren. Der South Rim ist ganzjährig geöffnet. Deshalb müssen wir denselben Weg bis zum *Jacob Lake* zurückfahren und erreichen dann auf der Route Alt 89 nach ca. 160 km bei Lee's Ferry den Colorado.

Nahe der alten Fährstation gibt es eine schöne Recreation Area mit einem kleinem Badestrand und hervorragenden Angelplätzen. Es ist eine kleine Oase in der Wüste, wo wir einige Stunden verbringen. Während Heike sich in den eiskalten Fluten abkühlt, habe ich Angelglück und fange eine relativ große Forelle.

Wir überqueren den Colorado an der Stelle, wo eine Navajo-Reservation beginnt. Die Reservation ist trostlos, wirklich das schlechteste Land weit und breit. Ein paar Wellblechhütten, billige Fertighäuser und viele Schmuckverkaufsstände sind entlang der Route 89 zu sehen. Wir fragen uns, wovon die Indianer hier leben. Als Durchreisende sind wir natürlich von den unterschiedlichen Farben der *Painted Dessert*, der buntbemalten Wüste, begeistert. Sie endet nach einigen Stunden plötzlich mit einem weiteren *Kaibab National Forest*. Der Wald gehört natürlich nicht mehr zum Navajo-Gebiet.

Nach ca. 300 km Umweg erreichen wir endlich am späten Nachmittag die Parkeinfahrt des South Rim des *Grand Canyon*. Wir bleiben nur kurz am Desert View Point und beeilen uns, an einem anderen Aussichtspunkt noch den Sonnenuntergang mitzuerleben. Vom ersten Augenblick an ist der Grand Canyon faszinierend. Wie klein kommen wir uns doch vor, als wir die jahrmillionenalte, bis zu 30 km breite, 1700 m tiefe und 160 km lange Canyonlandschaft des Colorado sehen. In Minuten ändern sich Formen, Farben und Oberflächen im untergehenden Sonnenlicht. Das Spiel des Lichts mit den vielen Formen der Gesteine, die braun, gelb, rötlich, grün, grau bis schwarz schimmern können, ist im Grand Canyon einmalig. Das Gebiet ist ein Paradies für Geologen, die hier anhand der einzelnen Gesteinsschichten Teile der Erdgeschichte genau verfolgen können.

Nach Sonnenuntergang fahren wir kurz ins Canyon Village, um zu telefonieren und uns ein wenig zu informieren. Da natürlich wieder alle Campingplätze besetzt sind, übernachten wir am *Yavapai Point*, der berühmt für die Beobachtung von Sonnenaufgängen sein soll. Pünktlich zu der angegebenen Zeit um 5.25 Uhr stehen wir auf, um die ersten Sonnenstrahlen zu erleben. Noch etwas verschlafen und stolz, so früh aufgestanden zu sein, erscheinen wir am Aussichtspunkt, in der Annahme, so ziemlich allein dort zu sein. Aber falsch gedacht, wir haben Mühe, noch einen Platz für unsere Kameras zu finden. Wo die Leute alle herkommen, fragt man sich da. Hauptsächlich aus deutschen Landen, wie sich bald herausstellt. Die Amerikaner liegen noch gemütlich in ihren warmen Betten und lachen sich ins Fäustchen. Gleichwohl genießen wir den Sonnenaufgang und belichten dabei so manche Filme. Es hat sich doch gelohnt, so früh hierherzukommen.

Das Farbspiel ist immer wieder aufs neue faszinierend. Um die Schönheit des Grand Canyon so richtig zu sehen, muß man ihn zu verschiedenen Tageszeiten gesehen haben. Da es um diese Uhrzeit noch empfindlich kalt ist, legen wir uns erst noch mal ein Stündchen ins Bett, um wieder warm zu werden. Nachts wird es am Canyonrand immer ziemlich kühl, während es tagsüber bis zu 30° C heiß werden kann. Wenn man jedoch in den Canyon hinabwandert, erhöhen sich die Temperaturen gewaltig. Nirgendwo auf der Welt gibt es so viele unterschiedliche Klimazonen auf engem Raum wie im Grand Canyon.

Im Visitors Center informieren wir uns über mögliche Wanderwege und deren Gefahren und Bedingungen, die beachtet werden müssen. Nachdem wir uns mit reichlich Wasser und Proviant versorgt haben, wagen wir den *Bright Angel Trail*, der bis zum Flußbett des Colorado hinabführt und etwa 15 km lang ist. Für den Abstieg soll man etwa vier Stunden benötigen, und der Rückweg beansprucht mindestens die doppelte Zeit. Unten gibt es Möglichkeiten, in Hütten oder mitgebrachten Zelten zu übernachten. Doch braucht man dafür eine sogenannte *Backcountry*-Genehmigung, die wegen starker Nachfrage schon Monate im voraus beantragt werden muß, denn aus Naturschutzgründen sind die zu vergebenden Plätze stark limitiert.

Zu Beginn unserer Wanderung ist es oben am etwa 2000 m hohen Ausgangspunkt recht angenehm warm bei etwa 20° C. Nach einigen Minuten steilen Abstiegs kommen wir in immer heißere Zonen, und wir suchen hin und wieder schattige Rastplätze auf. Nach etwa einer Stunde beschließen wir umzukehren, weil wir schon genügend wunderschöne Aussichten genossen haben und ohnehin nicht vorhaben, bis ganz nach unten abzusteigen. Für den anstrengenden Aufstieg benötigen wir dann tatsächlich mehr als zwei Stunden. Jetzt im Mai ist es zum Glück noch nicht so heiß. Im Sommer muß es mörderisch sein.

Und tatsächlich sehen wir beim Aufstieg unter uns einen Rettungshubschrauber heranschrappen, der zwei Wanderer birgt, die wohl ihre Kräfte überschätzt haben oder zu wenig Proviant und Wasser mitgenommen haben. Der Weg ist verführerisch, denn runter ist es so leicht und das Ziel scheint so nah zu sein – aber der Rückweg ist dann wahnsinnig beschwerlich.

Für Notfälle gibt es unterwegs an zwei oder drei Stellen Rettungstelefone, mit denen Hilfe herbeigerufen werden kann. Zu Beginn des Weges warnen Schilder vor den Gefahren und informieren darüber, wieviel Wasser jeder Wanderer mitführen sollte.

Trotzdem gibt es noch immer genügend Leute, die ohne Wasser losziehen. Sogar in Sandalen haben wir einige solcher Ahnungslosen den steilen unebenen Weg hinuntereilen sehen.

Nachdem wir an der Parkstraße von weiteren Aussichtspunkten die Größe und Weite des Canyons bewundert haben, verlassen wir den Park. Alles in allem sind wir nicht ganz so stark beeindruckt von diesem Naturwunder, wie es in den Reiseführern immer gepriesen wird. Das kommt wahrscheinlich von den vielen, vielen Fotos, die wir schon vom Grand Canyon gesehen und den Berichten, die wir gelesen haben. Über den Bryce Canyon und Arches-Nationalpark wußten wir so gut wie gar nichts und waren um so mehr überwältigt. Da blieb uns wirklich die Spucke weg, während wir beim Grand Canyon eigentlich nur das sahen, was wir auch erwartet haben. Aber schön war es trotzdem. Wenn nur nicht so viele Touristen dort wären, im Sommer muß es ja unerträglich voll sein. Aber schließlich kommen wir ja genauso als Touristen. Das vergessen wir allzu schnell, wenn wir uns über die anderen aufregen.

Zunächst fahren wir weiter auf der Route 180 gen Süden und übernachten auf einem Campground am *Lake Kaibab*. Zum Glück ist auch hier die Hauptsaison noch nicht angelaufen, wir müssen also nichts zahlen. Als wir am nächsten Morgen aufstehen, sind wir sehr überrascht, daß es geschneit hat; die Umgebung sieht aus wie mit Puderzucker bestreut. Wir befinden uns immerhin in 3000 m Höhe, und in dem nahe gelegenen Williams gibt es sogar ein Skigebiet. Kaum zu glauben, daß wir uns im Wüstenstaat Arizona befinden.

Als wir dann auf dem Highway 40 etwas tiefer durch die Wüstengebiete fahren, geht der Schnee in Regen über. Regen in der Wüste, welch eine Seltenheit. Bei einem kurzen Stopp am Straßenrand bemerken wir einen komischen Geruch, anscheinend stinkt der Wüstenboden von dieser ungewohnten Feuchtigkeit. Nur wenige Meilen weiter kommt die Sonne wieder, und statt der Heizung benötigen wir jetzt unsere Klimaanlage. Ohne Aircondition ist es übrigens nicht zu empfehlen, durch diese Gegend zu reisen. Bei Kingman wechseln wir auf die Landstraße 93, die weitere 150 km durch die Wüste bis nach Las Vegas führt.

Nevada – Glücksspiele und Wüste

Bei Boulder City überqueren wir den Hoover-Staudamm, der den Colorado River zu einem Wasserreservoir für Las Vegas werden läßt, und erreichen hier den Bundesstaat Nevada. Direkt hinter der Grenze liegen die ersten Spielcasinos. Im amerikanischen Westen ist nur in Nevada das Glücksspiel erlaubt, und das lockt viele Spielbegeisterte aus den umliegenden Staaten an.

Kurz vor Las Vegas hören wir im lokalen Radiosender von einem Superangebot: Für nur 25 Dollar, plus Tax natürlich, kann man im Stardust Hotel jetzt ein Doppelzimmer und dazu zwei Eintrittskarten für die Spätvorstellung der Lido de Paris Show und dazu eine Flasche Champagner bekommen. Dieses tolle Angebot nutzen wir natürlich. Normalerweise hätte das Zimmer 60 Dollar und eine Karte für die Show 20 Dollar gekostet. Mit diesen Angeboten werden Spieler ins Casino gelockt, die meistens ein vielfaches des üblichen Zimmerpreises verspielen. Um in sein Zimmer zu kommen, oder zur Lido de Paris Show, oder in eines der vielen Restaurants – immer muß man an Spieltischen oder Glücksspielautomaten vorbei. Nichts bleibt unversucht, um die Leute zu verführen, ihr Geld zu verspielen.

Las Vegas lebt nur vom Vergnügen seiner Gäste und ist entlang des Strips ein Hammer – vor allem nachts, mit den vielen Lichteffekten und der Leuchtwerbung. Jedes Hotel läßt sich etwas Neues einfallen, um Kunden anzulocken. Vor dem Cesars Palace stehen riesige römische Säulen mit Statuen und Plastiken. Dazu gibt es tolle Swimming-pools und Sportanlagen. Innen ist alles vom Feinsten, und die Angestellten schleichen in römischer Kleidung durch die Anlage. Vor dem Stardust sind Wasserbrunnen installiert, die hin und wieder einen dosierten Wasserstrahl in das benachbarte Becken sprühen. Sieht interessant aus, zumal alles gut, manchmal etwas zu bunt angeleuchtet ist.

Ein weiteres Angebot, mit dem Gäste in die Casinos gelockt werden sollen, sind die erstaunlich günstigen Buffets und Gerichte in den Restaurants. Wir entscheiden uns für das Circus Circus, wo wir für 3,49 Dollar an einem »All-U-Can-Eat«-Buffet soviel essen dürfen wie wir können. Die Getränke sind sogar im Preis enthalten. Das Essen ist reichhaltig und für diese Art von Massenverpflegung erstaunlich gut.

Anschließend besuchen wir weitere Casinos. Überall herrscht ein hektisches Treiben, vor allem an den *Slot*-Maschinen, die auch *Einarmige Banditen* genannt werden. Black Jack, Roulette und die Würfelspiele sind zu diesem Zeitpunkt weniger stark frequentiert. An Wochenenden soll hier mehr Betrieb herrschen, während sich wochentags mehr die Rentner und Touristen in Las Vegas aufhalten.

Bei den Sport-Totalisatoren können Spieler auf die Ergebnisse von Pferderennen, Footballspielen, Boxkämpfen, Baseball, Basketball und weiteren Sportereignissen wetten. Auf riesigen Bildschirmen werden die Sportbegegnungen live übertragen. Die Atmosphäre erinnert an kleine Börsensitzungen, denn noch während der Veranstaltungen kann man bis zu einem bestimmten Zeitpunkt setzen.

Am späteren Abend beginnt die Lido de Paris Show, die wir von einem kleinen Cocktail-Tischchen aus, das direkt neben dem Bühnenlaufsteg steht, verfolgen können. Wir sehen exzellente Tanzaufführungen, die nichts von der Grazilität und Schönheit der Tänzerinnen und Tänzer verbergen. Es ist eine wirklich lohnenswerte Vorstellung, die nach zwei Stunden mit einem beeindruckenden Wasserballett und abschließenden riesigen Wasserfall endet. Die Pause wurde mit einer mäßigen Orang-Utan-Tierdressur überbrückt. Im Zimmerpreis ist der Eintritt zur Show enthalten. Außerdem bekommen wir noch kostenlos die versprochene Flasche Champagner serviert.

There is nothing like Southern California

Den nächsten Tag beginnen wir mit einem Brunch-Buffet für 2,69 Dollar im Circus Circus und fahren anschließend auf dem Highway 15 durch trostlose, weite Wüstenlandschaften Richtung Kalifornien. Die Wüste scheint hier endlos zu sein. Nach 300 km erreichen wir Barstow, 200 km vor Los Angeles. Heike ist krank geworden und leidet unter starken Halsschmerzen und Fieberanfällen. Deshalb quartieren wir uns im Motel-6 von Barstow für 27 Dollar pro Nacht ein. Die Motel-6-Kette gibt es landesweit; dort werden günstige Zimmer mit guter Einrichtung angeboten.

Leider hat sich Heikes Zustand am nächsten Tag eher noch verschlechtert. Wir konsultieren deshalb einen Arzt im »Emergency room« des örtlichen Krankenhauses. Nach gründlicher Untersuchung verschreibt ihr der Arzt Penicillin und Halsschmerztabletten. Die Leistungen des Arztes bzw. Hospitals müssen wir sofort per Kreditkarte bezahlen. Es kostet 78,09 Dollar plus die Kosten für Medikamente. Wir müssen noch zwei weitere Tage im Motel bleiben, damit Heike sich erholen kann.

Wie wir später erfahren, hätte sich in der Nähe von Barstow der Besuch der Geisterstadt *Ghost Town of Calico* gelohnt. Dort ist eine authentische Silberbergbaustadt erhalten geblieben, die wirklich sehenswert sein soll. Dort werden Minenführungen und Grubenfahrten veranstaltet, während das Stadtbild noch viele Gebäude des vergangenen Jahrhunderts aufzuweisen hat. In Barstow selbst ist nicht viel los. Es ist eine kleine Stadt um einen Verkehrsknotenpunkt, die wie eine Oase inmitten der trostlosen Wüstenlandschaft liegt.

Wir sind froh, endlich weiterfahren und Barstow verlassen zu können. Nach drei Stunden erreichen wir in Venice, einem Vorort von Los Angeles, wieder das Meer, diesmal den Pazifischen

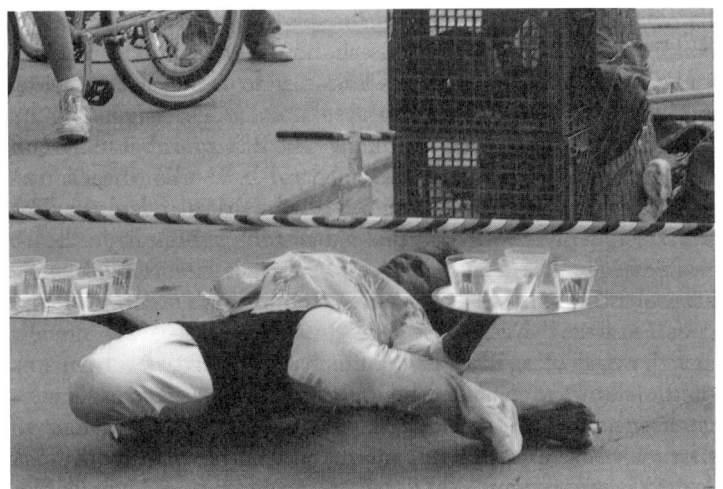

Limbo-Tänzer in Venice Beach, Kalifornien

Ozean. Venice sollte ursprünglich eine Lagunenstadt aus der Retorte, ähnlich wie das italienische Venedig, werden. Doch den Gründern der Stadt ging zu früh das Geld aus. Heute sieht man an der schönen Strandpromenade viele ausgeflippte Leute, Skateboardfahrer, Radfahrer, Breakdancer, Gaukler, Musiker, Aussteiger, Tarrotkarten-Leserinnen und Wahrsagerinnen aller Nationalitäten.

Ein Typ aus Afghanistan fällt uns besonders auf. Mit einem Turban und in Landestracht gekleidet, fährt er auf Rollschuhen durch die Gegend. Dabei spielt er auf einer Gitarre und verärgert viele Passanten, indem er einfach neben ihnen herfährt und scheußlich orientalische Lieder singt. Dabei ist er so penetrant, daß sich viele Leute genötigt fühlen, ihm etwas Geld zu geben, um ihn endlich los zu werden.

Interessant ist dagegen der *Venice Muscle Beach Club*, wo muskelbeladene Frauen und Männer direkt neben der Strandpromenade vor vielen Zuschauern Bodybuilding-Übungen ausführen, begleitet von Musik aus Ghettoblastern. Gleich nebenan gibt es

Racketball-Felder, Tennisplätze, Squashanlagen, Basketball-Spielfelder, Box-Übungsanlagen und vieles mehr. Es herrscht ein buntes Treiben, und es macht Spaß, die vielen verschiedenartigen Menschen zu beobachten. Dazu gibt es viele Trödel-, Souvenir-, Bekleidungs- und Imbißstände, die von den Touristen umlagert werden. Venice ist eine herrlich bunte, kosmopolitische Welt, in der es für uns allerdings jobmäßig nicht lohnt zu bleiben. Auch zum Übernachten ist es hier zu gefährlich, denn es treiben sich viel zwielichtige Personen aus der Drogenszene herum. Dreimal können wir auch beobachten, wie die Polizei Razzien durchführt.

Wir fahren deshalb weiter die Küste entlang durch Santa Monica auf der US 1 bis nach Malibu, einem schönen Ort mit tollen Sandstränden, wo sich die Reichen der Los Angeles Area tummeln. Viele Hollywood-Schauspieler und Produzenten leben in dieser Stadt. Zum Beispiel Larry Hagman, Dustin Hoffman, Cher Bono und etliche mehr. Zahlreiche exotische Restaurants und Lokale, Autos wie Ferrari, Porsche, Mercedes-Benz, Lamborghini, Maserati, BMW und Rolls-Royce fallen uns auf. Schöne Strandhäuser sind entlang der US 1 angesiedelt und prunkvolle Villen liegen hoch oben in den Santa Monica Mountains. Von dort aus können ihre Bewohner einen phantastischen Blick auf die Pazifik-Küste genießen. Die Strandhäuser versperren allerdings den direkten Zugang zum Meer. Dafür gibt es weiter nördlich, kurz hinter dem Ortskern, herrlich große, menschenleere Strände.

Diesmal übernachten wir auf einem ruhigen Parkplatz hinter einem kleinen Shopping Center, wo wir ungestört sind. Geeignete Job-Angebote finden wir am nächsten Tag leider auch hier nicht. Deshalb machen wir uns auf den Weg, weiter die US 1 entlang bis nach Santa Barbara. Vorher kaufen wir uns im exklusiven Vons-Supermarkt noch zwei Portionen Sushi. Erstmals erhalten wir diese japanische Spezialität in einem Supermarkt, wo sie im Vergleich zu den Restaurants erheblich preiswerter ist.

Kurz hinter Malibu und auf der gesamten Strecke bis Santa Barbara gibt es überall kleine *Recreation State Areas* mit Naturstränden und preiswerten Campingplätzen. An der Leo Carillo State Beach campen wir direkt am Strand für sechs Dollar am Tag und können hier den weiten, einsamen Meeruferpark genießen. Mit der einsetzenden Flut kommen sogar einige Delphine, die kurz vor der heftigen Brandung hin und her schwimmen. Ein traumhaft schönes Naturerlebnis mit viel Sonne, Wind, Wasser und klarer Seeluft. Am Abend wird es dann aber ziemlich kalt. So haben wir uns das Wetter in Kalifornien eigentlich nicht vorgestellt. Aber wo gibt es schon das absolute Wetter!

Als wir Santa Barbara erreichen, ist es immer noch kalt und der Himmel bedeckt. Die Stadt jedoch ist sehr schön, die weißgekalkten Häuser im andalusischen Baustil fallen uns angenehm auf. Nach dem Erdbeben von 1925 wurde beschlossen, daß alle Häuser und gewerblichen Gebäude Ziegeldächer und gekalkte Fassaden im andalusischen Stil aufweisen müssen. Eine authentische spanische Geschichte gibt es trotzdem. Man kann heute noch die alte Mission der Spanier besichtigen.

Santa Barbara hat viele schöne Sandstrände und eine kilometerlange Strandpromenade, auf der wir auch entlangspazieren. Wir sehen uns hier auch nach Jobs um, doch weder in Zeitungen noch in Hotels oder Geschäften finden wir geeignete Angebote. Auch die sonst üblichen »Help Wanted«-Schilder in den Geschäften gibt es hier nicht. Die Saison läuft leider auch erst im Juli an. Wir bummeln noch durch die interessante Innenstadt, wo sich wirklich gute Boutiquen und Geschäfte befinden, und fahren am nächsten Tag den *Pacific Coast Highway* zurück nach Los Angeles.

Kurz vor Santa Monica biegen wir in den berühmten *Sunset Boulevard* ab und sehen uns Beverly Hills und Hollywood an. Vor allem in Beverly Hills gibt es prunkvolle Villen mit pompösen Vorgärten, herrlichen Parks und schönen Alleen mit großen grünen Bäumen. Hier leben die Superreichen der Los Angeles Area. Am *Sunset Strip* sehen wir viele überdimensional große Kino- und Plakatwerbetafeln und Geschäftshäuser. Der Strip ist heute aber nicht mehr so schön und sehenswert wie zu Hollywoods Glanzzeiten. Überhaupt gibt es in Hollywood heute weniger Filmstudios als man glaubt. Die liegen weiter nördlich in Burbank. Aber der alte Glanz strahlt noch in Hollywood, vor allem am Hollywood Boulevard, mit dem *Walk of Stars*. Hier sind Ster-

Vor dem Mann's Chinese Theatre

ne mit den Namen der berühmtesten Filmstars in die Bürgersteige eingesetzt. Vor dem *Mann's Chinese Theatre* sind Hand- und Fußabdrücke von Marilyn Monroe, Elizabeth Taylor, Eddy Murphy, Nathalie Wood, Humphrey Bogart, Charles Laughton, Clark Gable, Cary Grant, John Wayne und vielen anderen Filmstars im Betonboden zu sehen.

Dann suchen wir die umliegenden Berge nach den berühmten Hollywood-Buchstaben ab, die übrigens gar nicht so einfach zu finden sind, da sie aus der Ferne betrachtet relativ klein wirken. Am besten sehen wir sie vom Deronda Drive aus, der von hier aus dem Schriftzug am nächsten kommt. An verschiedenen Tagen bummeln wir durch diese Gegend und sehen uns auch eine Filmpremien-Vorstellung im *Mann's Chinese Theatre* an. Das Kino ist riesig und innen mit chinesischen Elementen dekoriert. Der Zuschauerraum ist wie in einem klassischen Theater aufgeteilt, mit Balkonen und Logenplätzen. Die Atmosphäre ist einmalig. Die

Zuschauer applaudieren in vielen Szenen des neuen Films. Bereits am Abend vor der ersten Vorstellung, die am nächsten Morgen um zehn Uhr erfolgen soll, sitzen viele Leute vor dem Eingang und warten dort die ganze Nacht, um die besten Plätze zu ergattern. Wir bekommen noch Karten für die Abendvorstellung des ersten Aufführtages. Als wir dann zum Vorstellungstermin zum Kino kommen, sehen wir eine etwa 500 m lange Menschenschlange. Die Leute haben sich angestellt, um die besten Plätze zu bekommen. Der absolute Wahnsinn.

Die Arbeitssuche in Los Angeles gestaltet sich zunächst sehr schwierig. Sehr viele illegal eingereiste Mexikaner überschwemmen den Arbeitsmarkt, so daß die Arbeitgeber vorsichtig sind und immer gleich Green Card und Arbeitspapiere verlangen. So fragen wir zunächst erfolglos bei einigen deutschen und amerikanischen Restaurants an. Ein Hotel-Restaurant verspricht uns zwar eine Beschäftigung in der folgenden Woche, doch daraus wird nichts. Jedesmal wenn wir uns zu den vereinbarten Terminen telefonisch melden, werden wir vom Staff-Manager auf die nächstfolgende Woche vertröstet. So verfährt er mit uns drei Wochen lang, bevor wir dem Treiben ein Ende setzen und auf den Job verzichten. Wir wurden offenbar nur hingehalten, um in Notsituationen einspringen zu können und für das Restaurant eine Art Feuerwehr zu spielen.

An Wochenenden suchen wir die Los Angeles Times nach Stellenangeboten ab. Leider erfolglos. Interessant sind lediglich die vielen Au-pair- und Babysitter-Jobs, bei denen man meistens sogar im Haus der Familie wohnen kann. Doch zu zweit scheint es unmöglich, irgendwo unterzukommen. Die Entfernungen in Los Angeles sind riesig. Die Area erstreckt sich auf über 1200 Quadratkilometer. Häufig sind wir stundenlang unterwegs, um von einem Vorstellungstermin zum anderen zu gelangen. Öffentliche Verkehrsmittel gibt es kaum. Wir sind deshalb darauf angewiesen, möglichst am gleichen Ort zu arbeiten, was unsere Suche natürlich erschwert. Heike ist Fotografin und trifft sich mit einem deutschen Locationmanager für Fotoaufnahmen und erkundigt sich bei einigen Profi Fotolabors nach Arbeitsmöglichkeiten – leider ohne Erfolg. Erschwerend ist natürlich die Tatsache, daß wir telefonisch nicht erreichbar sind. Das ist ein entscheidender Nachteil, denn in Amerika läuft vieles über den heißen Draht. Zwischenzeitlich haben wir in Hermosa Beach einen idealen Platz zum Übernachten in unserem Van gefunden. Einen städtischen Parkplatz mit Meeresblick, direkt an der Strandpromenade, der nur vier Dollar am Tag kostet. Etwa 20 m entfernt steht am Strand ein Toilettenhaus mit Duschen, wo wir uns täglich waschen können.

Die *South Bay*, wie diese Gegend genannt wird, mit den Stränden von Manhattan Beach, Hermosa Beach und Redondo Beach kommt dem Kalifornienbild, wie man es bei uns kennt, schon recht nahe. Jeden Tag sehen wir hier gutaussehende, lebensfrohe, meist junge Menschen, die sehr viel Sport treiben. Auf der Strandpromenade, die viele Kilometer lang ist, tummeln sich Rol-

Pier in Hermosa Beach, Kalifornien

lerskate-, Skateboard- und Fahrradfahrer, Jogger, Walker, Touristen und Spaziergänger. Im Wasser befinden sich fast immer irgendwelche Wellenreiter oder Wellensurfer. Auf dem breiten Sandstrand sind viele Volleyball-Felder angelegt, die fast immer belegt sind. Meist wird auf den etwas verkleinerten Spielfeldern Beach-Volleyball mit nur zwei gegen zwei Spielern gespielt.

Wir sind häufig am Strand, um das bunte Treiben zu beobachten, aber auch zum Baden, Sonnen und Schwimmen. Die Wellen sind manchmal so hoch, daß es unmöglich ist, längere Zeit richtig zu schwimmen. Doch es macht Spaß, sich in der Brandung treiben zu lassen. Hin und wieder leihen wir uns Skateroller aus und fahren die Promenade entlang. Hier sprudelt das unbeschwerte, lockere Leben, und fast alle Menschen sind offen, ausgeglichen und freundlich.

Interessant sind auch die Häuser. Direkt an der Promenade hat jedes Haus seinen eigenen, total anderen Baustil als das Nachbarhaus. Es sind meistens Holzhäuser, die verputzte, verklinkerte, gekalkte, oder gestrichene Fassaden haben. Im Südstaaten-Stil, viktorianischen, spanischen, katalanischen, postmodernen, Jugend-, Bauhaus-, alpenländischen oder altenglischen Stil. Auch die Farben und Dachkonstruktionen sind kunterbunt gemischt. Trotzdem ist alles schön und relativ sauber. Kurtaxen werden nirgendwo erhoben, obwohl die Strände und alle weiteren Einrichtungen täglich gereinigt werden. Wir fühlen uns hier sauwohl.

Im nahe gelegenen Münzwaschsalon waschen wir jeweils unsere Wäsche, und einen Vons-Markt gibt es auch. Wir ernähren uns hauptsächlich von Sushi und tollen Frischfrucht-Smoothies. Smoothies sind Natursäfte aus kleingemixten Früchten wie Erdbeeren, Blaubeeren, Bananen, Papayas und Ananas. Schmeckt super und gibt es das ganze Jahr hindurch nur in Kalifornien zu relativ günstigen Preisen. Dieses tolle Leben lockt natürlich immer mehr Menschen an, die sich hier niederlassen wollen. Das schlägt sich vor allem in den Immobilienpreisen zu Buche, die sich in den letzten fünf Jahren im Durchschnitt verdreifacht haben. Deshalb werden viele Häuser zum Verkauf angeboten, weil ihre Besitzer damit ein Geschäft machen wollen. Vielfach haben diese Familien gar nicht mal vor, wegzuziehen, sind aber bereit, bei diesem guten Preisniveau zu verkaufen.

Am Holiday-Weekend des Memorial Day-Feiertages gibt es drei freie Tage, an denen eine besonders ausgelassene, fröhliche Stimmung in der *South Bay* herrscht. In Hermosa Beach wird aus diesem Anlaß ein großes »Art and Crafts-Festival« gefeiert. Dabei ist ein Kunst- und Flohmarkt mit vielen Straßenständen und Imbißbuden. Unter einem Zeltdach-Pavillon spielen Musikbands und tanzen Cheerleader-Gruppen. Am Strand wird ein Volleyball-Turnier veranstaltet, bei dem wieder Zweier-Mannschaften gegeneinander spielen. Die große, weit in den See hinausragende Fischerpier ist total überfüllt mit Anglern, die meist mexikanischer Abstammung sind. Es herrscht ein buntes, friedliches Treiben mit Tausenden von Menschen aller Altersgruppen. Und abends spielen Live-Bands in den vielen originellen Musikkneipen.

In der nahe gelegenen Stadt Torrance entdecken wir ein großes »Alpine Village« mit vielen deutschen Geschäften und Restaurants. Dort decken wir uns mit lange entbehrten deutschen Lebensmitteln wie Vollkornbrot, Wurst und Schinken ein. Bei den Restaurants haben wir keine Chance, einen Job zu bekommen, weil sofort die Green Card verlangt wird.

Als ich mir im Zeitungsladen eine deutsche Zeitung kaufe, lerne ich den Inhaber, Charlie Schmid, kennen. Er kommt gebürtig aus München und lebt seit 40 Jahren in Amerika. Mit ihm spiele ich später häufig Golf, und er leiht mir ein Schlägerset, mit dem ich auf den vielen öffentlichen Golfanlagen üben kann. Golf ist auch in Kalifornien ein preiswerter Volkssport. Für zwei bis fünf Dollar *Green-Fee* (= Eintrittsgebühr) kann man hier eine Runde spielen, wobei nicht nach Platzreife oder Clubmitgliedschaften gefragt wird. An einem der nächsten Tage sehe ich im Alpine Village in einem Kristallwarenladen endlich das langersehnte, passende *Help Wanted*-Schild. Jenny, die Geschäftsführerin, ist sehr nett und ist bereit uns einzustellen, wenn sie in zwei bis drei Wochen mit ihrem Laden nach Redondo Beach umzieht. Eine tolle Sache für uns, denn wir können beide bei ihr arbeiten.

Die Zeit bis zu dem geplanten Arbeitsbeginn nutzen wir dazu, einige Tage nach San Diego und Mexiko zu fahren. Als wir am Abend gegen 22 Uhr durch den südlichen Stadtteil von Los Angeles auf den San Diego Freeway fahren, sind wir überrascht, daß selbst um diese Zeit auf den in beiden Richtungen vierspurigen Freeways noch sehr lebhafter, teilweise stockender Straßenverkehr herrscht. Dabei waren wir extra später losgefahren, um die verkehrsreichste Zeit zu meiden. Auf halber Strecke nach San Diego übernachten wir auf einer Rest-Area, wo bereits sehr viele Mexikaner in ihren Autos schlafen.

Am nächsten Morgen herrscht leider eine starke, nebeligartige Bewölkung, und wir beschließen daher kurzfristig, zunächst bis Tijuana in Mexiko weiterzufahren. Als wir das schöne, saubere San Diego verlassen und über die Grenze nach Mexiko fahren, sind wir schon ein wenig geschockt, wie dreckig und schmuddelig es dort ist. Wir sind in einer völlig anderen Welt. Die Innenstadt von Tijuana ist total mit Menschen überfüllt, und das Autofahren wird zur Qual. Überall wird gehupt, Verkehrsstaus sind an der Tagesordnung, und an den Ampeln stehen Leute, die uns penetrant etwas verkaufen wollen. Einige klopfen und schlagen an unsere Wagentür und wollen uns *body work* (Karosseriearbeiten) anbieten. Vielleicht wären wir doch besser mit dem Bus von San Diego nach Tijuana gefahren, einiges an Streß wäre uns erspart geblieben.

Obwohl wir gerne die bunten Geschäftsstraßen entlanggebummelt wären, können wir uns nicht entschließen, den Wagen irgendwo zu parken. Es gibt in dieser Grenzstadt vermutlich keine sichere Parkmöglichkeit, und wir einfach zuviel Angst, ausgeraubt zu werden. Da unsere gesamten Wertsachen im Auto liegen, scheint uns das Risiko einfach zu groß.

Deshalb verlassen wir Tijuana bereits nach drei Stunden wieder und fahren die Halbinsel *Baja California* weiter nach Süden. Im schöneren Rosario besuchen wir einen kleinen, basarartigen Flohmarkt, auf dem aber hauptsächlich Waren für den Geschmack vieler Amerikaner angeboten werden. Weiter südlich nahe Ensenada unternehmen wir eine Strandwanderung. Doch bei weiterhin

schlechtem Wetter vergeht uns der Spaß an Mexiko, zumal wir
die Landschaft hier nicht schöner als im amerikanischen Kalifornien empfinden. Mag sein, daß es im tiefen Süden der *Baja California* besser wird, aber für uns ist es uninteressant, den weiten
Weg bis dahin zu unternehmen, da außer Strandurlaub dort auch
nicht mehr zu erwarten sein wird. Außerdem gibt es in Mexiko
kein bleifreies Benzin, und wir können wegen unseres Abgaskata-
lysators nichts anderes tanken. Am späten Nachmittag sind wir
wieder am Grenzübergang zur USA. Nach langem Warten in der
Autoschlange bekommen wir problemlos wieder ein neues I-95-
Visum mit einer Aufenthaltserlaubnis von weiteren sechs Monaten. Damit haben wir dann keine Probleme mehr, um insgesamt
ein Jahr in Amerika zu verbringen. So einfach hatten wir es uns
nicht vorgestellt. Der Grenzbeamte macht uns sogar noch darauf
aufmerksam, daß wir den ersten weißen Zettel mit der Aufent-
haltsfrist, den wir entfernt hatten, beim endgültigen Ausreisen
am Flughafen zusammen mit dem neuen Zettel abgeben sollen.
Damit werden dann unsere Daten im Zentralcomputer wieder gelöscht. Andernfalls könnte der Verdacht bestehen, wir wären illegal eingewandert.

In San Diego sehen wir uns die sehr gut restaurierte *Old Town
Village* an, die 1769 um die erste spanische Mission in Kalifornien
angelegt wurde. In der Old Town gibt es viele Speise- und Unter-
haltungslokale im mexikanischen Stil. Im *Bazaar del Mundo* er-
klingt schöne Mariachi-Musik, und vor dem alten Opera House
sehen wir uns »Die Wahl des Bürgermeisters«, ein kleines Thea-
terstück aus der Gründerzeit, an. Die Schauspieler tragen sehr
hübsche historische Kostüme.

In den alten Häusern, die man besichtigen kann, arbeiten Menschen, die ebenfalls noch die traditionelle Kleidung des vorigen
Jahrhunderts tragen. Besonders gefällt uns das *Casa Estudillo* mit
seiner ursprünglichen Einrichtung im spanischen Kolonialstil. Es
hat einen Innenhof, von dem aus die einzelnen Räume des Hauses
und ein herrlich farbenfroher, exotischer Garten mit einer Viel-
zahl von bunten Blumen, Bäumen und Sträuchern erreichbar

sind. Wir fühlen uns ein wenig an den Ort der Handlung des Romans »Eva Luna« von Isabelle Allende versetzt.

Auch das *Casa Lopez*, das Haus des ersten spanischen Siedlers, ist sehenswert. Außerhalb der Old Town Village genießen wir es, in den gemütlichen Kneipen oder Restaurants zu verweilen. Den Abend verbringen wir in einem der Pubs mit vielen netten jungen Menschen, mit denen wir leicht ins Gespräch kommen. Zum Bier, das hier in langen, schlanken Kutschergläsern serviert wird, essen wir die typischen *Nachos*, das sind Mais-Chips, die mit Käse überbacken und scharfer Dip-Sauce gegessen werden. Doch vorher sehen wir uns in der San Diego Area noch den Stadtteil La Jolla an, in dem sich in Strandnähe zahlreiche Villen der wohlhabenden Bevölkerung befinden. Der La Jolla Boulevard führt zum oberen Teil der Stadt, von wo aus wir einen weiten Rundblick auf San Diego und die vielen Buchten, Lagunen, Sandstrände und Parkanlagen haben. Zweifellos eine sehr schöne Stadt, die uns wegen ihrer Vielfalt besonders gut gefällt. Die Wassersportmöglichkeiten sind in San Diego Bay und Mission Bay ausgezeichnet, zahlreiche Segel- und Motorboote und die schnellen Wasserjets bevölkern die Wasseroberfläche.

Am nächsten Morgen sind wir pünktlich um 9 Uhr zur Öffnung der Eingangskassen am *Sea World Park* von San Diego. Der Eintritt kostet nur 17 Dollar, weil wir uns im Visitors-Center einen Ermäßigungsgutschein über vier Dollar besorgt haben. Es lohnt sich immer, solche Coupons zu sammeln. Sie werden eigentlich für fast alle Attraktionen dieser Art in Amerika in Visitors-Centern, Hotels oder Motels ausgelegt. Coupons findet man aber auch in den Wochenendausgaben der großen Tageszeitungen für Lebensmittel und viele Konsumgüter. Hierfür gibt es spezielle Beilagen mit Coupon-Anzeigen, die von vielen Leuten gesammelt werden und mit denen man viel Geld beim Einkauf in den Supermärkten sparen kann.

Sea World liegt in einer großen Meereslagune und ist eine riesige Anlage mit Fischen, Walen, Delphinen und Meerestieren jeglicher Art, die in guten Dressur-Shows zu sehen sind. Am besten gefällt uns die berühmte Killerwal-Schau mit zwei riesigen Killer-

Killerwale in Sea World, San Diego

walen und Baby Shamu, dem ersten in Gefangenschaft geborenen Killerwal. Kurz nach unserem Besuch geht die Nachricht vom Tod der Mutter von Baby Shamu durch alle Medien. Die beiden großen Orcas, wie sie auch heißen, hatten miteinander gekämpft, und der eine war an seinen Bißverletzungen verblutet. Ein schwerer Verlust. Wohlweislich hatten wir uns auf einen Sitzplatz der oberen Ränge niedergelassen, denn unten wird man doch arg naß, wenn die tonnenschweren Wale nach einem Sprung ins Wasser platschen. Etwas enttäuscht sind wir von der Delphin-Show, da war sogar die vom *Bush Garden* in Tampa wesentlich besser. Phasenweise lustig ist die Seehund- und Otter-Show, die jedoch eine dürftige Seeräuber-Handlung darstellt. Auch in diesem Park müssen wir uns beeilen, um an einem Tag jeweils alle Shows und Veranstaltungen mitzuerleben. Da gibt es noch viele Meerwasseraquarien mit exotischen Fischarten, eine Unterwasser-Show mit schwarz-weißen Delphinen, ein großes Kühlhaus, in dem wir Pinguine in ihrer nachempfundenen Umwelt über und unter Wasser erleben können. Besonders bei Kindern sind die Streichelbecken beliebt, in denen Delphine und kleine Stachelrochen angefaßt und befühlt werden können.

Nach einigen Tagen fahren wir zurück in die Los Angeles Area nach Hermosa Beach. Die nächste Zeit verbringen wir mit viel Sport, Strandlaufen, Schwimmen, Sonnenbaden und Tennisspielen. Die Aktivität der Kalifornier hat uns also auch schon angesteckt.

An manchen Tagen wird die *South Bay* jedoch in Küstennähe von dichten Nebelschwaden überzogen, während nur ein bis zwei Kilometer weiter im Landesinneren der herrlichste Sonnenschein herrscht. Der Nebel entsteht immer dann, wenn heiße Winde aus den nahen Wüstengebieten über dem Meer erkalten. An solchen Tagen fahren wir die vielen Sehenswürdigkeiten des Großraums von Los Angeles an. Dazu gehört natürlich auch die *Universal Studio-Tour.* Dabei können wir einen Blick hinter die Kulissen der Filmindustrie werfen und sehen, mit welchen Aufnahmetricks und Stunts die Filme entstehen. Gleich zu Beginn unseres Besuchs steigen wir in die Studio-Trambahn ein, die uns zwei Stunden durch das große Filmgelände fährt. Zunächst durchqueren wir einen See, der in dem Film »Die zehn Gebote« das Rote Meer darstellte. Als die Trambahn den See erreicht, teilt sich das Wasser und öffnet uns einen Weg durch den See. Dann kommen wir zu einer alten Holzbrücke, die gerade in dem Moment einstürzt, als wir sie mit der Bahn überqueren. Der weiße Hai öffnet plötzlich direkt neben uns sein riesiges Maul und droht uns zu verschlingen. Das ist nichts für schwache Nerven! In einer großen Studiohalle, in der Szenen des Films »King Kong« gedreht wurden, können wir die Schlußszenen bis zur Tötung von King Kong noch einmal hautnah miterleben. Zunächst stürzt ein Hubschrauber ab und explodiert. Ohne Vorwarnung steht dann der riesige Gorilla plötzlich neben uns und brüllt lautstark. Kinder fangen an zu heulen und haben Angst.

Am realistischsten ist dann eine Katastrophenszene aus dem Film »Erdbeben«, in dem eine U-Bahn in den unterirdischen Bahnhof einfährt und wir *live*haftig miterleben und fühlen, wie die Erde langsam zu beben anfängt und immer heftiger bebt, Züge entgleisen, Decken einstürzen, Lkws und Autos in den U-Bahn-

Schacht rutschen und tosende Wassermengen alles zu überfluten drohen. Von der riesigen Sturzwasserwelle werden wir sogar richtig naßgespritzt. Im ersten Augenblick sind wir richtiggehend schockiert, weil alles so echt aussieht und wir nicht informiert werden, was denn nun kommen wird.

In einer weiteren Halle erläutert der Schauspieler Robert Wagner viele Tricks, die in der Filmgeschichte verwendet wurden – wie Geräusche erzeugt werden, wie Menschen plötzlich klein und Objekte groß erscheinen, wie große Flugzeuge durch kleine Modelle ersetzt werden und vieles mehr. Wir sehen, wie E.T. durch die Luft radelt und Astronauten vom Raumschiff Enterprise weggebeamt werden. Die Tram-Tour durch den riesigen Studiokomplex, die im Gesamteintrittspreis von 20 Dollar enthalten ist, lohnt sich in jedem Fall, auch wenn man kaum aktuelle Filmshootings sieht. Die Rundtour endet wieder auf dem eigentlichen Parkgelände, wo wir uns die verschiedenen Shows ansehen. Da gibt es eine Startreck-Show, in der mit Besuchern blitzschnell eine kleine Episode mit dem Raumschiff Enterprise gedreht und hinterher vorgeführt wird. Gleichzeitig bekommen wir mit, wie diese Aufnahmen entstehen. Die Miami Vice Stunt-Show zeigt viele Explosionen und Verfolgungsjagden auf dem Wasser, eine Western-Show rauhe Schlägereien und spannende Pistolenduelle, die Movie-Animal-Show führt vor, wie Tiere dressiert werden. »The Adventures of Conan« ist eine Art Theater-Show mit imposanter Kulisse, in der die Geschichte des Comic-Helden Conan dargestellt wird. Auf dem Parkgelände begegnen wir ferner einigen Figuren der Filmgeschichte wie Frankensteins Monster, Graf Dracula und Marilyn Monroe, die von Studenten mit Kostümen und Masken dargestellt werden.

In die *Universal Studios* kommen jedes Jahr über drei Millionen Besucher. Sie gehören mit *Disneyland* und *Knott's Berry Farm* (Peanuts) zu den Hauptattraktionen von Los Angeles. Zum Ende dieses absolut eindrucksvollen Tages gehen wir noch zu einem Stand, an dem kostenlose Eintrittskarten für Fernseh-Shows verteilt werden. Wir erhalten Karten für die morgige Pat-Sajak-Show in den CBS-Anstalten, einer Talk-Show mit den üblichen

Las Vegas

Hermosa Beach, Los Angeles

△ *Am Highway Nr. 1*
▽ *Golfanlage Pebble Beach, nahe Monterey*

△ *Monterey im Nebel*
▽ *San Francisco*

Kurvenreiche Lombard Street, San Francisco

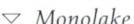 Yosemite National Park
▽ Monolake

Tufagebilde am Monolake

Rodeo in Pendleton, Oregon

Show- und Musikeinlagen. Wir sitzen im Publikum, klatschen oder lachen gemäß den Aufforderungen, die auf entsprechenden Anzeigetafeln stehen. Es ist nicht uninteressant, wenn man so etwas noch nie erlebt hat. Die Karten sind im übrigen auch direkt bei den CBS-Studios zu bekommen. Auch wer eine Eintrittskarte besitzt, hat bei großem Andrang nicht unbedingt die Garantie, auch Einlaß gewährt zu bekommen. Man muß sich also rechtzeitig einfinden. Wer zuerst kommt, kann sicher sein, einen Platz zu finden. Es ist alles gut durchorganisiert, wie wir es in Amerika bei ähnlichen Veranstaltungen gewohnt sind.

An weiteren Nebeltagen sehen wir uns den Rodeo Drive, die Miracle Mile und den Wilshire Boulevard an. Der *Rodeo Drive* in Beverly Hills ist die exklusivste Einkaufsstraße der L.A. Area. Von Armani über Alaia, Polo Ralph Lauren, Hermes und Montana ist dort eigentlich so alles vertreten, was Rang und Namen in der Modebranche hat. Wer einen kleineren Geldbeutel besitzt und nur mal in Ruhe einen Schaufensterbummel machen möchte, sollte dies an einem Sonntag tun. Dann ist das Parken unproblematisch, und da die Geschäfte geschlossen sind, bleibt der Geldbeutel geschont. Wir fahren jedoch auch einmal während der Woche hin, nur um die Leute zu beobachten und die gut eingerichteten Geschäfte anzusehen. Vor Armani wird gerade ein Nancy Reagan-Film gedreht, aber es erregt relativ wenig Aufsehen. Hier sind die Leute natürlich an Dreharbeiten gewöhnt. Auch in Hermosa Beach sehen wir zweimal Filmteams bei der Arbeit. Ein paar Tage können wir noch unser Strand- und Lotterleben genießen, denn mit der Aussicht auf den Job fällt uns dies auch viel leichter. Ohne eine Aussicht auf Arbeit wären wir jetzt sicher arg beunruhigt.

Bald ist es dann mit unserem Faulenzen vorbei, und wir beginnen unseren Job bei Jenny. Während Heike im Geschäft im Alpine Village versucht, den scheußlichsten Kitsch, den man sich vorstellen kann, an die Leute zu bringen, helfe ich bei der Fertigstellung des neuen Ladens in Redondo Beach. Ab jetzt übernachten wir auf einem großen Parkplatz gegenüber des neuen Geschäfts in Redondo Beach. Jenny hat uns freundlicherweise den Ladenschlüssel gegeben, damit wir die Toiletten im Laden benutzen können. Wir verdienen sechs Dollar brutto, was in etwa 4,86 Dollar netto entspricht. Das ist besser als nichts, und die Arbeit macht meist Spaß, denn mit Jenny ist gut auszukommen. Schade nur, daß wir die meiste Zeit wieder nur deutsch reden, mit Jenny, Uschi, einer deutschen Mitarbeiterin, und auch mit vielen Kunden, die aus Deutschland stammen. Alles in allem sind wir zufrieden und in erster Linie froh, unsere Reisekasse wieder etwas auffüllen zu können. Mitte Juni bekommen wir Besuch von meiner Schwester Elke und meinem Schwager und Freund Josef, die mit Martinair von Amsterdam nach Los Angeles geflogen sind. Sie bleiben zwei Wochen in Hermosa Beach in dem strandnahen Seasprite-Hotel, wo wir für sie ein Zimmer gebucht haben. In dieser Zeit können wir auf dem Hotelparkplatz übernachten und das Badezimmer ihres Zimmers mitbenutzen. Im Gegenzug leihen wir Josef und Elke unser Auto für Fahrten zum Disneyland und zu den Universal-Studios. Zum Glück hat Jenny für ihren Umzug einen Leihwagen gemietet, den sie für Warentransporte benötigt. Wir dürfen ihn auch nach Feierabend benutzen, so daß wir nie ohne Fahrzeug sind. Jenny gibt uns sogar einige Tage frei, damit wir mit den beiden einiges zusammen unternehmen können.

So fahren wir als nächstes gemeinsam zu Queen Mary und Spoose Goose nach Long Beach. *Queen Mary* ist ein altes Passagierschiff der Luxusklasse, das heute ein Hotel beherbergt und besichtigt werden kann. Das Schiff ist riesig: Es hat große Tanzsäle, Restaurants und Cafés, wundervolle Kabinen und Suiten, große Maschinenräume und prunkvolle Decks. Im 2. Weltkrieg wurde es unter britischer Flagge zum Truppentransport amerikanischer Einheiten nach Europa eingesetzt, während nach dem Krieg viele Flüchtlinge damit nach Amerika übersetzten. Die wechselhafte Geschichte der Queen Mary wird heute an Bord gut dokumentiert. Der Eintrittspreis ist unserer Meinung nach mit fast 15 Dollar etwas hoch angesetzt.

Zum Glück erspähen wir eine Möglichkeit, mit dem Hotel-Fahrstuhl auch ohne Eintrittsgebühr auf das Schiff zu kommen, und finden später auch einen Schleichweg, von der Queen Mary aus zur benachbarten Spoose Goose zu gelangen.

Die *Spoose Goose* ist in einer großen, freitragenden, runden Kuppelhalle untergebracht, direkt neben der Queen Mary. Beide Verkehrsmittel verbindet die Geschichte des 2. Weltkrieges, denn auch das Flugzeug von Howard Hughes – im Volksmund »Häßliche Gans« genannt – sollte zum Truppen- und Panzertransport genutzt werden. Es ist immer noch das größte Wasserflugzeug der Welt, ganz aus Holz gebaut. Es wurde jedoch erst fertig, als der Krieg schon vorbei war. Auf eigene Kosten führte Howard Hughes das Projekt zu Ende und versuchte auch einen Probeflug, der aber schon nach einer Meile wieder im Wasser endete. Danach verschwand das Flugzeug in der Versenkung, bis es vor einigen Jahren seinen Platz neben der Queen Mary fand. Im Scheinwerferlicht sieht der Riesenvogel majestätisch aus. In der Halle werden außerdem Filme über die Entstehungsgeschichte des Flugzeuges und über das Multitalent Howard Hughes gezeigt, der nicht nur Erfinder, Flugzeugbauer und Pilot war, sondern auch Schauspieler und Filmproduzent.

Das Wetter wird immer besser. Am letzten Wochenende von Elke und Josef fahren wir zum *Exposition Park,* in dem sich einige Museen und das *Coliseum* befinden. Der Park ist schön angelegt und lädt wunderbar zum Spaziergengehen und zum Besuch verschiedener Institutionen und Einrichtungen ein. Beeindruckend sind für uns das *California Science and Historie Museum* und das *Coliseum,* die Sportarena der Olympischen Spiele von 1934 und 1984.

Am 4. Juli, dem amerikanischen Nationalfeiertag, fliegen Elke und Josef wieder zurück nach Deutschland. Der 4. Juli ist für die Amerikaner ein bedeutender Tag, an dem ausgelassen und intensiv gefeiert wird, mit prunkvollen Straßenumzügen und vielen privaten Feiern. Dazu werden fast alle Häuser mit den amerikanischen Nationalfarben Blau, Weiß und Rot geschmückt.

Besonders farbenfroh und ausgelassen ist mal wieder die Stimmung in der South Bay, vor allem in Hermosa Beach. Die Leute tanzen in den Vorgärten und freuen sich wie die Kinder. Musikboxen stehen vor dem Haus und dröhnen in voller Lautstärke, Klänge von den Beach Boys und Bruce Springsteen sind überall zu hören. Alle Festlichkeiten werden im Freien begangen und vorbeigehende Passanten eingeladen und mit einbezogen. Bei Einbruch der Dunkelheit steigen von überall Feuerwerkskörper in den Himmel, obwohl sie eigentlich aus Sicherheitsgründen verboten sind. In den vielen Kneipen von Hermosa Beach wird noch bis tief in die Nacht hinein weitergefeiert. Ein stimmungsvoller Tag geht zu Ende.

Wir ziehen wieder um, ins ruhige und saubere Redondo Beach, um dort vor Jennys neuem Crystal-Shop zu übernachten. In den nächsten Wochen gibt es hier viel zu tun – die Inneneinrichtung vervollständigen, das Lager einrichten; viel neue Ware kommt aus Europa, die sortiert und abgeholt werden muß, um dann im Geschäft mit Preisen ausgezeichnet und gelagert zu werden.

Das Ausladen der aus Europa kommenden Container ist eine äußerst unangenehme Arbeit. Da heißt es dann immer früh aufstehen, um zu einem weiteren Crystal-Shop nach Buena Park zu fahren, der ungefähr eine Stunde Fahrzeit entfernt liegt. Dort fangen wir dann meistens um sechs Uhr morgens an, um vor der ärgsten Hitze fertig zu sein.

Zuerst werden die riesigen Container entladen, dann heißt es, die Kartons nach Nummern zu sortieren. Die Ware ist für die verschiedenen Geschäfte bestimmt, wovon ein jedes unterschiedlich geordert hat.

Sind jedem Laden die einzelnden Kisten zugeordnet, kommt der schönste Teil der Arbeit: Jeweils ein Karton pro Nummer wird geöffnet, kontrolliert was drin ist und zuletzt der Preis auf die Kiste geschrieben.

Das Öffnen der Kisten ruft immer wieder großes Gelächter hervor, kaum zu glauben, was es da alles gibt: Blumenampeln in den verschiedensten Farben mit Goldverzierungen, bunte Tiere aus Muranoglas oder auch mal aus Porzellan und besonders geschmackvolle Porzellanblumen von Capo di Monte. Es ist alles so unvorstellbar kitschig, findet aber reißend Absatz.

Am 13. Juli erreicht uns ein trauriger Anruf von Heikes Mutter. Ihr Vater ist plötzlich gestorben, und sie packt sofort ihre Sachen. Drei Stunden später sitzt sie schon im Flugzeug. Da ist es schon gut, eine Eurocard oder vergleichbare Kreditkarte zu besitzen, denn soviel Geld hätten wir auf die Schnelle niemals beschaffen können. Immerhin 1400 Dollar kostet ein One-Way-Ticket in der normalen Business-Class. Heike weiß noch nicht, ob sie wieder zurückkommen wird. Sie muß erst mal sehen, wie es ihrer Mutter geht.

Die nächsten Tage und Wochen bringen für mich sehr veränderte Lebensverhältnisse. Heike fehlt mir sehr. Nachdem wir ein halbes Jahr jeden Tag zusammen waren, ist es um so schwerer, plötzlich allein zu sein. Zum Glück gibt es jetzt sehr viel im Laden zu tun, denn der Umzug steht an. Alle Waren und Gegenstände des alten Geschäfts müssen ins neue transportiert werden. Ich arbeite teilweise 12 bis 14 Stunden am Tag und falle dann hundemüde ins Bett. Nach der Arbeit fahre ich jedesmal an den nahe gelegenen Strand, schwimme etwas im Pazifik und dusche anschließend dort. Jenny hat im Geschäft jetzt sogar einen Fernseher aufgestellt, damit ich mich abends etwas unterhalten kann. Jetzt, wo sich Waren im Laden befinden, die Alarmanlage aber noch nicht installiert ist, schlafe ich zu Jennys Beruhigung im Geschäft.

An den Wochenenden spiele ich häufig mit Charlie Golf. Sein deutscher Club, der Enzian Golf- and Skiclub, lädt mich ein, sonntagmorgens mit den Clubmitgliedern eine Runde Golf auf der Anlage von Pico Rivera zu spielen. Dazu fahre ich mit Charlie schon um sechs Uhr morgens zum Golfplatz, um pünktlich zu Spielbeginn um sieben Uhr da zu sein. Sieht man mal wieder, daß Amerikaner ein ganz anderes Verhältnis zu Entfernungen haben. Wer würde bei uns schon jeden Sonntagmorgen insgesamt zwei Stunden mit dem Auto fahren, nur um eine Runde Golf zu spielen?

Wenn wir gegen 10 Uhr unsere Runde beenden, wird es schon recht heiß und wir halten anschließend einen Frühschoppen ab. Der Club besteht aus etwa 20 Deutschstämmigen, die alle sehr nett und kameradschaftlich sind und eine fröhliche Runde bilden.

Horst, der Elektriker, der für Jennys Laden die Leitungen legt, kommt auch aus Deutschland. Er ist waschechter Berliner mit entsprechender »Schnauze« und lebt seit etwa acht Jahren in den Staaten. Wir freunden uns schnell an, spielen an Wochenenden Tennis miteinander und fahren einmal mit seiner Motoryacht von King's Harbor (liegt bei Redondo Beach) nach Long Beach bis zur Queen Mary. Ich genieße den ungewohnten Blick vom Meer auf die Küste und versuche an Bord etwas zu angeln.

Durch die viele Arbeit im Laden bin ich die Sonne nicht mehr so gut gewohnt und bekomme schnell einen kräftigen Sonnenbrand, obwohl an diesem Tag viel Nebel über dem Wasser hängt. Mit einem anderen Bekannten unternehme ich an freien Tagen Radtouren, die uns an der Strandpromenade entlangführen. Wir fahren in Etappen von Torrance Beach über Redondo Beach bis nach Marina del Rey und Venice. Fast die gesamte Strecke von 40 km können wir auf der Strandpromenade radeln.

Besonders an Wochenenden ist sie mit Joggern, Radfahrern, Walkern und Skaterollerfahrern bevölkert. Es gibt sogar spezielle dreirädrige Kinderwagen, die anscheinend besonders gut rollen und eine verstellbare Schiebestange haben, so daß sie in passender Höhe zum Joggen ist. So können die Eltern laufen und trotzdem mühelos ihr Kind vor sich herschieben. Auch gibt es spezielle Anhänger für Fahrräder, in denen Kleinkinder sitzen, meistens sogar mit Sturzhelm. Alle sind bunt und phantasievoll gekleidet, und vor allem die Mädchen sind eine Augenweide, wenn sie mit ihren knappen Bikinis an einem vorbeirollen oder -laufen. Da kommen uns schnell die Beach Boys in den Sinn mit ihren Songs »California Girls« und »It never rains in Southern California«. Sie vermitteln die wahre Stimmungslage der South Bay.

There is nothing like Southern California! Really.

Kalifornien ist nicht umsonst der Sonnenstaat mit dem leichten, lockeren Leben. Wir haben den Eindruck, Arbeit wird nur gemacht, wenn man Spaß dran hat und um ein wenig Kleingeld zu haben. Sonne, Meer, Surfen – und die Girls haben für die Boys und die Boys haben für die Girls absoluten Vorrang. Die Menschen strahlen eine unbeschreibliche Zufriedenheit und Lebensfreude aus, sind eigentlich immer auffallend aufgeschlossen und freundlich. Ausländer, die in Kalifornien leben wollen, werden freundschaftlich aufgenommen, und ein ausländischer Akzent stört niemanden, er wird eher gern gehört.

Allem Neuen gegenüber sind die Kalifornier sehr aufgeschlossen eingestellt. Sie warten nicht ab, sondern probieren aus. Besonders was neuartige Sportgeräte angeht oder Autos, technische Neuheiten oder Mode, Kalifornien ist ein Vorreiterstaat in vielen Belangen. Gerade in puncto Sommermode zeigt Kalifornien oft, was morgen an der Ostküste und der übrigen Welt getragen wird. Wo ganzjährig die Temperaturen um die 24 °C liegen, lebt es sich auch ganz anders, viel unkomplizierter, einfach angenehmer. Wenn du morgens aus dem Haus gehst, weißt du schon, wie das Wetter am Tag sein wird – nämlich genauso trocken und angenehm, wie am Tag zuvor. Kaum jemand kommt auf die Idee, eine Jacke mitzunehmen, weil es vielleicht kalt werden oder eventuell regnen könnte. Solche Überlegungen sind überflüssig. Das vereinfacht das Leben und die Einstellung dazu ungemein. Man kann sich die Temperaturen in der L. A. Area sogar aussuchen: Wer es lieber heiß mag, geht nach Downtown, oder noch heißer, in die Wüste nach Palm Springs, den Nobelort. Wer sich bei mittleren Temperaturen wohler fühlt, ist am besten in Meeresnähe aufgehoben, wo es selten über 30 °C warm wird.

Am 6. August kommt Heike endlich wieder zurück. Ihrer Mutter geht es den Umständen entsprechend einigermaßen gut. Zum Glück wohnt Heikes 22jährige Schwester Tina noch zu Hause und kümmert sich um sie. So braucht Heike kein schlechtes Gewissen zu haben, wenn wir unsere Reise fortsetzen. Noch ist aber ungewiß, ob wir nicht doch früher als geplant zurückkehren müssen. Auf jeden Fall werden wir vor Weihnachten nach Deutschland zurückkehren. Aber bis dahin ist es noch weit, und Hauptsache, Heike ist wieder da. Da wir erst geplant hatten, uns in San Francisco zu treffen, landet Heike dort, übernachtet bei Freunden und fliegt am nächsten Tag weiter nach Los Angeles. Da wir mit Jenny zwar schon den neuen Laden bezogen haben, aber bis zur offiziellen Eröffnung noch einiges zu tun ist, wollen wir sie nicht im Stich lassen und noch drei Wochen bei ihr arbeiten.

Jenny hat uns eingeladen, bei ihr zu wohnen. Zögernd nehmen wir die Einladung an, weil wir eigentlich allein sein möchten, aber im nachhinein sind wir sehr froh, ihr Angebot angenommen zu haben. Wir verstehen uns blendend mit ihr und werden von Kopf bis Fuß verwöhnt. Jenny wohnt in einem sogenannten *Condominium*, einer Art Reihenhaus, in einem großzügigen, umzäunten Wohnviertel mit Wachpersonal am Eingang. Jedesmal, wenn wir zum Haus wollen, müssen wir eine Schranke passieren, und erst nachdem wir uns beim Pförtner zum Erkennen gegeben haben, läßt er uns durch. Die gesamte Anlage ist mit wunderschönen Grünanlagen, Tennisplätzen, Swimmingpools und Whirlpools ausgestattet. Obwohl es sich um Reihenhäuser handelt, sind sie so gut aufgeteilt, daß die Privatsphäre nicht tangiert wird. Zu jedem Haus gehört eine kleine Terrasse mit Garten. Für Benutzung und Säuberung des Swimmingpools, Instandhaltung der Grünanlagen, Pflege der Häuserfronten und Benutzung des Gemeinschaftshauses für Feiern oder ähnliche Dinge wird eine monatliche Umlage gezahlt und die Bewohner brauchen sich um nichts mehr zu kümmern.

Jennys Haus liegt hoch oben auf einem Berg. Von ihrem Schlaf- bzw. Wohnzimmer hat sie eine herrliche Aussicht auf Los Angeles, das heißt, wenn Nebel oder Smog sich am Abend verzogen haben. Besonders nachts ist die Aussicht auf dieses Lichtermeer beeindruckend. Wir bewohnen Jennys Gästezimmer mit eigenem Bad und genießen diese schöne, sorgenlose Zeit.

Heike ist heilfroh, wieder hier zu sein. Natürlich waren die Beerdigung und das Drumherum sehr schlimm für sie. Ihr ist der Unterschied zwischen den USA und Deutschland noch einmal richtig deutlich geworden, und sie kann das unkomplizierte Leben, das wir hier führen, um so mehr genießen. Schon beim Hinflug auf Deutschland sind ihr die kleineren Dimensionen der Felder, Straßen und Orte aufgefallen, was irgendwie untrennbar mit der ganzen Lebensweise in Deutschland verbunden ist. In Amerika ist alles viel weitläufiger und größer. Wir spüren schon jetzt, daß wir bei unserer Rückkehr im Herbst große Probleme mit der Wiedereingewöhnung haben werden.

Noch aber sind wir hier und genießen das Leben. Jenny ist so lieb und läßt Heike ein paar Ruhetage, die sie faulenzend am Pool verbringt, um sich an die neunstündige Zeitverschiebung zu gewöhnen. Mittlerweile ist der neue Laden komplett eingerichtet und die meisten Waren in den Verkaufs- und Lagerregalen. Somit hat Heike wenigstens die Hauptarbeit nicht mitbekommen. Jetzt helfen wir hauptsächlich beim Entladen von weiteren Containern aus Europa, verstauen die Ware im Geschäft, während ich anschließend mit Jenny die Eröffnungswerbung konzipiere. Abends entspannen wir uns im Whirlpool und werden von Jenny rundgefüttert. Wir haben bestimmt drei Kilo in dieser Zeit zugenommen. Entweder grillen wir riesige, bestimmt 300 Gramm schwere Steaks oder Jenny lädt uns zum Essen ein. Somit lernen wir auch einige gute Restaurants kennen, die wir uns sonst niemals geleistet hätten. Zur Entschädigung schwingt Heike dann hin und wieder den Kochlöffel. Nach dem Essen liegen wir meistens faul vor dem Fernseher. Häufig leihen wir uns auch Videofilme aus, alles mit der Entschuldigung, auf diese Art und Weise etwas für unser Englisch zu tun. Nebenbei bemerkt ist es auch ein Erfolgserlebnis, wenn man mit der Zeit den Filmen zum Großteil wortwörtlich folgen kann.

Am 25. und 26. August findet das *Grand Opening* statt, das wir mit viel Sekt feiern. Dazu sind viele Freunde und alte Kunden eingeladen. Am folgenden Tag heißt es dann Abschied nehmen, wir wollen endlich nach gut drei Monaten Aufenthalt in L. A. unsere USA-Reise fortsetzen. Nachdem wir Charlie und den Golfern, Hans und Uschi, Horst, dem Elektriker, und all den anderen adieu gesagt haben, folgt der schwerste Abschied: Jenny hat uns noch ein tolles Abschiedsgeschenk gemacht, und als wir dann endgültig losfahren, haben wir alle Tränen in den Augen.

Die Westküste

Wir verlassen also unsere Heimat der letzten Wochen, die uns lieb gewordenen Orte Palos Verdes, Hermosa Beach, Redondo Beach und Los Angeles, fahren den *Pacific Coast Highway* und dann die Route 101 an der Küste entlang in Richtung Norden. Über das uns schon bekannte Santa Barbara gelangen wir am selben Tag noch nach San Luis de Obispo, wo wir uns die alte spanische Mission ansehen und direkt am Meer übernachten. Für Heike ist es nach sieben Wochen wieder die erste Nacht im Auto. An die Härte unseres Bettes müssen wir uns erst wieder gewöhnen, aber es ist ein schönes Gefühl, wieder frei von Verpflichtungen zu sein und in den Tag hineinleben zu können. Wir hoffen, mit unserem Geld auszukommen und bis zum Ende unserer Reise nicht mehr arbeiten zu müssen. Uns stehen sicher noch ein paar tolle Wochen bevor.

Nach langem Hin und Her haben wir uns doch für die Küstenroute entscheiden. Durch die Wüste wäre es wohl wieder recht heiß geworden, und davon haben wir nach unserem Empfinden schon genug gesehen. Eine der schönsten Straßen der Welt, der *Highway Number One* von Morro Bay bis Carmel, die *Big Sur* entlang, hält, was sie verspricht.

In der ersten Nacht werden wir von einem kleinen Kätzchen geweckt. Es versucht, durchs offene Fenster in unseren Wagen zu gelangen. Unser erster Gedanke ist, es will jemand einbrechen – bis wir erkennen, wer der Störenfried ist. Auch beim Frühstück leistet das Kätzchen uns Gesellschaft. Es ist wohl ausgesetzt worden. Ganz ausgehungert ist das kleine Ding, aber dennoch sehr zutraulich, es muß also an Menschen gewöhnt sein.

Unvorstellbar, wie jemand so grausam sein kann und die junge Katze einfach an einem verlassenen Parkplatz aussetzt. Wir überlegen gerade, was wir mit dem armen Tier machen sollen, als eine

Frau kommt, um es zu füttern. Sie erzählt uns, daß sie die Katze vor ein paar Tagen total entkräftet gefunden hat und sie nun langsam aufpäppeln will, bis sie stark genug ist, sich zu verteidigen. Dann will sie sie bei sich aufnehmen. Sie besitzt noch mehrere Katzen und befürchtet, daß diese das Kätzchen im jetzigen Zustand nicht akzeptieren und es verletzen könnten. Beruhigt lassen wir die Katze in ihrer Obhut und setzen unsere Reise fort.

Der Weg an der Küste entlang wird immer schöner: menschenleere wilde Steilküsten und hin und wieder einsame weiße Strände, die meistens nicht zu Fuß erreichbar sind. In San Simeon halten wir am Hearst Castle, einem Schloß, das hoch über der Küstenregion auf grasbewachsenen Hügeln steht, die zur See hin abfallen. Das Schloß kann für zehn Dollar pro Person besichtigt werden. Es gibt verschiedene Touren, die aber bei unserer Ankunft schon restlos ausgebucht sind. Wir müßten drei Stunden warten, woraufhin wir dann auf das Ganze verzichten. Für Amerikaner ist so ein Castle schon etwas Besonderes, denn schließlich gibt es in den USA keine authentischen Schlösser oder Burgen.

Der Verzicht macht uns eigentlich nicht sonderlich traurig, da wir uns ohnehin unsicher waren, überhaupt reinzugehen. Es handelt sich um ein von Randolph Hearst nachgebautes Schloß mit wild zusammengekauften »Kunstgegenständen« aus allen möglichen Epochen und Regionen. Laut Reiseführer, den wir statt dessen im nicht fehlenden Souvenirladen durchblättern, befinden sich dort griechische Säulen, römische Fresken, spanische und portugiesische Elemente und vieles mehr. Die Betonung liegt auf *vieles*, denn die Räume müssen mit europäischen Kunstgegenständen regelrecht überfüllt sein. Nun, wir haben das Ganze nicht gesehen und kennen es im Prinzip nur aus den Schwärmereien der Amerikaner, vor allem der älteren, die uns geraten haben, uns dieses Schloß nicht entgehen zu lassen.

Interessant ist jedoch die Person des Großverlegers und Erbauers dieses Palastes. Sie hat viele berühmte Persönlichkeiten und Politiker aus der ganzen Welt hier zu Gast gehabt, so unter anderem auch Adolf Hitler, der vor dem Krieg dort war. Da wird praktisch vorgeführt, was man für Geld alles kaufen kann.

Nun geht es schnurstracks zur eigentlichen *Big Sur*. Die Klippen werden immer steiler und imposanter, die Straße immer kurvenreicher. Mit einem etwas sportlicheren Wagen hätten wir uns sicher noch mehr wie in einem Hitchcock-Film gefühlt, denn viele Szenen sind hier gedreht worden. Die Strecke eignet sich aber auch hervorragend für Verfolgungsjagden. Nicht tauschen möchte ich mit einem der vielen Radfahrer, die schnaufend die Berge hinaufstrampeln. Einige sind unsere ständigen Begleiter, da sie uns immer wieder einholen, wenn wir mal wieder einen Fotostopp machen.

Nach jeder Kurve, und davon gibt es genügend, entdecken wir immer wieder etwas Neues, vermeintlich viel Schöneres als die Kurve zuvor, oder bilden uns das auch nur ein. Auf jeden Fall halten wir oft und ärgern uns dann ein paar Meter weiter, daß wir mal wieder zu früh gehalten haben, denn häufig sieht die Perspektive dort einfach viel besser aus. Etwas zu schaffen macht uns der kalte Wind und wir frieren – wir sind einfach noch von den milden Temperaturen Südkaliforniens verwöhnt.

Langsam wird es Abend. Da hier keinerlei Nebel die Sicht versperrt, können wir die milden Farben des Sonnenuntergangs in aller Intensität auf uns einwirken lassen. Wir übernachten wieder auf einem Parkplatz, obwohl wir Schwierigkeiten hatten, einen Platz zu finden, von dem aus wir nicht von der Straße eingesehen werden können. Wir fragen auch bei einem Campingplatz an, aber dessen Preise sind unverschämt hoch.

Am nächsten Morgen verlassen wir die wilde *Big Sur*-Küste und erreichen bald den *Point Lobos State Park*. Leider hat uns der schon als abgeschüttelt vermutete Nebel nun doch wieder erwischt – und außerdem ist es kalt. Nichtsdestotrotz ist die Landschaft wunderschön. Kleine Wanderwege führen an wilden Blumen vorbei, an den berühmten *Monterrey Cypressen*, die nur in dieser Gegend wachsen, zu kleinen Felsbuchten, von wo aus wir Seelöwen und Kormorane beobachten können.

Im nahegelegenen Carmel sehen wir uns endlich eine der vielen kalifornischen Missionen an. Die *Carmel Mission* soll eine der schönsten sein. Besonders gut gefällt uns der Klostergarten. Was da an bunten Blumen, Sträuchern mit knallroten Blüten und exotischen Bäumen wächst, ist unglaublich. Die sehenswerte Mission ist kostenlos zu besichtigen und wird ständig mit Hilfe von Spenden restauriert. Auch um das Kloster herum liegen niedliche kleine Häuser mit wunderschönen Gärten.

Das vielgerühmte Carmel hat für uns leider wieder einen ähnlichen Beigeschmack wie Key West und Santa Fé, trotzdem sollte man es sich ansehen. Als wir unseren Bummel durch den Ort beginnen, wird Heike doch tatsächlich dabei erwischt, wie sie den Kreidestrich vom Hinterreifen unseres Autos entfernt. Die Kreidestriche sind das Kennzeichen der Ticketverteiler. Da man in Ortschaften meist nur eine gewisse Zeitspanne die Parkplätze nutzen darf, fahren Politessen jede Stunde mit kleinen Elektroautos an den parkenden Pkws vorbei. Dabei markieren sie mit Hilfe eines an einem langen Stock befestigten Kreidestückes die Hinterreifen der parkenden Autos. Hat man nun eine höhere Anzahl von Kreidestrichen als erlaubte Parkstunden, bekommt man ein nicht zu billiges Knöllchen. Die kosten meist zwischen 15 und 20 Dollar. Wir sind dann zwischenzeitlich immer zum Auto zurück und haben die Striche entfernt, so daß uns nichts nachgewiesen werden konnte. Dies war uns aber nur wichtig, wenn wir uns länger in einem Bundesstaat aufhalten wollten; denn sobald man den Bundesstaat verläßt, kann eigentlich nichts mehr passieren. Sicherheitshalber wollen wir später aber unser Auto nicht abmelden, wenn wir es verkaufen, denn möglicherweise liegen die Protokolle beim Registration Office. Andernfalls würden wir im letzten Akt des Sich-Davonmachens doch noch erwischt werden.

Die Politesse hat Heike ertappt, steigt aus ihrem Auto aus und geht zu Fuß einen Block zurück, um uns einen neuen Strich zu verpassen. Glücklicherweise haben wir dieses Schauspiel aus sicherer Distanz beobachtet. Deshalb verbringen wir nur die erlaubte Parkstunde in der Haupteinkaufs- und Touristenzone von Carmel und fahren noch ein bißchen durch die schönen Straßen.

Auf Schritt und Tritt wird deutlich, daß es eine Stadt der Künstler ist: überall schöne kleine und größere Villen mit bunten

Gärten. Besonders gut gefällt uns, daß es in der ganzen Stadt verboten ist, Neonreklame oder -schilder anzubringen, auch große Werbetafeln sind verboten. Dafür gibt es um so mehr Bäume und schöne Alleen.

In Carmel beginnt auch der gebührenpflichtige 17 Miles Drive, der uns zum großen Teil durch Nobelvororte und an Golfanlagen vorbeiführt. Die Golfanlagen von Pebble Beach sind die schönsten der Welt. Sie liegen direkt am Meer, und die Bahnen führen teilweise von Halbinsel zu Halbinsel, so daß die Golfer über kleine Meerbuchten und Wasser spielen müssen. Die Plätze sind unglaublich harmonisch in die Landschaft eingepaßt. Am frühen Nachmittag äsen hier Rehe, und Seelöwen brüllen heiser auf ihren kleinen Felseninseln. Endlich ist die Sonne wieder zum Vorschein gekommen, und wir machen einen kleinen Mittagsschlaf am Strand. Allerdings ist es lange nicht so warm wie in L.A., wir müssen sogar unsere Kleidung anbehalten. Am Sunset Drive verlassen wir die Mautstraße und fahren nach Monterey zur *Fisherman's Wharf*. Es ist der typische Touristenangelpunkt mit einer langen Pier und ein paar ins Meer gebauten Buden, wo es unsagbaren Kitsch zu kaufen gibt und man sich an den Freßbuden sattessen kann, allerdings nicht besonders gut. Auch die Restaurants auf der Pier sind meist nicht empfehlenswert. Wir erleben aber ein wunderschönes Abendlicht. Die vielen Yachten im kleinen Hafen machen auf uns einen verspielten Eindruck. Einige Seelöwen tummeln sich zwischen den Booten.

Uns dient die Pier hauptsächlich als Treffpunkt, denn wir haben uns mit ein paar Freunden aus Deutschland verabredet, die ebenfalls mit dem Auto durch den Westen Amerikas reisen und gerade aus San Francisco kommen. Mit ihnen gehen wir in eine nahegelegene Pinte, wo wir gemeinsam einen unterhaltsamen Abend verbringen. Natürlich müssen wir wieder unsere I.D.'s (Ausweise) vorzeigen, um unsere 21 Jahre Mindestalter nachzuweisen. Da sind sie wirklich streng hier. Aus verständlichen Gründen, denn wenn Lokalbesitzer Alkohol an Minderjährige ausschenken, können sie ihre Alkoholausschank-Lizenz verlieren. So eine Liquer-

License ist extrem teuer und nicht einfach zu bekommen, da immer nur eine bestimmte Anzahl von Lizenzen pro Stadt pro Einwohnerzahl erteilt werden. Sie kann 10 000 Dollar oder auch mehr kosten, was von Stadt zu Stadt unterschiedlich ist. Etwas billiger kann eine Bier-Lizenz sein, mit der darf neben Softdrinks nur Bier und Wein ausgeschenkt werden.

Nachdem wir Alex, Maren und Dirk zu ihrer Pension begleitet haben, wollen wir auf dem Parkplatz direkt am Hafen parken. Wir liegen gerade gemütlich, als uns der Parkwächter auffordert, den Parkplatz zu verlassen und uns den Rat gibt, in einer ruhigen Seitenstraße zu parken. Es ist jedoch nicht so einfach, in den abschüssigen Straßen ein ebenes Plätzchen zu finden. Nach längerer Suche werden wir aber fündig und können in Ruhe schlafen. Nach einer angenehmen Nacht frühstücken wir am *Lover's Point*, wo noch der morgendliche Nebel vom Meer die Stadt umhüllt. Nur langsam weichen die Nebelschwaden den einfallenden Strahlen der Sonne und geben uns eine fabelhaft Aussicht auf Monterey frei, die nur noch hin und wieder durch einzelne Nebelbänke verdeckt wird.

Am Oceanview Boulevard besuchen wir das neue Sea-Aquarium, das in einer alten Ölsardinenfabrik und der früheren *Hopkins Marine Station* von »Doc Ricketts« untergebracht ist. Es hat einen direkten Zugang zum Meer, von wo aus das Wasser für die Aquarien bezogen wird. Dieses Meeresmuseum ist sicherlich eines der besten seiner Art. Es hat riesige Aquarienbecken, in denen die natürliche Umgebung mit Pflanzen, Muscheln, Korallen und der Wasserbewegung nachgestellt wird. Die Aquarien gehen über mehrere Stockwerke und weisen eine immense Tiefe auf. Sogar die seltenen amerikanischen Fischottern können beobachtet werden. Des weiteren gibt es viele Demonstrationsmodelle und Versuchsillustrationen, die das Verständnis für Meeresbiologie fördern sollen. So wird gezeigt, wie Fische, Korallen, Muscheln, Pflanzen und andere Meereslebewesen auf die Wellenbewegungen in Ufernähe reagieren. Man bekommt dabei Dinge vermittelt, die in der Natur selten zu sehen oder erleben sind. Viele Geheimnisse des Meeres werden uns hier verständlich.

Fisherman's Wharf, Monterey

Statt den geplanten zwei Stunden verlassen wir das Aquarium erst nach fünf Stunden und fahren anschließend zur *Cannery Row*. Es ist die Straße der Ölsardinen, die durch den gleichnamigen Roman von John Steinbeck berühmt wurde. In den alten Gebäuden der Ölsardinenfabriken sind heute Restaurants, Kneipen, Souvenirläden und Boutiquen untergebracht. Wieder eine der ursprünglichen Gegenden, die dem Tourismus preisgegeben wurden. Allerdings rettete der Roman Steinbecks die Stadt vor dem Ruin, denn nur wenige Jahre nach Erscheinen des Romans blieben die Sardinenschwärme aus und eine Fabrik nach der anderen mußte schließen. Das Buch hat dann immer mehr Touristen angelockt, und so entstand die Idee zur Umgestaltung der Fabriken. Eine sehr einträgliche Idee, wie uns scheint. Wir verbringen nur kurze Zeit in der lebhaften Gegend, denn im Prinzip unterscheidet sie sich nur wenig von anderen Touristen(einkaufs)attraktionen: die gleichen Geschäfte, nur in anderer Umgebung und Aufmachung. Doch wie überall in Amerika gilt auch hier das Prinzip, daß man sich nur fünf Minuten von der Menschenmenge entfer-

144

nen muß, um zu viel schöneren und ruhigeren Stellen zu gelangen. Diese Erfahrung haben wir immer wieder in fast allen Nationalparks und Städten gemacht.

Auf dem weiteren Weg nach Norden kommen wir nun immer mehr durch landwirtschaftlich genutztes Gelände und sehen bald nur noch Artischockenfelder. Wir nähern uns Castroville, der Stadt dieses köstlichen Gemüses. Hier war Marilyn Monroe einst die Artischockenkönigin, bevor sie berühmt wurde.

In Castroville und Salinas befinden sich viele Verkaufsstände der dort lebenden Obst- und Gemüsebauern, bei denen wir uns günstig mit Obst und Artischocken versorgen. In der Nähe von Santa Cruz wandern wir durch die Felton-Woods, in denen riesige *Redwoods* stehen, das sind Bäume, die einen Stammdurchmesser von über fünf Metern und eine unglaubliche Höhe von fast 100 Metern erreichen. Zudem werden diese Baumriesen weit über 1000 Jahre alt. Lothar, ein deutschstämmiger Bauunternehmer, der in Santa Cruz wohnt, gab uns den guten Tip, diesen relativ unbekannten Wald aufzusuchen, der tatsächlich die größte Anzahl von Redwood-Baumriesen aufweist.

San Francisco

Von Santa Cruz aus fahren wir über den Highway 17 bis San Jose und erreichen den Highway 101, dem wir bis Sunnyvale folgen. Damit sind wir in der Nachbarstadt von Palo Alto, einem Teil des Silicon Valley in der San Francisco Area. Hier wohnt Jürgen, ein guter Freund von uns. Er ist Bäcker und produziert seit zwei Jahren deutsches Brot in einem Naturkost-Supermarkt, der sich in Palo Alto befindet. Bei ihm können wir eine Woche wohnen und von dort aus die Metropole San Francisco besichtigen. Jürgen hat mit seinem *Roommate* ein kleines Häuschen angemietet, das in einem guten Wohnviertel liegt. Das ist in der Umgebung von Palo Alto nicht selbstverständlich...

Einige Wochen vor unserer Ankunft hatte ich mich mit Frank Richter aus München hier getroffen, um Geschäftstermine zu erledigen. Als wir am ersten Abend verzweifelt nach einem freien Hotelzimmer suchten, weil alles ausgebucht war, wollten wir in Palo Alto das Hyatt-Hotel aufsuchen. Unterwegs fragten wir dann in Palo Alto einen schwarzen Passanten nach dem Weg. Er erklärte uns mit feminin klingender, heller Stimme die Richtung, die wir fahren sollten und freute sich dann, ein so nettes »Pärchen« wie uns getroffen zu haben. Er lud uns gleich in den Club Afrique ein, in dem Reggae-Musik gespielt wird, und wo wir tolle Typen kennenlernen müßten. Zum Schluß bat er um einen Dollar für diese Information. Als Frank und ich dann einige Straßen weiter einen Polizisten fragten, beachtete der uns zunächst nicht, sondern rannte mit einer Pistole in der Hand in eine Kneipe. Kurze Zeit später kam er wieder heraus, weil die Übeltäter wohl schon geflüchtet waren. Dann erklärte er uns, wir sollten doch besser umkehren, denn in dieser Gegend könnten wir leicht erschossen werden. Erst gegen zwei Uhr morgens fanden wir dann noch ein freies Hotelzimmer, das wir allerdings mit vier weiteren Leuten teilen mußten, die auch gerade ein Zimmer suchten. Am folgenden Tag charterte Frank ein Privatflugzeug, mit dem wir eine Stunde über die San Francisco-Bucht und Oakland flogen. Bei strahlend blauem Himmel leuchtete die Abendsonne die zu dem Zeitpunkt sogar nebelfreie Golden Gate Bridge wunderschön an. Es war zum Glück noch kurz vor dem Erdbeben, so daß wir die Stadt und die Umgebung noch unversehrt erleben konnten.

Mit Heike fahre ich jetzt am ersten Tag unseres Aufenthalts durch die Downtown von San Francisco und dann über die *Golden Gate Bridge*, vorbei an der Hausbootsiedlung von Sausalito zum *Muir Woods National Monument*. Dort sind die letzten *Redwood*-Bäume der San Francisco Area zu bewundern; früher war die ganze Gegend von diesen Mammutbäumen übersät, bevor Siedler sie abholzten und als Bauholz verwendeten. Die *Muir Woods* sehen ähnlich aus wie die Wälder in Felton, jedoch halten sich hier zu viele Touristen auf, die von San Fran aus einen Ab-

Golden Gate Bridge, San Francisco

stecher unternehmen. Die eigentliche Stille und Ruhe des Waldes ist so nicht zu genießen.

Auf dem Rückweg haben wir uns natürlich auch zu jenem berühmten Aussichtspunkt begeben, von dem aus die *Golden Gate Bridge* sowie die im Hintergrund liegende, herrliche Silhouette der Stadt zu sehen ist – falls die dichte, vom Meer aufsteigende Nebelwand hin und wieder vom Wind etwas verdrängt wird und einen kurzen Blick freigibt. Leider nur Teilansichten der Brücke, der Stadt und der früheren Gefängnisinsel Alcatraz läßt der starke Nebel in diesen Tagen zu.

San Francisco entstand vorwiegend nach dem großen Goldrausch von 1849. Seitdem siedeln sich noch immer Immigranten der unterschiedlichsten Nationalitäten an. Die Stadt ist absolut kosmopolitisch und multikulturell. Davon zeugen die vielen fremdartigen Stadtteile wie Chinatown, Little Italy, Japantown, Russian Hill und Viertel mit französischen, deutschen, mexikanischen, indischen und weiteren Akzenten. Von der Internationalität profitieren vor allem die Liebhaber guten Essens, denn es gibt über 5000 Restaurants der unterschiedlichsten Geschmacksrichtungen. Ein Punkt unter vielen, die das reizvolle Flair der Stadt unterstreichen.

Die Bewohner, die wir kennenlernen, lieben ihre Stadt über alles und wollen nicht woanders leben. Uns gefällt besonders die verspielte Architektur der typischen Holzhäuser. Einige Stadtteile erheben sich auf steil ansteigenden Hügeln. Trotzdem verlaufen die verschiedenen Straßen hier und wie in vielen amerikanischen Städten schachbrettförmig in rechten Winkeln, gradlinig hinauf und hinunter. Normale Straßenbahnen könnten diese extremen Neigungswinkel nicht meistern. Deshalb wurden vor 100 Jahren speziell für San Francisco die *Cable Car*-Bahnen entwickelt, die heute ein bedeutendes Wahrzeichen der Stadt sind. Demzufolge sind die *Cable Cars* immer mit Touristen überfüllt, die sich, Passagieren auf Zügen der Dritten Welt vergleichbar, auch außen auf den Trittbrettern drängen.

Am nächsten Tag sehen wir uns die *Lombard Street* an, eine Straße, die ausnahmsweise aus zehn engen Haarnadelkurven besteht, die dicht hintereinander folgen. Am Wochenende sind hier oft Staus, weil jeder diese Straße einmal fahren will. Mit unserem langen Van trauen wir uns diese Fahrt aber nicht zu. Statt dessen fahren wir mit einem *Cable Car* der Powel & Hyde-Linie hinunter zum Fisherman's Wharf.

Während der Fahrt haben wir von oben einen wunderschönen Ausblick auf die San Francisco Bay mit den Hafenanlagen und Alcatraz. Die Fisherman's Wharf-Gegend ist wieder eine typische Touristenfalle mit Souvenirläden, T-Shirt-Shops und Boutiquen und produziert alltäglich einen riesigen Menschenauflauf. Von hier aus starten Bootstouren durch die Bay und zur Insel Alcatraz. Die Gefängnisinsel ist heute ein State Park, deren Besuch mit lohnenden Besichtigungen für 7,50 Dollar angeboten wird. Man sollte sich am besten schon einige Tage vorher die Tickets kaufen, denn die Touren sind schnell ausgebucht. Bei den Führungen über die Insel bekommen die Besucher drahtlose Kopfhörer, über die das Gefängnisleben akustisch nacherlebt werden kann. Es sind dabei Stimmen der berühmtesten Gefangenen zu hören.

Sehenswert ist in der Nähe die Golden Gate Promenade, die am *Maritime Museum* vorbeiführt. Zum Schluß gehen wir auf einer langgezogenen Pier weit in die Bucht hinaus und genießen vom äußersten Punkt aus eine tolle Rundum-Aussicht. In der näheren Umgebung gibt es noch weitere Geschäftsmalls, wie den Ghiradelli Square und den Union Square, hinter dem die lebhafte Chinatown beginnt, durch die wir einen langen Bummel unternehmen.

San Fran's Chinatown ist die größte chinesische Ansiedlung außerhalb Asiens. Dicht an dicht drängen sich hier viele Geschäfte mit asiatischem Warenangebot, typische chinesische Gemüseläden, Wäschereien und Restaurants. Alle Häuser sind im chinesischen Stil gebaut, sogar die Telefonzellen haben bunte Pagodendächer. Die öffentlichen Beschriftungen sind zweisprachig, und die vielen Chinesen sind in ihrer Landestracht bekleidet. Wir sind begeistert von dem kosmopolitischen Flair dieser Metropole.

Von der alten Flower-Power-Zeit aus den Sechzigern, die ja auch von San Francisco ausging, ist heute allerdings kaum noch etwas zu spüren, nur vereinzelt sehen wir einige Leute, die den Absprung nicht geschafft haben bzw. sich ihrer treu geblieben sind.

An unserem letzten Tag verabschieden wir uns von Jürgen mit einem ausgiebigem Sonntags-Brunch. Dazu hat Jürgen reichlich frisches Brot, Croissants und leckere Cookies aus der Bäckerei besorgt, wovon wir viel als Proviant mitnehmen können. Dann heißt es wieder einmal Abschied nehmen, und noch am Nachmittag fahren wir bis zum *Yosemite-Nationalpark*. Nach einem kurzen Stück auf den Highways 580 und 205 wechseln wir auf die Landstraße 120 und durchqueren große Obst- und Weinanbaugebiete. Kalifornien hat eine unheimlich vielseitige Landschaftsstruktur, weit differenzierter, als wir uns vorgestellt hatten – verbindet man bei uns Kalifornien doch nur mit Sonne, Sand und Meer.

Das Napa Valley nördlich von San Francisco sehen wir uns nicht an, denn um das berühmte Weinanbaugebiet zu sehen, hätte einen zu großen Umweg für uns bedeutet und interessiert uns auch nicht so sehr. Am Rande der Landstraßen bieten Farmer vielfach ihre landwirtschaftlichen Produkte preisgünstig an. Es gibt frische Tomaten, Avocados, Salate, viele Gemüsearten, Zwiebeln, Wassermelonen, Äpfel, Zitronen, Orangen, Nüsse, Rosinen, Pistazien und vieles mehr. Die Landwirtschaft ist noch immer der wichtigste Wirtschaftszweig Kaliforniens.

Nach drei Stunden Fahrt erreichen wir den *Yosemite Park*, der in der Hochgebirgslandschaft der *Sierra Nevada* eingebettet liegt. Erholungsuchende und Kurzurlauber aus Los Angeles, San Francisco und Touristen aus aller Welt besuchen diesen interessanten Naturpark. Südlich vom *Yosemite* liegt mit dem riesigen *Mammoth*-Skigebiet ein weiteres Freizeitparadies für die Bewohner der größten Städte Kaliforniens. Das erstklassige Skigebiet soll allerdings an Wochenenden im Winter so überfüllt sein, daß es unmöglich ist, vernünftig Ski zu laufen. Der *Yosemite-Nationalpark* besteht aus einer gebirgigen, hochalpinen Landschaft mit vielen Wasserfällen und Mammutbäumen, die in dieser Gegend etwas anders aussehen als die Küstensequoien.

Yosemite Park, Kalifornien

Mittelpunkt des Parks ist das *Yosemite Valley*, das von über 2000 m hohen Granitbergen umgeben ist. Das Tal wurde von Gletschern geformt, und ein kleiner Gebirgsbach, der Merced River, fließt malerisch schön durch die bewaldete und mit feuchten Almwiesen bedeckte Ebene. Direkt am Merced River übernachten wir auf einem Picknickplatz. Heike hat dabei etwas Angst und schläft zunächst unruhig, weil sie befürchtet, ein Parkranger könnte uns erwischen. Mit dem folgenden Tag, dem Labor-Day, enden die amerikanischen Schulferien. Deshalb sind jetzt am letzten Ferienwochenende noch alle Campingplätze ausgebucht, bevor es dann sicherlich überall wieder leerer wird.

Zum Glück werden wir in der Nacht nicht geweckt, und nach dem Frühstück waschen und baden wir uns in dem eiskalten Merced River mit seinen schönen Uferständen. Dort lassen wir uns von den milden Sonnenstrahlen wieder aufwärmen, bevor wir den nahe gelegenen Wanderweg zum *Glacier Point* in Angriff nehmen. Der Berg liegt 2200 m hoch und liegt 1000 m über dem Tal. Von ihm aus hat man eine grandiose Aussicht auf den gesamten Park.

Auf halber Strecke brechen wir unseren Aufstieg ab, weil uns die Aussicht von hier auf einen der größten Granitfelsen der Welt, den »El Captain« mit seiner 1000 m fast senkrechten Felswand, schon ausreicht und die Sonne erbarmungslos scheint. Die gegenüberliegende Felswand des »El Captain« wird manchmal von Fallschirmspringern benutzt, die, obwohl es verboten ist, sich im freien Fall die steile Felswand hinunterstürzen, bevor sie die Reißleine ihres Fallschirms ziehen. Manche brauchen halt den besonderen Nervenkitzel.

Anschließend durchqueren wir das gesamte Tal und sehen uns das Yosemite Village mit Visitor-Center, Hotels und Ferienhäusern an. Sehr interessant ist auch der Wanderweg zum *Toulumne Grove*. Er führt durch einen großen Sequoienwald und ist gleichzeitig ein Lehrpfad, der viel über das Entstehen und Leben dieser Mammutbäume vermittelt. Dabei erfahren wir, daß die *Sequoien* – genauso wie die *Redwoods* – eine feuerfeste, harte Baumrinde besitzen und damit Waldbrände schadlos überstehen. Ja, sie benötigen sogar Brände, damit ihre eigenen Setzlinge von dem anderen Unterholz und kleineren Pflanzen befreit werden, die ihnen das Licht nehmen und ihr Wachstum beeinträchtigen.

Trotz der schönen Landschaft finden wir den Yosemite Park auf den ersten Blick nicht so überwältigend, wie er es für viele Kalifornier ist. Alles ist sehr alpin und grün, und für die Bewohner, die sonst nur in trockenen, wüstenhaften Gebieten leben, stellt er sicher eine wichtige Abwechslung dar. Für uns Europäer gibt es hier außer den Sequoien nicht viel Außergewöhnliches zu sehen.

Beeindruckend ist natürlich die Großzügigkeit und Weite der Landschaft. Auf über 1000 km summieren sich die angelegten Wanderwege in dem 300 000 Hektar großen Park. Für Leute, die gern wandern, reiten und bergsteigen, ist der Yosemite Park ein Paradies, zumal im Sommer das Wetter sehr stabil ist. Im Winter muß es besonders schön sein, auch Skilaufen ist hier möglich.

Wir fahren die Tioga Road hinauf durch immer schönere und eindrucksvollere Hochgebirgslandschaften. Vom *Olmsted Point* haben wir eine tolle Aussicht auf die kahlen, runden Granitberge, unter anderem auch auf den sogenannten »Half Dome« des Yosemite Valley. An der Paßstraße befindet sich ein schöner Picknickplatz, auf dem wir übernachten. Die Nacht wird sehr kalt, da wir uns bereits in einer Höhe von über 2500 Metern befinden.

Am nächsten Morgen fahren wir zunächst zum *Tenaya Lake*, einem herrlich klaren Hochgebirgssee, an dessen Ufer wir uns in der Sonne die noch etwas steifen Glieder aufwärmen. Nach einer Weile ist es schon wieder so warm, daß wir im See schwimmen und uns abkühlen müssen. Allerdings ist das Wasser eiskalt. Dieser hochgelegene östliche Teil des Yosemite Parks ist für uns der viel schönere Parkbereich. Von der Tioga Road aus sieht man auch viele interessante, kuppelförmige, glatte Granitberge, auf denen nur vereinzelt Nadelbäume wachsen. Als nächstes erreichen wir die *Toulumne Meadows*. Das sind wunderschöne, weitläufige Hochgebirgswiesen, die im Frühsommer mit Blumen übersät sind. Hier gibt es eine gute Service-Station, in der sich Wanderer mit notwendigem Proviant und Ausrüstungsgegenständen versorgen können.

Nach einem preiswerten Mittagessen in dem dortigen Restaurant fahren wir über den 3031 m hohen Tioga-Paß. Gleich hinter dem Paß verändert sich die Landschaft radikal. Auf der Ostseite des Gebirges ist es überall trocken und wüstenähnlich, Steine und Geröll bestimmen das Bild. Nur noch wenige Pflanzen und Bäume können in dieser lebensfeindlichen Umwelt vegetieren.

Je weiter wir hinunterfahren, um so öder und trockener wird die Landschaft. Dann erspähen wir überraschend von oben das leuchtende Blau des *Monolake*, eines extrem salzhaltigen Sees, der zum Glück bisher kaum erschlossen ist. Nur wenige Touristen finden den Weg hinab in diese schöne Einöde. Zunächst fahren wir eine Schotterpiste am Seeufer entlang und bewundern die großen, formschönen Monolithen, die am Ufer stehen und teilweise auch aus dem Wasser herausragen. Sie werden hier als Tufa (= Kalktuff) bezeichnet und entstehen aus stark kalkhaltigen, unterseeischen Quellen durch Ausfällung. Der Kalk verbindet sich dabei mit anderen Salzkristallen des Seewassers, härtet aus und bildet skurrile Formen. Im Laufe der Jahre sank der Wasserstand des Salzsees, so daß die meisten Monolithen jetzt am Ufer stehen oder hoch aus dem Wasser ragen.

Am Monolake

154

Der *Monolake* ist für uns einmalig auf der Welt und unglaublich schön. Sein Wasser enthält neun Prozent Salzanteile, Meerwasser zum Vergleich besitzt nur 3,5 Prozent. Das kommt daher, daß der See keinen Abfluß hat und durch Eindampfungseffekte die Salzkonzentration erhöht wird. Noch immer soll Wasser bis in das ferne Los Angeles abgeleitet werden, wo es ja keine natürlichen Trinkwasservorkommen gibt. Naturschützer sind aber bemüht, diesen Raubbau zu unterbinden, damit der Wasserstand nicht noch weiter sinkt. Ihr Engagement scheint sich auszuzahlen, denn ein Stopp der Wasserentnahme wurde bereits angekündigt.

Wir sind von der Schönheit des Sees so begeistert, daß wir trotz der herrschenden extremen Hitze den ganzen Tag bleiben, zu den South-Tufas wandern, einen traumhaften Sonnenuntergang erleben und dort auch übernachten. Es ist Vollmond, und wir hören in der Nacht aus der Ferne einige Kojoten heulen. Glücklicherweise ist unser Wagen so gut isoliert, daß wir nichts mehr hören, als wir die Lüftungsfenster schließen. So muß sich Heike nicht mehr gruseln.

Am nächsten Morgen stehen wir früh auf, um die Tufas beim ersten Sonnenschein erleben zu können. Nach einer erneuten Wanderung durch den beeindruckenden Tufawald fahren wir nach Lee Vining, einem niedlichen Ort am Monolake. An der dortigen Nordseite des Sees führt ein kleiner Holzbretterweg zum Badestrand. Der Seeboden ist sehr glitschig, und es kostet etwas Überwindung, in dem kühlen, sehr seichten Wasser des Monolake zu schwimmen. Zudem wimmelt es am Ufer von Insekten, kleinen Fliegen, die, dicht neben- und übereinander sitzend, große schwarze Flecke am feuchten Uferrand bilden. Wären doch alle Fliegen so harmlos wie diese. Sie setzen sich nicht auf menschliche Haut und fliegen zur Seite, wenn wir kommen.

Im Salzwasser wimmelt es von kleinen, glasigen Shrimps, die man auf den ersten Blick gar nicht sieht. Sie ernähren sich von den zahlreichen Algenbeständen des Sees. Alle Lebewesen zusammen bilden ein perfektes Ökosystem, vor allem für die vielen verschiedenen Vogelarten, die am Monolake leben, sowie für die unzähligen Zugvögel, die hier Station machen, sich vor dem Weiterflug sattfressen oder hier überwintern. Der See hat ein intaktes biologisches Gleichgewicht. Bleibt zu hoffen, daß der Mensch nicht weiter störend eingreift. Wir schwimmen nur kurze Zeit im Monolake und können dabei tatsächlich auf dem Rücken liegend ein Buch lesen, weil das Salzwasser unsere Körper an der Oberfläche schweben läßt.

Vom Monolake aus fahren wir auf der Landstraße 395 nach Nevada bis zum *Lake Tahoe*, dem größten Gebirgssee Nordamerikas. Der See hat einen unglaublich schönen und sauberen Sandstrand. Sein Wasser soll im Sommer sogar bis zu 20 °C warm werden. Der Lake Tahoe wird durch eine Grenze in zwei Hälften geteilt, die eine gehört zu Kalifornien, die andere zu Nevada. Für die Amerikaner ist aber vor allem die Seeseite von Nevada interessant, gibt es hier doch Spielcasinos, die in Kalifornien verboten sind. Viele Urlauber und Touristen kommen vom preiswerteren kalifornischen Seeufer aus über die Grenze, um am Abend die Casinos zu besuchen. Doch die eigentliche Attraktion ist der See selbst, mit seiner zauberhaften Landschaft. Er liegt 1900 m über dem Meeresspiegel, ist 37 km lang, 19 km breit und bis zu 500 m tief. Auf der Nevada-Seite legen wir uns bei strahlendem Sonnenschein an den feinen Sandstrand. Ein fürchterlich stürmischer Wind hält uns jedoch davon ab, in dem sauberen Wasser zu schwimmen. Der See ist uns zu wellig zum Schwimmen. Bald wird es uns zu ungemütlich und wir fahren weiter.

In der Nähe befinden sich einige attraktive Sehenswürdigkeiten. Zum Beispiel die Ponderosa Ranch, bekannt aus der alten Fernsehserie »Bonanza«. Im Winter sind in der Nähe auch hervorragende Skigebiete erreichbar.

Wir fahren durch Nevadas hübsche Hauptstadt Carson City und erreichen über die Landstraße 341 einige kleine Silber- und Goldminenstädte, wie Virginia City und Silver City. Die Straße führt durch eine wundervolle Landschaft, zeigt uns alte Häuser des Wilden Westens, einige Saloons und endet auf dem Highway 395, der uns in die alte Spielerstadt Reno bringt. Wie schon in Las Vegas, dominiert hier ein Lichtermeer aus Neonwerbung, und auch genau die gleichen Hotels und Casinos haben sich angesiedelt. Im Circus Circus essen wir wieder für 3,99 Dollar vom Dinnerbuffet, das einigermaßen gut schmeckt, obwohl es Großküchenkost ist.

Reno ist wesentlich kleiner als Las Vegas, und die Stadt bezeichnet sich selbst vollkommen richtig als größte Kleinstadt der Welt. Als wir des Lichterglanzes der Spielerstadt überdrüssig werden, verlassen wir Reno und übernachten auf einer Rest-Area am *Honeylake* in der Nähe von Susanville. Jetzt sind wir in der grünen, fast unbewohnten *Shasta-Cascade*, einer der elf sehr unterschiedlichen Regionen des langgezogenen Kaliforniens.

Am nächsten Tag besuchen wir den *Lassen Volcanic National Park*, dessen zauberhafte Landschaft vom Tehamani-Vulkan geprägt wird. Dieser Stratovulkan brach vor zirka 10 000 Jahren aus und explodierte. Mittlerweile sind einige andere Vulkane entstanden, wie der 3187 m hohe Lassen Peak, der 1915 zum letzten Mal aktiv war. Die Gegend ist immer noch aktiv, und jederzeit wird mit weiteren Eruptionen gerechnet. Davon zeugen die vielen Gasaushauchungen und heißen Quellen, die schwefelhaltige Dampfwolken erzeugen und manchmal »Boiling Pools« bilden.

Der *Bumpass Hell Trail* führt zu heißen Wasser- und Schlammtümpeln. Hier riecht es überall ätzend nach Schwefel- und Salzsäuredämpfen. Der acht Kilometer lange Wanderweg ist sehr interessant, aber auch nicht ungefährlich. Wer die vorgeschriebene Route verläßt, läuft Gefahr, in heiße Schlammtümpel zu treten. Wir kommen auf dem Weg an heißen Quellen vorbei und sehen, wie heißes Magma die Erdoberfläche manchmal weich und brüchig werden läßt. Durch die Ausfällungen verschiedener Salze aus den heißen vulkanischen Quellen ist der auf uns immerzu tückisch wirkende Boden herrlich farbenfroh.

Nach dieser aufregenden Wanderung fahren wir die Parkstraße weiter bis zum Kings Creek, einem kleinen Gebirgsbach, der sich durch eine blumenreiche Wiese schlängelt. Auf dem Picknickplatz grillen wir Steaks und bleiben dort für die Nacht.

Um acht Uhr am Morgen weckt uns plötzlich ein Parkranger und macht uns darauf aufmerksam, daß wir nicht auf den Picknick-Plätzen von Nationalparks übernachten dürfen. Deshalb müßten wir nachträglich die Campinggebühr von acht Dollar zahlen, bevor wir den waldreichen *Lassen Park* verlassen. Pech gehabt. Für uns war der Park sehr interessant, jedoch kann man auf ihn verzichten, wenn man ohnehin vorhat, zum *Yellowstone Nationalpark* zu fahren. Dort sieht man das gleiche in viel größerem Ausmaß.

Anschließend fahren wir von der Route 44 auf die 299 durch Redding, und dann weiter in Richtung Pazifik. Die gesamte Strecke führt sehr kurvenreich durch gebirgige, waldreiche grüne Landschaft.

Unterwegs baden und angeln wir in einem schönen, warmen Stausee und lassen uns viel Zeit, um die Landschaft zu genießen. Bei McKinleyville und Trinidad, in der Nähe von Eureka, freuen wir uns, endlich wieder am Meer zu sein. Doch sehr schnell folgt die Ernüchterung, denn an der North Coast ist es viel kälter als im Landesinneren, und noch dazu dominiert hier fast ständig der feuchte Nebel. Der Temperaturunterschied ist gewaltig. Nur zehn Kilometer landeinwärts war es noch richtig heiß, doch an der Küste frieren wir und müssen erstmals nach langer Zeit wieder wärmere Kleidung anziehen. Der Nebel bleibt hier an der Küste unser ständiger unangenehmer Begleiter. Wieder auf dem Pacific Coast Highway fahren wir an der zerklüfteten, wilden Küste entlang und kommen bald an weitläufigen Naturdämmen vorbei, die dem Meer einige Lagunen abtrotzen. Sandablagerungen der Gezeiten haben kleine Bäche vom Meer abgetrennt und gestaut, so daß diese Art Strandseen entstehen konnten. Kurz vor dem Redwood National Park stehen an der Stone- und Freshwater-Lagoon zahlreiche Wohnmobile, in denen viele angelbegeisterte Leute langfristig zu wohnen scheinen.

Der *Redwood National Park,* der aus fünf verschiedenen Staatswäldern besteht, schützt die letzten Bestände der gigantischen Küstensequoia, die hier als Redwoods bezeichnet werden. Nachdem in 100 Jahren fast 90 Prozent des ursprünglich von Oregon bis Monterey existierenden Baumbestandes abgeholzt wurden, entschloß sich der Staat endlich, einen Teil des Restbestandes zu retten. Die umliegenden Wälder werden jedoch unvermindert abgeholzt und vor allem von ausländischen Holzhändlern wie Japan aufgekauft, weil das alte Redwoodholz besonders hart und widerstandsfähig ist. Der höchste Baum der Erde steht im Redwood-Park und ist 112 m hoch, er soll sich sogar noch in der Wachstumsphase befinden.

Die ältesten Küstensequoien sind 2000 Jahre alt und haben einen Durchmesser von über sechs Metern. Ihr Wachstum wird durch die hohe Luftfeuchtigkeit, die milden Winter und eine ideale Bodenbeschaffenheit begünstigt. Der feuchtdumpfe Waldboden ist stark mit verschiedenen Moosarten, großen Farnen, Pilzen und Flechten bewachsen. Wir sehen auch viele Rhododendronsträucher und umgestürzte Bäume, die wie im Urwald unterschiedlich bewachsen und vermodert sind. Es ist ein subtropischer Regenwald, in dem wir unvergleichliche Wanderungen unternehmen, zum Beispiel durch den *Lady Bird Johnson Grove*. Wenn die Sonne dabei hin und wieder durch die dichte Nebelwand scheint, entsteht ein traumhaftes Lichterspiel zwischen den Baumgipfeln.

Zum Gold Bluffs Beach fahren wir eine abenteuerliche, unbefestigte Straße hinunter und erreichen dort einen traumhaften Wanderweg durch den *Fern Canyon*. Er führt durch ein kleines, schmales Bachtal, dessen steile Wände völlig mit Farnen bewachsen sind. Die darüberstehenden Bäume lassen keinerlei Sonneneinstrahlung in das Tal gelangen, und der ständig feuchte Nebel sorgt so für ideale Lebensbedingungen der Farne. Die ganze Zeit ist es hier neblig, naßkalt und ungemütlich, was jedoch die Faszination des Fern Canyon in keiner Weise schmälern kann. Nach der Wanderung müssen wir den schrecklich staubigen, unbefestigten Weg über die vielen Schlaglöcher wieder zurückfahren, um auf die Parkstraße zurückzukommen.

Am Klamath River, außerhalb des Parks, befinden sich hervorragende Lachsfangplätze, die gerade jetzt im September viel besucht sind, weil die Lachse die Flüsse hinaufschwimmen, um zu ihren Laichplätzen zu gelangen. Um das Flußufer zu erreichen, müssen

Redwood National Park, Kalifornien

wir einen Campingplatz durchqueren und dafür eine Gebühr von zwei Dollar entrichten. Zum Angeln benötigt man je nach Bundesstaat eine »fishing licence«, die 2–5 Dollar pro Tag kostet. Man bekommt sie meistens in Visitor-Centern oder bei Tankstellen. Ein Angelschein ist nicht erforderlich. Am Ufer und im Flußbett stehen bereits Hunderte von Anglern, die die begehrten Lachse fangen wollen. Zum Glück lerne ich Tim aus San Francisco kennen, der in jedem Jahr hierherkommt und jetzt bereits seit vier Tagen angelt, doch noch nichts gefangen hat.

Tim nimmt mich mit seinem Ruderboot mit bis zur Flußmitte, wo sich eine Insel befindet. Von dort können wir unsere Köder direkt in die Strömung werfen. Ein anderer Angler weist mich freundlicherweise in die Kunst des Lachsfangs ein und baut meine Angel mit den erforderlichen Ködern, Haken und Gewichten um. Jetzt muß es eigentlich klappen...

Nach drei Stunden haben wir aber immer noch nichts gefangen, im Gegensatz zu drei Seehunden, die einen großen Lachs erwischen, mit dem sie lange zu kämpfen haben. In der Nähe sehen wir noch einige Störche beim Fischen. Mit einsetzender Dämmerung wird es immer stiller, die meisten anderen Angler sind bereits wieder fort, und wir hören nur noch die Stimmen der Natur und das Plätschern des Wassers. Es ist ein herrliches Naturerlebnis. Erst bei Dunkelheit erreichen wir wieder das Flußufer, wo wir einfach mit unserem Van stehenbleiben. Tim befindet sich mit seinem VW-Käfer direkt neben uns, in dem er bereits seit vier Tagen nächtigt.

Als wir am nächsten Morgen mit der einsetzenden Flut sehr früh aufstehen, stellen wir fest, daß die Lachsfischer noch mehr geworden sind als gestern, mit Gummihosen im Wasser stehen oder frierend in Booten sitzen und auf den morgendlichen Lachsstrom warten. Diesmal haben einige mehr Anglerglück, doch wir fangen wieder nichts. Heike läuft in dieser Zeit ein wenig am Flußufer entlang und entdeckt im sandigen Flußbett eine Bärenspur.

Wir fahren dann bald weiter über die Grenze in den Bundesstaat Oregon, immer den *Pacific Coast Highway* entlang. Die Küste wird kilometerlang von riesigen Sanddünen gesäumt, auf denen man mit speziellen Dünen-Buggies fahren kann. Sogar Rennen werden damit ausgetragen. Die ganze Zeit ist es neblig und kühl.

In Florence, einem hübschen Fischerstädtchen, übernachten wir, nachdem wir uns die schöne Altstadt und den Hafen angesehen und eine Hafenkneipe aufgesucht haben. Wegen der Kälte, die der morgendliche Nebel mit sich bringt, frühstücken wir in einem Hafenrestaurant und fahren danach weiter nach Norden. Als sich der Nebel endlich einmal auflöst, wird es am Nachmittag schön warm und wir können uns sogar ein wenig an den menschenleeren Strand in die Sonne legen.

An der wilden, ungezähmten Westküste Oregons gibt es viele sehenswerte kleine Fischerdörfer, die zum großen Teil vom Tourismus leben. Entlang der Küstenstraße fallen wir dann auch häufig auf die vielen »Scenic Views« und »Historic Marker« herein, die jedoch nicht immer einen Stopp rechtfertigen, so daß wir bald nicht mehr wissen, wo wir noch überall halten sollen, ohne enttäuscht zu werden. Besonders schön sind Newport und Lincoln City, wo es interessante kleine Häuser, Läden, Fischmärkte und -restaurants gibt. Eine Spezialität sind hier *Saltwater-Tuffies* (Salzwasser-Bonbons), die es in unzähligen Geschmacksrichtungen gibt und uns sehr gut schmecken.

Rodeo in Oregon

In der Nähe der Stadt Otis verlassen wir den *Pacific Coast Highway* und fahren ins Landesinnere auf der Route 18 bis Portland, der größten Stadt Oregons. Portland ist eine großzügig angelegte Stadt am Columbia River mit unzähligen Parks, in denen viele Rosen gepflegt werden. Die Altstadt mit zahlreichen viktorianischen Gebäuden ist überall gut restauriert. Leider sind wir an einem Montagabend hier, und in den netten Straßencafés, Restaurants und Kneipen ist nicht viel los. In dem Vorort Trontdale übernachten wir auf dem Parkgelände eines Truckstops des Highway 84. Dort nutzen wir die Möglichkeit, am nächsten Morgen zu tanken und in den Serviceräumen für Truckfahrer zu duschen und unsere Wäsche zu waschen. Außerdem gibt es speziell für die Fernfahrer Fernsehräume, Restaurants, Fitneßräume und Hotelzimmer.

Als wir alles erledigt haben, riskieren wir anschließend einen Umweg auf den Historic Highway 26, der an vielen Wasserfällen vorbeiführt und an Aussichtspunkten, die herrliche Ausblicke auf die Hügellandschaft des Columbia Rivers gewähren. Die Gegend erinnert uns ein wenig an die heimische Landschaft am Mittelrhein. Entlang der Straße gibt es überall kleine Stateparks mit Picknickplätzen und Wanderwegen, die meistens nicht lohnenswert sind. In der Nähe sehen wir auch den Mount Hood, den höchsten Berg Oregons.

Von der Landstraße 35 aus erreichen wir wieder den Highway 84, der immer am Columbia River entlangführt. Zunächst ist die Landschaft weiterhin grün, mit saftigen Weiden und Feldern, auf denen Obst, Gemüse und auch Wein angebaut wird. In der Nähe der Stadt The Dalles beginnt es dann immer trockener zu werden, wüstenhaft mit kahlen, sandigen Hügeln und trockenen Büschen. Teilweise gibt es Grünoasen, die Farmer mit Hilfe von Bewässerungsanlagen geschaffen haben. Es wird immer wärmer und wieder richtig heiß. Angenehm ist es erst wieder nachts, wenn es wieder abkühlt und erträglicher wird. Nach zwei Tagen Fahrt trennt sich der Highway vom Columbia River und wir kommen in extrem trockene, ebene, gelblich gefärbte Landschaften. Auf Straßenschildern wird hier sogar vor starken Sandstürmen gewarnt.

Nächstes Etappenziel unserer Reise ist die Stadt Pendleton und das dortige *Round Up* »Let'em buck«. Es soll eines der besten und ursprünglichsten Rodeos sein, das seit 1910 ausgetragen wird. Beim Chamber of Commerce bekommen wir ein Infopaket über die Stadt und die Rodeoveranstaltung. Für acht Dollar wird uns ein Campingplatz auf dem Gelände einer Schule zugewiesen. Doch wir hätten genausogut so einen Parkplatz gefunden, und duschen können wir ohnehin nur in einem Freibad. Die ganze Stadt mit ihren 12 000 Einwohnern steht im Zeichen des kommenden *Round Up*, das sicherlich das einzige Großereignis im Umkreis von 500 km ist. Die Schulen sind geschlossen, und viele ehrenamtliche Helfer beteiligen sich an Organisation und Ablauf der Veranstaltung. Eintritt zum Rodeo müssen wir nicht zahlen, denn dank Heikes Presseausweis erhalten wir kostenlose Presse-Buttons, die es uns erlauben, von jeder Position aus Fotoaufnahmen zu machen.

Als um 13.15 Uhr der erste von vier Round Up-Wettbewerbstagen beginnt, ist es wahnsinnig heiß, weswegen vor allem die schattigen Tribünenplätze begehrt sind. Hier im ländlichen Nordwesten ist Rodeo der Volkssport Nummer eins. Die Cowboys, das Publikum und auch die Bevölkerung tragen überwiegend ihre typische Westernkleidung: Wrangler-Jeans, Cowboystiefel, karierte Hemden und dazu der obligatorische Cowboyhut, der bei dieser intensiven Sonneneinstrahlung ein idealer Schattenspender ist.

Zunächst reiten Fahnenträger mit der Flagge von Oregon und dem Stars-and-Stripes-Banner ein. Sie bleiben still in der Platzmitte stehen, bis eine Kapelle die Nationalhymne der Vereinigten Staaten von Amerika spielt. Alle Zuschauer stehen auf, halten ihre rechte Hand ans Herz und hören ergriffen zu. Dieses Zeremoniell erleben wir bei jedem größeren Sportereignis, wobei dann oft eine Sängerin oder ein Sänger die Hymne ohne Begleitung vorsingt.

Es folgt der Einritt der *Round Up Queen* und ihrer Prinzessinnen. Dann geht es richtig los: Ein Cowboy steigt in einer Holzbox auf ein wildes, ungezähmtes Pferd, die Tür schnellt auf und der Reiter wird heftig durch die Luft gewirbelt und aus dem Sattel geschleudert. Die Cowboys halten sich jedoch fast immer auf dem wilden *Bronco*. Nach ungefähr 20 Sekunden ist die Prüfung zu Ende und der Reiter springt erleichtert auf das Pferd eines Helfers. Zwei Punktrichter vergeben dann eine Punktbewertung, und gleich folgt der nächste Reiter.

Für uns ist es eine tolle neue Erfahrung, so ein Ereignis hautnah mitzuerleben, und sind total begeistert von den gebotenen Darstellungen und Leistungen. Nach etwa 30 Reitern folgen weitere Disziplinen: mehrere Pferderennen, Stier-Wrestling, Bullenreiten und Kälbereinfang mit dem Lasso.

Beim Stier-Wrestling springt ein Cowboy vom Pferd aus in den Nacken eines Bullen und versucht ihn an den Hörnern auf den Rücken zu werfen. Das Bewertungskriterium ist auch hier die Zeit, wobei die schnellsten Cowboys den Stier nach sieben Sekunden am Boden haben! Das Bullenreiten läuft ähnlich ab wie das Reiten auf den wilden Broncos und ist auch wahnsinnig interessant, aber nicht ungefährlich. Plötzlich bricht ein Stier aus, erwischt einen unbeteiligten Helfer hinter der Absperrung mit den Hörnern und wirbelt ihn meterhoch wie eine Strohpuppe durch die Luft. Zum Glück ist dieser Mann mit einem Schock davongekommen.

Atemberaubend sind vor allem auch die Szenen, in denen ein Kalb mit dem Lasso eingefangen wird. Wenn der Cowboy dann im Galopp sein Pferd plötzlich stoppt, wird das eingefangene Kalb mit einem Ruck durch die Luft geschleudert und landet hart auf dem Boden. Das Pferd geht dann langsam rückwärts, hält so das Lasso stramm und verhindert damit, daß das Kalb sich wieder aufrichten kann. Der Cowboy hat damit die Möglichkeit, Vorder- und Hinterbeine zu fesseln. Das alles läuft in einem atemberaubenden Tempo innerhalb weniger Sekunden ab. Die schnellsten Reiter schaffen es in 12 Sekunden. Unglaublich.

Zum Schluß wird als Einlage das Einfangen wilder Broncos mit dem Lasso und das Einreiten dieser ungezähmten Pferde demonstriert. Für uns werden mit diesen Rodeo-Voranstaltungen die Zeiten des Wilden Westens noch einmal lebendig.

Am Abend sehen wir eine weitere Dokumentation aus dieser Zeit, die Freiluft-Theateraufführung »Happy Canyon«. Dabei werden Szenen aus der Geschichte der Stadt Pendleton nachgespielt. Das beginnt in der glücklichen Zeit der Indianer, die in dieser Gegend friedlich lebten, und schildert dann die Besiedlung durch die Wei-

Indianer beim Pendleton Rodeo

ßen. Das Bühnenbild ist gut gestaltet, mit einem großen, bereitbaren Canyon, einem Indianerdorf und später einer Westernstadt. Die Indianer aus den benachbarten Reservaten spielen die Rollen ihrer Vorfahren. Sie wohnen während der *Round Up*-Woche in einem großen Zeltlager, bestehend aus den typischen Indianerzelten, direkt neben dem Rodeostadion. Die Inszenierung ist teilweise witzig gemacht und trägt etwas zum besseren Verständnis für die Probleme der Indianer bei, es fehlt ihr aber während der Aufführung an guter Koordination und könnte etwas mehr Dramatik vertragen. Die erste Vorstellung ist trotzdem ausverkauft, und es macht Spaß, ihr zuzusehen. Hinterher gibt es Tanz zu den Klängen einer Country and Western Band und Gambling in der benachbarten Turnhalle. Der Mindesteinsatz bei Roulette und Black Jack beträgt nur 25 Cent. Das Spiel dient somit nur dem Spaß und der Unterhaltung. Alkoholische Getränke und Spieltische gibt es nur in einem abgetrennten Raum, den man nach strenger Ausweiskontrolle betreten darf. Jugendliche unter 21 Jahren dürfen auch hier nicht hinein.

Am nächsten Morgen duschen wir im Freibad. Alles ist bestens für die Besucher organisiert, und viele ehrenamtliche Helfer stehen uns mit Rat und Tat zur Seite. Im Stadtpark sehen wir dann einen Kostümwettbewerb für kleine Indianermädchen bis 12 Jahre, die historische, farbenfroh verzierte Indianertrachten vorführen. Dabei sind auch die Häuptlinge des Stammes. Nach einem Spaziergang durch die Altstadt von Pendleton sehen wir uns kurz den Anfang des zweiten Rodeotages an, der uns ebenso gut wie der erste gefällt. Am vierten Veranstaltungstag soll dann das Finale stattfinden, doch solange können wir nicht bleiben.

Am Nachmittag fahren wir auf den Highway 84 zurück, überqueren bei Hermiston den Columbia River und erreichen auf dem Highway 84 den Bundesstaat Washington. Wieder fahren wir zunächst durch trockene Einöde, bevor es ab der Cascade Range und den National Forests grüner wird und Farmland erscheint. Etwa 40 km vor Seattle, nachdem wir mehr als 400 km gefahren sind, entdecken wir eine gute Übernachtungsmöglichkeit. Die langen Fahrten sind in Amerika wegen des geringeren Autoverkehrs auf dem Lande weniger anstrengend, und außerdem besitzt unser Dodge einen Speed-o-meter, der automatisch eine gleichbleibende Geschwindigkeit einhält, ohne daß wir das Gaspedal betätigen müssen.

Von Seattle sind wir überrascht, es ist auf den ersten Blick eine sehr schöne Stadt mit vielen Grünanlagen und Lagunen. Besonders der Hafenbereich und der *Pioneer Square* sind sehenswert. Die Stadt bietet eine ungewöhnlich hohe Lebensqualität, weil sie unter anderem so großzügig mit zahlreichen Wasserstraßen durchzogen ist. Mit dem Goldrausch in Alaska erlebte Seattle einen Boom, kauften doch die Goldsucher aus ganz Amerika hier

Seattle

ihre Ausrüstung und fuhren dann weiter ins Klondike-Gebiet.
Wir gehen vom Pioneer Square zum Hafen und sehen mit dem
Pike Place Market den ältesten Bauernmarkt der USA. Viele bunte Obst-, Gemüse-, Blumen- und Fischsstände bieten ihre Waren
an, und natürlich darf auch der allgegenwärtige Touristenramsch
nicht fehlen. Die Skyline der Stadt wird von der *Space Needle*
überragt, einem futuristisch und schön gestylten Fernsehturm,
der einst das Wahrzeichen der Weltausstellung in Seattle gewesen
ist.

Leider versagen bei der Weiterfahrt unsere Bremsen, und wir
müssen eine Autowerkstatt aufsuchen. Dort wird festgestellt, daß
zwei Bremsscheiben defekt sind, wodurch die Angelegenheit natürlich ziemlich teuer zu werden droht. Bereits in Los Angeles
waren wir deswegen in einer Werkstatt, und dort hatte man uns
versichert, die Bremsen seien in Ordnung. Damals hätte es be-

stimmt noch ausgereicht, lediglich die Bremsklötze zu wechseln. Auf etliche amerikanische Handwerker kann man sich halt nicht immer verlassen. Jetzt kostet uns die Reparatur 450 Dollar und reißt uns ein dickes Loch in die Reisekasse. Frustriert verlassen wir Seattle und übernachten auf der nächsten Rest-Area.

Kanada – British Columbia und Alberta

Vor der Grenze nach Kanada, die wir über den Interstate 5 ansteuern, begehen wir den Fehler, wegen zollfreier Einkaufsmöglichkeiten extra den Highway zu verlassen. Es wird nur geschmackloser Schmuck, wenig Parfüm, Zigaretten und Alkohol angeboten. Preiswerte Schokolade will man uns nur zusammen mit anderen teuren Waren verkaufen. Zu allem Überfluß kommen wir dann nicht einmal mehr auf die Schnellstraße zurück, weil der Rückstau des Grenzübergangs so weit reicht, daß die Polizei die Auffahrt gesperrt hat. Für den Grenzübertritt nach Kanada müssen wir einen großen Umweg machen und anschließend noch eine Stunde im Stau vor der Grenze warten. Später als geplant erreichen wir die kanadische Provinz British Columbia.

Unsere Pechsträhne hält jetzt an, es fängt auch noch an zu regnen. Erstmals seit sechs Monaten erleben wir wieder Regenschauer. Der Himmel ist mit so tiefhängender Bewölkung verhüllt, daß wir vom Queen Elisabeth Park aus, dem höchsten Punkt Vancouvers, kaum etwas von der Stadt sehen. Die Traumstadt zeigt sich nur grau in grau. Die nahen Berge können wir kaum erahnen. Bei Sonnenschein und besserer Aussicht muß es hier wunderschön sein. Der besonders schön gestaltete, riesige *Stanley Park*, von dem wir eine tolle Sicht auf den Hafen und die schöne Stadtsilhouette haben, lädt heute auch nicht zum Spaziergang ein. Nur einige unverdrossene Cricket-Spieler lassen sich nicht von dem Regen beeindrucken. In der Nähe des Stanley Parks gibt es englische Yacht- und Cricketclubs im traditionellen Stil.

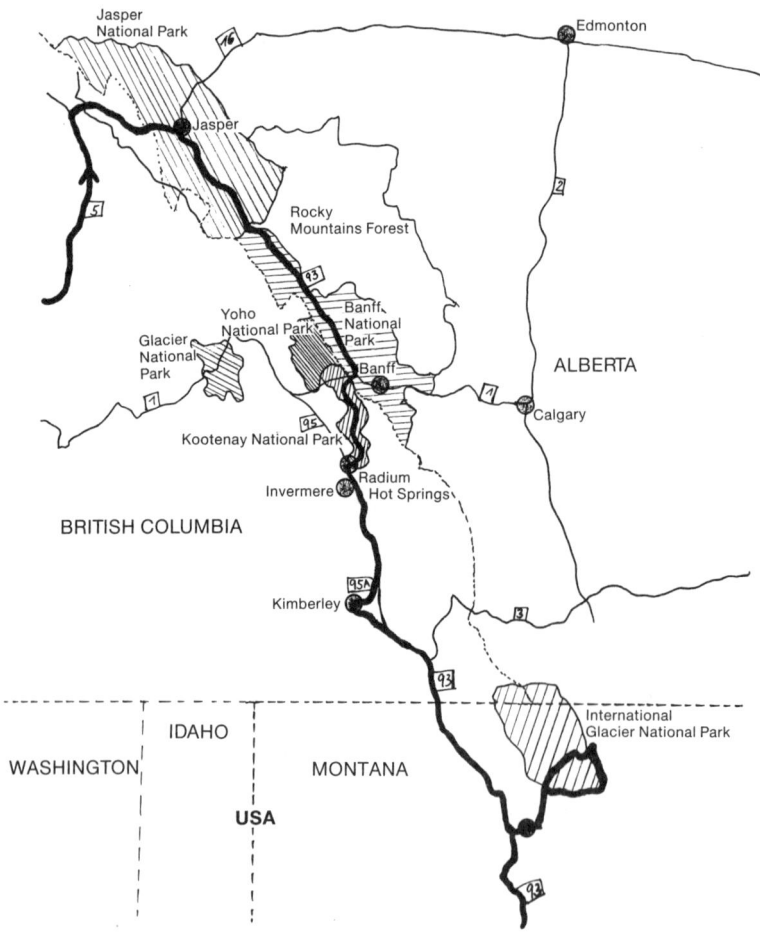

Vancouver ist sicherlich eine der schönsten Städte der Welt, mit Parks, interessanter Architektur und einem echten Stadtkern, in dem auch abends viel los ist. In der Granville Street befindet sich eine erstklassige Fußgängerzone mit interessanten Geschäften und Malls, und überall sehen wir viele junge Menschen. Sogar die Downtown hat viele Bewohner, was in Amerika eigentlich unüblich ist. Eindrucksvoll ist *Gastown*, wie die Altstadt genannt wird, mit alten Häusern, Straßenuhren und -lampen im englischen Stil. Eine der Uhren ist sogar dampfbetrieben. Obwohl am Abend die Geschäfte und die vielen Einkaufszentren schon geschlossen sind, befinden sich noch ungewöhnlich viele Leute im Stadtzentrum. Auch so eine große Anzahl von Kinos in der Innenstadt, wie hier in Vancouver, haben wir in noch keiner amerikanischen Großstadt gesehen. Es ist fast so wie in europäischen Städten. In nur fünf Minuten erreicht man schöne Badestrände, und in 90 Minuten ist man mit dem Auto in guten Skigebieten, was Vancouver sicherlich noch begehrenswerter macht.

Am folgenden Tag fahren wir auf dem Freeway 5 in östlicher Richtung und wechseln dann auf den alten, durch landschaftlich schönere Gebiete führenden Highway 1. Der führt am Fraser River entlang, der den *Fraser Canyon* bildet. Wir sehen eine herrliche Landschaft, viele alte Brücken und das *Hell's Gate*, eine interessante Flußenge, die man jedoch nur von einer darüberfahrenden Seilbahn aus sehen kann. Der Spaß kostet allerdings sieben Dollar pro Person, weshalb wir auf diesen Ausblick verzichten.

Größtenteils sind die Berge sehr stark bewaldet. Wir beschließen einen Abstecher durch ein schönes Gebirgstal zu fahren. Trotzdem lohnt der Umweg über die kleine Landstraße nicht; wir wären besser auf dem Freeway 5 geblieben. Am Abend erreichen wir Kamloops, das bekannt für seine Forellenzuchtanlagen und Holzindustrie ist.

Dann fahren wir weiter zum 20 km entfernt liegenden Heffley Creek. Dort wohnt Rainer Schmid mit seiner Frau Carol und den Kindern Cathy und Matthias. Rainer ist der Sohn von Charlie, den wir in Los Angeles kennengelernt hatten, und Charlie gab uns seine Adresse. Die Familie wohnt traumhaft schön in einem urigen Blockhaus inmitten ihres eigenen Waldes. Die Umgebung ist nur dünn besiedelt. Dafür leben sie hier aber sehr naturverbunden und idyllisch. Rainer und Carol kommen aus Chicago und arbeiten beide als Lehrer in Kamloops. Wir können in ihrem Gästezimmer übernachten. Heike bietet sich die Gelegenheit, ihre Erkältung endlich auszukurieren. Der ungewohnte Regen und kalte Nebel an der Küste Oregons waren ihr nicht gut bekommen.

Am nächsten Tag unternehmen wir bei gutem Wetter eine lange Kanutour auf dem *Heffley Lake*. Abends gibt es ein gutes Essen, das Carol zubereitet hat, und wir unterhalten uns lange über das Leben in den USA und Kanada. Es ist einfach super, welch eine Freiheit die Familie hier genießen kann. Vor allem für die sechs und drei Jahre alten Kinder ist es ein Paradies. Rainer hat in Utah Geologie studiert und kennt fast alle Naturparks in Nordamerika. Er gibt uns noch viele gute Tips für unsere Weiterfahrt.

Am nächsten Morgen müssen wir uns schon wieder von neu gewonnenen Freunden verabschieden und fahren weiter nach Clearwater zum *Well's Gray Park*, wo ich ein wenig allein wandere, während Heike im Van schläft. Leider ist das Wetter nicht gut und die Aussicht auf die Berge schlecht. Das ganze Land ist stark bewaldet, und die vielen Seen und Flüsse leuchten in türkisen Farben. Im wunderbaren *Mt. Robson Park* übernachten wir auf einem in dieser Jahreszeit kostenlosen Campingplatz.

In Jasper, das in der kanadischen Provinz Alberta liegt, füllen wir unsere Vorräte an Proviant und Benzin auf. Jasper ist eine kleine, nette Hochgebirgsstadt, die von schneebedeckten Bergen umgeben ist. Es gibt aber leider nur einen teuren Supermarkt, und auch das Benzin kostet doppelt soviel wie in den USA.

Nach nur kurzem Aufenthalt fahren wir die Route 93 zuerst durch den *Jasper National Park* und dann in den *Banff National Park*. Beide Parks gehören eigentlich zusammen, werden aber von der Grenze British Columbiens und Albertas getrennt. Die Strecke ist unvergleichbar schön, sicherlich gibt es kaum eine schönere in der Welt. Ringsum befinden sich schneebedeckte Berge, die weit über 3000 m hoch sind. Entlang der Straße verlaufen kleine,

Banff National Park, B. C. Kanada

Columbia Icefield, Banff National Park

reißende Gebirgsbäche durch das wunderschöne Hochgebirgstal. Jetzt ist die Jahreszeit für uns von Vorteil, denn nur wenige Autos befinden sich auf dieser Strecke, so daß wir die einmalige Landschaft nahezu ungestört genießen können.

Bis in die Nähe der Parkstraße reichen die Ausläufer des *Columbia-Gletschers* mit seinen gigantischen Ausmaßen. Wir klettern einige Stunden den Gletscher hinauf und erleben eine faszinierende, hochalpine Landschaft. Im Visitor-Center erfährt man viel über die Gletscher, ihre Bedeutung und Entstehung. Von dort fahren auch Busse zu den bis zu 3000 m dicken und 300 km langen Eisfeldern. Die Gletscher speichern die größten Trinkwasserreserven der Erde. Allerdings weicht der Columbia-Gletscher jährlich um etwa zehn Meter zurück.

Nach einigen Stunden Gletscherexkursion fahren wir dann weiter auf einen der wenigen Campingplätze, die noch geöffnet sind. Der Mosquito Creek-Campingplatz ist in dieser Jahreszeit sogar kostenlos benutzbar. Wegen der kalten Nacht in über 2500 m Höhe wärmen sich viele Camper mit einem Lagerfeuer. Dafür können sie Holz verwenden, das die Parkverwaltung kostenlos bereitstellt, damit nicht die umliegenden Wälder geplündert werden. Für uns hat das allerdings den Nachteil, daß es bei ungünstigen Windverhältnissen extrem stark nach Rauch stinkt.

In dieser Nacht erleben wir sogar den ersten Frost. Wir haben aber keine Probleme in unseren warmen Schlafsäcken. Als wir um acht Uhr aufstehen, sind fast alle anderen Camper schon weggefahren. Tagsüber wird es dann angenehm warm, und ein wolkenloser, dunkelblauer Himmel stimmt uns fröhlich.

Wir kommen dann zum Ausgangspunkt für eine Tour zum *Lake O'Hara*, einem Hochgebirgssee, der im benachbarten *Yoho National Park* liegt, der wieder zu British Columbia gehört. Rainer hatte uns dieses Gebiet empfohlen. Leider nimmt der Bus an jedem Tag nur 36 Personen mit hinauf zum See, der 12 km entfernt liegt. Oben auf 3800 m gibt es phantastische Wanderwege, die einzigartig schön sein sollen.

Zum Schutz der dort sehr empfindlichen Natur werden nur so wenig Menschen hinaufgelassen. Darüber wird streng gewacht, es werden in keinem Fall Ausnahmen genehmigt. Die Leute, die mit hinauffahren, werden genauestens darauf hingewiesen, wie sie sich dort oben zu verhalten haben. Hat man vor, sich die Landschaft um den Lake O'Hara anzusehen, ist es erforderlich, eine Anmeldung bereits einige Tage vor dem geplanten Termin zu veranlassen. Dazu muß man die Lake O'Hara Reservations anrufen, Telefon (604) 643-6433. Am benachbarten, bekannteren *Lake Louise* im *Banff National Park* halten wir uns nicht lange auf, weil der See vorwiegend von vielen japanischen Touristen frequentiert wird. Seit den Olympischen Spielen von Calgary ist diese Gegend einer riesigen Allgemeinheit bekannt geworden, da hier die alpinen Skiwettbewerbe stattfanden. Nur fünf Minuten weiter ist es genauso schön, aber viel ruhiger, so daß man die Natur besser genießen kann.

Vom *Morraine Lake* aus, der eine besonders intensive türkise Wasserfarbe aufweist, unternehme ich eine unglaublich schöne Wanderung durch das *Lorch Valley*. Ich durchstreife Lärchenwälder, die hier gerade goldgelbe Nadeln haben und im Sonnenschein hell leuchten, und wandere hinauf bis zum Sentinel Pass, der eine tolle Aussicht auf die umliegende Hochgebirgslandschaft gewährt. Insgesamt ist die Strecke 15 km lang. Unterwegs lerne ich ein englisches Ehepaar aus London kennen, das auch mit einem Wohnmobil durch Kanada reist. Ann und Richard Boulton laden uns anschließend zu einer Tasse englischen Tees mit Gebäck ein, auf die sie sich schon auf dem gesamten Rückweg gefreut hatten. Eine gute Tasse Tee ist aber auch ein köstliches Getränk nach einer solchen Wanderung. Für Heike war der Weg zu anstrengend, da er teilweise sehr steil bergauf geht; außerdem hat sie immer noch mit ihrer Erkältung zu kämpfen.

Dafür unternehmen wir gleich am nächsten Morgen zusammen eine leichtere Wanderung im *Kootenays National Park* zum *Dog Lake*. Der fünf Kilometer lange Trail führt durch herrlichen Urwald, dessen Boden sehr artenreich mit Moos und Schattengewächsen bewachsen ist. Überall liegen viele vermoderte Baumstämme herum. Auch der See ist am Ufer mit kleinwüchsigem Schilfgras zugewachsen. Die gesamte Umgebung strahlt eine wohltuende Ruhe aus. Unterwegs sehen wir drei Stunden lang keine Menschenseele.

Wir verlassen den Kootenays Park auf der Straße 93, der wir der ganzen Zeit gefolgt sind, und kommen zu den *Radium Hot Springs*. Ein Schwimmbad, das von heißen Mineralquellen gespeist wird, steht dort der Öffentlichkeit zum Baden zur Verfügung. Die Wassertemperatur weist etwa 40°C auf, was uns schon etwas zu warm vorkommt. Das Schwimmen ist schier unmöglich. Wir genießen vor allem das Duschen hinterher, denn in letzter Zeit waren auf den Campingplätzen und Rest-Areas in den Bergen die Wasserleitungen stillgelegt, so daß wir seit einigen Tagen kaum Waschmöglichkeiten hatten. Da gab es nur unsere mitgeführten Wasserkanister.

In Invermere, der nächsten Stadt, sehen wir uns die besonders schön gepflegte und saubere Innenstadt an. Es ist ein süßer, kleiner Ort an einem malerischen See. Hier gibt es sogar eine deutsche Metzgerei und ein deutsches Restaurant. Direkt an der Route 93, kurz hinter Fairmont Hot Springs, entdecken wir direkt neben der Straße ähnlich schöne Steinformen, wie wir sie vom *Bryce Canyon* her noch in Erinnerung haben.

Die Formen sehen zwar etwas anders aus, aber in der Abendsonne haben sie dieselbe intensive Färbung und sehen sehr imposant aus. Es ist schon beeindruckend, mit was die Natur, besonders in den Rockies, immer wieder aufwartet. Und diese Gebilde werden in keinem Reiseführer erwähnt.

Die Hochgebirgsregion haben wir damit wieder verlassen – und schon ist es wesentlich wärmer. Am nächsten Morgen riskieren wir einen kurzentschlossenen Umweg nach Kimberley, weil wir gehört haben, daß der Ort die »bayerische Zentrale« in Kanada sein soll. Kimberley ist ganz witzig angelegt und soll mit dieser Aufmachung natürlich Touristen anlocken.

In der Dorfmitte gibt es das Platzl, wo Brunnen, Bänke, Blumenkübel und sogar ein Maibaum im bayerischen Stil stehen. Jede Viertelstunde jodelt aus einem überdimensionalen Kuckucks-Uhrenhaus eine Bajuwaren-Puppe, mit Lederhosen bekleidet und

176

Kimberley, British Columbia

einem Maßkrug in der Hand, lauthals über das Platzl. Die Häuser ringsum sind im alpenländischen Stil umgestylt, und es wird dort sogar ein 300 Jahre altes Bauernhaus aus einem oberbayerischen Ort originalgetreu wieder aufgebaut. Das Haus soll später ein Restaurant beherbergen und wird dann das älteste Haus in Kanada sein. Einwanderer aus Bayern hatten die Umgestaltung des Ortes in wirtschaftlich schlechten Zeiten angeregt.

Wieder in den USA – Montana und Wyoming

Am *Lake Koocanusa* nahe der Stadt Wardener machen wir eine längere Rast und angeln in dem sauberen Stausee. Endlich haben wir auch Angelglück. Nachdem ich eine Forelle gefangen habe, fischt Heike innerhalb kurzer Zeit sieben weitere Forellen. Ich komme gar nicht mehr zum Angeln, weil ich immer wieder die Fische vom Haken befreien und ausnehmen muß. Anschließend grillen wir die Forellen auf einem Campingplatz im *Kootenay National Forest*, der auf dem Gebiet der USA, im Bundesstaat Montana, liegt. Der Campingplatz liegt direkt an einem herrlichen Waldsee, wo wir uns am nächsten Tag lange mit Baden, Sonnen, Aufräumen und dem Reinigen unseres Autos beschäftigen.

Am Nachmittag fahren wir weiter bis Columbia Falls und von dort zum *Glacier National Park*. Die ganze Landschaft des Parks ist von Gletschern während der Eiszeit überprägt worden, alle hohen, scharfkantigen und steilen Bergwände wurden vom Eis abgehobelt und rundgeschliffen. Dabei sind auch kleine Karseen und andere größere Seen als Zeugen des Eises übriggeblieben. Heute sind Gletscherreste kaum noch zu finden.

Dafür überzeugt der Park durch eine unglaubliche Farbenvielfalt der Pflanzen und des Gesteins. Vor allem die Birken sind jetzt leuchtend gelb und sehen bezaubernd aus. Von *West Glacier* aus fahren wir am *Lake McDonald* und einem riesigen, gelben Bir-

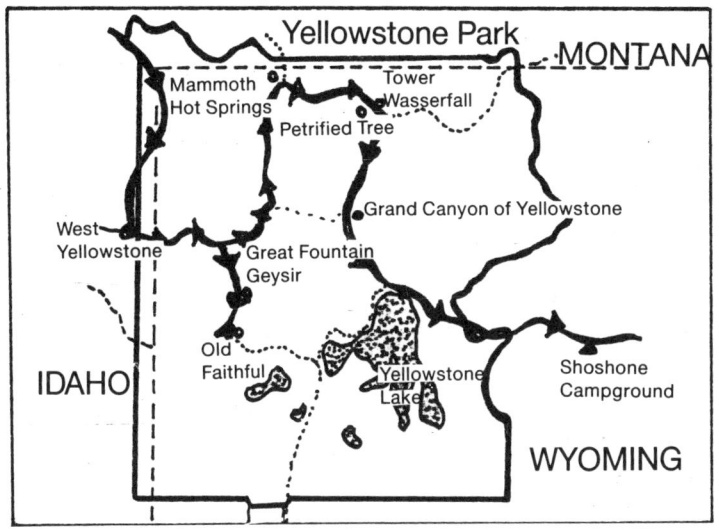

kenwald vorbei. Die schmale Parkstraße führt uns dann über den 2000 m hohen *Logan Pass*, an dem interessante Wanderwege beginnen. Wir gelangen nach kurzem Aufenthalt die Going-to-the-sun-Road hinunter zum Going-to-the-sun-Point in der Nähe des *St. Mary Lakes*. Dort übernachten wir, nachdem uns ein grandioser Sonnenuntergang den Abend verschönert.

Am nächsten Tag verlassen wir zunächst den Park, um weiter nördlich bei Babb in die *Many Glacier-Region* zu gelangen, wo wir zu einer 20 km langen Wanderung zum *Iceberg Lake* starten. Der Weg verläuft oberhalb der Baumgrenze durch bunte Bergwiesen und überquert zahlreiche, kleine Gebirgsbäche und Wasserfälle; wir genießen diese farbenfrohe, herbstliche Pflanzenwelt in vollen Zügen. Leider liegt der See schon im Schatten, als wir ihn erreichen. Die Wanderung ist ein tolles Erlebnis, trotz der recht langen Strecke.

Am nächsten Tag fahren wir auf der Route 93 durch die Flathead-Indianer-Reservation und baden in dem saukalten *Flathead Lake*. Aber bei warmem Wetter wärmen wir uns in einer Stunde in der Sonne wieder auf, bevor es weiter durch das grüne Montana mit seinen ausgedehnten Weide- und Weizenanbauflächen geht. Früher waren diese *Great Plains* die traditionellen Jagdgebiete der Prärie-Indianer. In Moiese besichtigen wir die *National Bison Range* und sehen dabei leider nur einige wenige Buffalos auf einer eingezäunten Weide. Interessant ist eigentlich nur das Visitor-Center, in dem wir vieles über die fast ausgerotteten Tiere erfahren, und der Park zeigt uns, wie die Prärie früher einmal ausgesehen haben muß. In der Nähe von Missoula kommen wir auf den Highway 90, der weiter durch die Rocky Mountains führt. Nachdem wir mal wieder bei McDonald's einen Big Mac mit French Fries und Salat gegessen haben, fahren wir bis kurz vor Butte auf einen Rastplatz zum Übernachten.

Gegen Mittag des nächsten Tages erreichen wir Big Sky und besuchen dort die »Lone Mountain Guest Ranch«, auf der Freunde von Heike häufig ihren Urlaub verbracht haben. Ideale Reitmöglichkeiten, Fliegenfischen und im Winter zusätzlich Skilanglauf sind hier die Hauptattraktionen. Leider sind an diesem Tag alle Pferde im Einsatz, so daß wir nicht reiten können. Dafür lädt uns Bob, der Besitzer, zu einem ausgezeichneten Ranchessen ein, für das die Ranch berühmt ist. In einem großen, urgemütlichen Blockhaus befindet sich der Speiseraum, in dem alle Gäste und Mitarbeiter bedient werden.

Anschließend geht es über die Landstraße 191 zum *Yellowstone National Park*, den wir über die Westeinfahrt erreichen. Die Stadt West Yellowstone, eine hübsche kleine Westernstadt mit netten Holzgebäuden und traditionellen Kramerläden, liegt kurz vor der Westeinfahrt. Im Ort decken wir uns noch relativ günstig mit Filmmaterial ein, denn in den Parks sind solche Artikel nur erheblich teurer zu bekommen.

Der *Yellowstone Park* ist der älteste Nationalpark der Welt, gegründet 1872. Er liegt im Mittelabschnitt der Rocky Mountains zwischen 2000 und 2500 m Höhe und gehört größtenteils zum US-Bundesstaat Wyoming. Im Park herrscht betriebsamer Autoverkehr, obwohl wir ihn jetzt in der Nachsaison besuchen. An

Sommertagen muß es hier wahnsinnig überfüllt sein. Zunächst sind wir von den großflächig verbrannten Wäldern geschockt. In diesem und im letzten Jahr wurden aufgrund des umstrittenen Rates von Öko-Experten die gewaltigen Waldbrände nicht gelöscht, sondern wochenlang mit einem riesigen Kostenaufwand nur kontrolliert. Der »Erfolg« ist eine zerstörte Waldvegetation, die sicherlich 50 bis 100 Jahre benötigen wird, um in dieser Höhe, die über der europäischen Baumgrenze liegt, den alten Zustand wieder zu erreichen. Da muß es wohl egal sein, ob die Waldbrände natürlich entstanden sind oder von Besuchern erzeugt wurden. Doch dieses Kriterium war tatsächlich der Hauptgrund, das Feuer wüten zu lassen. Man kann jedenfalls in einem so stark frequentierten Nationalpark keine intakte Ökologie erwarten, weil ja im Endeffekt alles gepflegt und beschützt wird. Die Brände waren in diesem Ausmaß völlig überflüssig, denn de facto sind etwa 60 Prozent des riesigen Parkgeländes zerstört worden. Vielleicht hat man die Wälder mit den feuerfesten Sequoienwäldern der Westküste verwechselt.

Unter diesen Bedingungen sind die Geysire natürlich besonders interessant, denn die Hauptattraktionen des Parks sind zum Glück nicht von der Zerstörung betroffen. Wir fahren auf der Parkstraße an der Madison-Abzweigung südlich am *Fire Hole Canyon* vorbei, und hinter dem brodelnden Schlammteich *Fountain Paint Pot* halten wir am *Midway Geyser Basin*. Dort sehen wir einige kleinere Geysire, heiße Quellen und große, von ausgefällten Mineralsalzen buntgefärbte Heißwasser-Pools. Besonders exotisch sehen der *Emerald Pool* und die *Grand Prismatic Spring* aus, die besonders feine Farbabstufungen aufweisen. Algenarten und Bakterien, die bei den hohen Temperaturen gedeihen, sind für die leuchtenden Farbabstufungen verantwortlich. Überall brodelt, kocht und spuckt es, und heißes Wasser wird in die Luft gespritzt. In der Umgebung riecht es unangenehm nach Schwefeldampf.

Im *Upper Geyser Basin* befinden sich weitere heiße Quellen sowie der weltberühmte *Old Faithful*. Der »alte Zuverlässige« wird so genannt, weil er seit Jahren alle 45 bis 90 Minuten bis zu 55 m hohe Wasser- und Dampffontänen zischend in die Luft stößt. Es ist heißes Grundwasser, das in der Tiefe vom heißen Gestein erhitzt wird, unter Überdruck gerät und gewissermaßen in dem engen, siphonartigen Spaltensystem des Gesteins überkocht. Eine große Menschenmenge wartet zu jeder Tageszeit auf den Ausbruch des Old Faithful. Auch hier hat man mehr von den Attraktionen, wenn man sich nur wenige Minuten von den Menschenmengen entfernt. Im Gebiet der Geysire weist die Erdkruste zahlreiche tiefe Spalten und Risse auf, durch die Niederschlagswasser eindringt und vom heißen Gestein im Erdinnern stark erhitzt wird. Das heiße Wasser kann aber manchmal wegen darüberliegender Wassersäulen nicht in den gasförmigen Zustand übergehen und abdampfen, sondern erfährt mit zirka 270 °C einen enormen Überdruck, der das Wasser dann durch eine enge Quellöffnung hinauskatapultiert. Seitlich nachsickerndes Wasser sorgt dafür, daß der Vorgang dann erneut beginnt. So funktionieren Geysire. Bei den heißen Quellen fehlt lediglich der Überdruck, weil die Öffnung größer ist, der Zugang freiliegt, oder weil es natürliche Druckausgleichsöffnungen gibt, aus denen dann der Dampf austreten kann.

Wir erleben in dieser Gegend verschiedene Austrittsformen. Beim Old Faithful ist aber auch das Drumherum interessant zu beobachten. Hunderte von Zuschauern aus aller Welt warten lange Zeit gebannt, auf kleinen Holzbänken um die Geysiröffnung sitzend, bis der Geysir endlich für einige Minuten seine große Fontäne ausstößt. Da die Parkstraße gleich hinter dem Old Faithful wegen Reparaturarbeiten gesperrt ist, müssen wir denselben Weg wieder zurückfahren.

Das ist auch gut so, denn als wir den *Firehole Drive* fahren, wollen wir uns auch den *Great Fountain Geyser* ansehen, der nur etwa alle sieben bis zehn Stunden aktiv wird. Nachdem wir zehn Minuten gewartet haben, schießt dieser Geysir doch tatsächlich innerhalb einer Stunde vier- bis fünfmal langanhaltend und heftig brodelnd in die Höhe. Ungleichmäßiger, aber noch eindrucksvoller als der bekanntere Old Faithful.

Es ist reines Glück, daß wir dieses Schauspiel erleben können, denn die Zeiten, in denen der Great Fountain Geyser aktiv ist,

Great Fountain Geyser, Yellowstone

schwanken doch erheblich. Auf einem Schild vor der Geysir-Öffnung war als Zeitraum zwischen sechs und neun Uhr als Beginn angegeben worden, und um kurz nach sieben Uhr ging es los. Wir hätten sicher nicht bis um neun Uhr gewartet. Jetzt erleben wir eine wahre Orgie aus Wasser und Dampf. Explosionsartig, jeweils mit einem dumpfen Knall angekündigt, schießen die Fontänen in die Luft. Der unmittelbar anschließende *White Castle Geyser* spuckt auch gerade Wasser aus. Ist schon irre, die dampfenden und sprudelnden Quellen inmitten dieser schönen Landschaft zu erleben.

In der Nähe befinden sich noch die wunderschönen *Biscuit* und *Black Sand Basins*, mit heißen Quellen, kleineren Geysiren sowie den »Hot Pools« in leuchtenden Farben, die von Rot, Grün, Blau, Gelb, Orange, Braun bis Schwarz reichen. Spezielle Algen färben das Wasser in den heißen Pools und Quellen so farbenfroh, weil sie bis 75 °C gelb werden und in den etwas kälteren Zonen sich in feinen Abstufungen bis tief dunkelgrün verändern. Den *Lassen*

Volcanic Park, der ähnliches in kleinerem Umfang zeigt, hätten wir uns eigentlich, nachträglich gesagt, sparen können.

Die Farben der lebenden Natur sind zur Zeit auch sehr eindrucksvoll. Vor allem die Wiesen schimmern in einem strahlenden Goldgelb. Wir übernachten für acht Dollar auf dem Madison Campground, der auch jetzt noch sehr stark belegt ist. Im Sommer muß man sich hier sicherlich sehr früh morgens einen Platz sichern. Reservierungen sind nicht möglich.

Nach dem Morgennebel erreichen wir bei tollem Sonnenschein die *Mammoth Hot Springs*, die in der Nähe des Nordeingangs liegen. Heiße Quellen treten dort auf der Spitze von Kalksteinbergen aus und haben im Lauf der Zeit sehr formschöne, pastellfarbene Terrassenstufen gebildet, über die das heiße Wasser dampfend hinunterläuft. Am farbintensivsten und unglaublich schön sind die *Minerva Spring*, die *Jupiter*- und *Canary*-Quellen.

Anschließend fahren wir die Grand Loop Road weiter am Tower Roosevelt, den 42 m hohen *Tower*-Wasserfällen vorbei und bestaunen den *Petrified Tree*, einen kurzen, versteinerten Baumstamm. Der unheimlich tiefe, aber relativ enge *Grand Canyon* des Yellowstone Parks ist wieder ein lohnenswertes Ziel. Zahlreiche Aussichtspunkte gewähren einen Blick in den Canyon, der von Schwefeldämpfen gelb gefärbte, felsige Wände hat. Daher also der Name *Yellowstone*. Riesig sind auch die Wasserfälle *Upper* und *Lower Fall* des Yellowstone Parks, wobei uns der Lower Fall, vom Artist Point aus betrachtet, besser gefällt.

Auf dem Weg zum Yellowstone Lake sehen wir auf den weiten Graswiesen viele Bisons, Deer- und Elk-Hirsche. Die Bison-Range in Montana hätten wir uns auch sparen können, aber so etwas weiß man ja vorher nicht. Vor dem See gibt es noch den *Mud Volcano Geyser*, der ständig brodelnden schwarzen Schlamm auswirft.

Über die alte Fishing Bridge kommen wir in die Nähe des Hochgebirgssees *Yellowstone Lake* und genießen eine tolle Aussicht auf die weitläufige Landschaft, die in der Abendsonne besonders gut aussieht. Die Parkstraße führt dann noch einmal sehr kurvenreich hinauf zum *Sylvan Pass*, der nahe der Parkausfahrt liegt. Dort verlassen wir den Park und übernachten im *Shoshone National Forest* auf einem in dieser Jahreszeit kostenlosen Campingplatz mitten im Wald.

Als wir am frühen Morgen aus dem Fenster schauen, glauben wir im ersten Moment noch zu träumen. Da stehen doch tatsächlich drei große Elche, nur wenige Meter von unserem Van entfernt und fressen das saftige Grün des Campingplatzes.

Endlich! Hatten wir doch immer wieder vergeblich gehofft, auf unseren Fahrten und Wanderungen Bären, Elche oder andere wilde Tiere zu sehen. Jetzt können wir uns auf sechs bis sieben Meter an die Elche herantasten, sie fotografieren und betrachten, bevor es ihnen zuviel wird und sie plötzlich davonlaufen. Einfach Klasse, diese edlen Tiere in freier Wildbahn erleben zu dürfen. Seit Beginn der 70er Jahre werden die an menschliche Abfälle gewöhnten wilden Tiere, wie Bären und Wölfe, von den Campingplätzen und Parkstraßen ferngehalten. Sie werden in unwegsame, kaum von Menschen besuchte Parkgebiete übersiedelt. Damit schwinden die Chancen, eines dieser Tiere in freier Wildnis zu sehen, immer mehr.

Zunächst fahren wir durch den wunderschönen Shoshone National-Forest und kommen dabei an skurrilen Gesteinsformen vorbei. Jetzt sind wir im klassischen Cowboy- und Western-Gebiet Wyomings. Wir sehen viele nostalgische Western- und Pferde-Ranches, wovon wir uns einige auch näher ansehen, bevor wir auf dem Highway 14 die Stadt Cody erreichen. Sie ist nach Buffalo Bill alias Colonel William F. Cody der Westernlegende benannt worden.

Auf den ersten Blick gefällt uns Cody nicht so sehr; nach einem zweiten Blick hinter die Fassaden kommen jedoch die wirklich interessanten Dinge zum Vorschein, und wir sind von dieser Westernstadt regelrecht begeistert. Hier wird die Erinnerung an den guten alten Wilden Westen wachgehalten. Das *Buffalo Bill Historical Center* beherbergt vier unterschiedliche gute Museen, die wir natürlich besuchen. Das *Buffalo Bill Museum* zeigt die persönliche Sammlung des Westernhelden und viel über Buffalo Bills

Mammoth Hot Springs, Yellowstone

Wild West Circus-Show. Die *Whitney Galery of Western Art* präsentiert eine große Anzahl von Bildern, Skulpturen und Plastiken mit Motiven aus dem Wilden Westen und eine Nachbildung des Ateliers des berühmten Künstlers Remmington. Das *Plains Indian Museum* besitzt eine der besten Sammlungen von Gebrauchs- und Kulturgegenständen der Sioux, Apache, Cheyenne, Shoshone, Blackfeet und weiteren Indianerstämmen. Im *Winchester Arms Museum* schließlich sind mehr als 5000 Gewehre, Pistolen und Maschinengewehre zu bewundern, und die Geschichte der Schußwaffen-Technik wird gut dokumentiert.

Der Besuch dieses Museumskomplexes hat sich echt gelohnt. Er gehört zu den lohnendsten Erfahrungen, die wir über den Westen und die Indianer in Amerika sammeln konnten. Man könnte leicht mehrere Tage in den Museen verbringen. In Cody gibt es außerdem eine Rodeo-Arena, in der an jedem Sommerabend für Touristen eine Rodeo-Veranstaltung stattfindet. In *Old Trail Town*, dem Freiluft-Museum of the Old West, stehen viele wiederaufgebaute Gebäude aus den frühen Siedlertagen, Pferdefuhrwerke, Kutschen und weitere Gegenstände aus der alten Westernzeit. Es ist eine Museumsstadt, die man sehen *muß*.

An der Mainstreet von Cody steht noch das Irma-Hotel, das einst Buffalo Bill gehörte. Die benachbarten Western-Outwear-Geschäfte preisen ihre Waren an. Auch wir kaufen uns Westernstiefel, um eine Erinnerung an diese interessante Stadt zu haben.

Wir fahren dann weiter auf der Route 16 bis Wormland und übernachten in Ten Sleep, einem kleinen verträumten Kaff. Dort frühstücken wir am nächsten Morgen im Coffee-Shop, wo wir zu zweit nur 1,50 Dollar zahlen müssen. Auf dem Lande kann Amerika also noch sehr preiswert sein. Auch hier sehen wir fast alle Männer in ihrem beliebten Western-Outfit mit Jeans, Hut, kariertem Hemd und Westernstiefeln.

Nachdem wir quer durch den Cowboy-Staat Wyoming gefahren sind, machen wir bei Moorcroft einen kleinen Abstecher zum *Devils Tower*. Weithin sichtbar steht der 390 m hohe Devils Tower freistehend in der weiten, sanften Hügellandschaft. Es handelt sich um einen riesigen, als vulkanische Staukuppe entstande-

Devil's Tower, Wyoming

nen Monolithen aus Basaltgestein mit 240 m Durchmesser. Der Devils Tower war einst Wahrzeichen für alle Siedler, die gen Westen reisten. Dieses monumentale Naturdenkmal ist auch Schauplatz des Films »Unheimliche Begegnung mit der Dritten Art«. Wir begnügen uns mit dem schönen Anblick aus etwa 300 m Entfernung und fahren anschließend weiter nach South Dakota. In der Nähe der Jewel-Cave-Höhle finden wir im *Black Hills National Forest* wieder einen gebührenfreien Campingplatz.

Auf dem Weg zurück nach New York

Am nächsten Morgen regnet es leicht, und wir beschließen deshalb, uns einer Führung durch die *Jewel Cave* anzuschließen. Die Kalksteinhöhle ist die viertgrößte ihresgleichen in der Welt, ähnlich einer Tropfsteinhöhle mit feinen, farbig glitzernden Calcitkristallen. Lehmig-tonige Kalkgesteine im Verbund mit Salzkristallen bilden in der Höhle schöne, funkelnde, pickelige Gebilde. Faßt man sie mit der Hand an, fühlen sie sich feucht, ja fast ölig an. Die Entdecker hielten diese pickelartigen Gebilde für Edelsteine und nannten die Höhle daher Jewel Cave, Edelsteinhöhle.

Viele Treppen und Wege führen durch die enge, vielverzweigte Höhle, die sehr schön, jedoch nicht genug ausgeleuchtet ist, um die ganze Schönheit der Kristalle zu zeigen. Wahrscheinlich hat man (zu Recht) Angst, manche Besucher würden einige der Kristalle mitgehen lassen. Am Ende sind wir froh, als die zuletzt etwas langatmige Führung endlich vorbei ist.

Zum Glück regnet es nicht mehr, und wir können jetzt zum nahe gelegenen *Crazy Horse Memorial* fahren. Seit 1949 wird an diesem riesigen Denkmal gearbeitet. Dabei sind schon über acht Millionen Tonnen Gestein aus den Black Hills herausgesprengt worden, und noch immer lassen sich nur wenige Konturen der Reiterstatue ausmachen, die den berühmten Indianerhäuptling als Pendant zu den US-Präsidenten-Reliefs in Mt. Rushmore darstellen soll.

Die Familie des inzwischen verstorbenen polnischen Künstlers Ziolkowski leitet die Arbeiten und vermarktet seinen Nachlaß. 3,50 Dollar pro Person kostet der Besuch seines Ateliers und des *Indian Museums of North Amerika*, die sich beide am Fuße der Baustelle befinden.

Nach kurzem Aufenthalt fahren wir die wenigen Meilen zum Mt. Rushmore, wo die Köpfe der ehemaligen US-Präsidenten George Washington, Thomas Jefferson, Theodore Roosevelt und Abraham Lincoln in Stein gehauen sind. Das Bergrelief liegt ebenfalls im Granitgebirge der Black Hills und ist das Lebenswerk

189

Mt. Rushmore National Memorial, South Dakota

des Bildhauers Gutson Borglum, der die Köpfe mit vielen Helfern
bis zu seinem Tode erschaffen hat. Seit dem Beginn des 2. Weltkriegs wurden die Arbeiten eingestellt, ohne jedoch das Werk wie
geplant zu Ende zu bringen. Aber auch so sind die Bildnisse sehr
beeindruckend und von hoher bildhauerischer Brillanz. Im Visitor-Center erfahren wir einiges über die Präsidenten und den
Werdegang der Arbeiten am Monument. Eintrittsgeld zu dieser
nationalen Gedenkstätte wird nicht erhoben.

Über die kurvenreiche *Iron Mountain Road* erreichen wir Rapid
City, das von Goldsuchern gegründet wurde. Die Stadt liegt im
eigentlichen Land der Sioux-Indianer, denen einst das Land für
alle Zeiten von den USA zugesichert wurde. Als aber plötzlich
Gold in den Black Hills gefunden wurde, zählten die Verträge
nichts mehr. Es kam hier zu den blutigen Indianerkriegen, die im
großen Sieg über Custers Armee am *Little Big Horn* gipfelten.
    Heute leben die Sioux in der trostlosen, trockenen Pine Ridge
Reservation, die zum Teil im *Badlands National Park* liegt, den

wir am späten Nachmittag erreichen. Vorher sind wir durch eine windige, schier endlose Prärielandschaft gefahren. Wir erreichen den Ort Wall, als wir den Highway 90 verlassen. Dort gibt es den berühmten Wall-Drug-Ladenkomplex. Bereits über 100 km vor dieser Abfahrt weisen penetrant große Werbetafeln entlang des Highways immer wieder auf die Angebote des Wall Drug hin. Wall Drug ist ein Drogeriemarkt, dessen Geschäft total auf Tourismus abgestimmt ist. Aber es werden nicht nur Drogeriewaren angepriesen; auch Restaurants, Tankstellen, Westernläden, Galerien und Buchhandlungen bieten ihre Leistungen an. Kostenlos sind Eiswasser und Kinderspielplätze und ein kleiner Zoo. In dieser gottverlassenen Gegend finden sich in der Hochsaison doch tatsächlich bis zu 20 000 Gäste am Tag ein.

Direkt hinter dem Westeingang entdecken wir dann einen traumhaften Standpunkt, der uns eine sagenhafte Sicht auf die *Badlands* gewährt. Alte, lehmig-tonige Sedimentschichten, die früher einmal Meeresboden waren, werden von Sonne, Kälte, Wind und Wasser zu einem einzigartigen, zerklüfteten Gebirge geformt. Im Sonnenlicht des Abends leuchten sie in den unterschiedlichsten Erdfarben. Faszinierend, was die Natur in dieser unwirtlichen, windigen Wüstenlandschaft geschaffen hat.

Die Sioux halten dieses Gebiet für einen göttlichen Ort, und sie nannten das Land »Land schlecht«, es war Herkunft des Donnerpferdes. Etwa 60 m hoch ist dieses zerklüftete Miniatur-Gebirge mit scharfen Graten, steilen Schluchten und vielen freigelegten Schichten aus hartem Lehm, Sand und Schieferton. Die Schichten weisen Farben in Rot, Braun, Beige und unterschiedlichen Grautönen auf. Während der zarten Abendsonne fahren wir alle Aussichtspunkte ab und werden, wenn wir den Van verlassen, von den heftigen Sturmböen fast weggeweht. Auf dem kostenpflichtigen Cedar Pass Campingplatz übernachten wir bei sehr kühler Witterung.

Am Morgen wärmen wir uns zunächst im Visitor Center auf, wo ein interessanter Film über die Entstehungsgeschichte der Badlands aufgeführt wird. Auch viele Fossilien, die in diesem Gebiet gefunden wurden, sind zu bewundern.

Nach dem Frühstück fahren wir wieder auf den Highway 90 bis Sioux Falls. Die gesamte Strecke führt durch einsame Präriegras Landschaft, die flach wie ein Pfannkuchen ist, mit kümmerlichen Weizenfeldern oder einsamen Rindern auf der Weide.

In Mitchell sehen wir uns den berühmten Kornpalast an, der in jedem Jahr zur Erntezeit neu gestaltet wird. Es ist ein Gebäude im byzantinischen Stil, mit Mais und Korn aufwendig verziert. An den Wänden sind Mosaiken und Bilder aus Maiskörnern modelliert. Innen befindet sich leider nur eine gewöhnliche Turnhalle für Sport- und Turnveranstaltungen. An den Wänden der Eingangshalle dokumentieren Fotos, wie der Palast in den Jahren zuvor geschmückt war.

In Sioux-City überqueren wir die Grenze zum Bundesstaat Iowa. Ab hier wird die Landschaft hügeliger und abwechslungsreicher. Bäume und manchmal sogar kleine Wäldchen unterbrechen die Monotonie der landschaftlich intensiv genutzten Felder. Am nächsten Tag können wir uns dann endlich wieder richtig waschen und duschen. Bei einem Truckstop gebe ich mich, mit kariertem Hemd und Schirmmütze »verkleidet«, als Fernfahrer aus und bekomme für 5 Dollar Kaution Seife und Handtücher. Nach Rückgabe der Handtücher bekomme ich das Geld zurück, und anschließend fahren wir auf dem Highway 80 weiter bis kurz vor Iowa City. Dort verlassen wir den Highway, um uns die *Amana-Colonies* anzusehen. Sieben kleine deutsche Städtchen wurden 1845 von den »Neuen Inspiratisten« gegründet. Diese Religionsgemeinschaft wurde in Deutschland stark verfolgt, infolgedessen sie von Christian Metz in einer Gruppe von etwa 600 Menschen nach Amerika geführt wurde. Sie lebten in einer großen Gemeinschaft, kochten in zentralen Küchenhäusern, teilten sich die Arbeit und Einkünfte brüderlich. Es gibt heute noch Wollspinnereien, Kühlschrankfabrikation, Fleischindustrie, Bäckereien und natürlich Landwirtschaft. Die Kolonie lebte fast autark. Heute werden die Gemeinschaftsbetriebe im kapitalistischen Stil betrieben, fast alle Aktienanteile der AMANA AG gehören den Mitgliedern und Bewohnern der sieben Amana-Dörfer.

△ *Kootenays Park, B. C. Kanada*
▽ *Nahe Radium Hot Springs, B. C.*

Glacier National Park, Montana

△ *Mammoth Hot Springs im Yellowstone Park*
▽ *Badlands, South Dakota*

South Dakota

Herbst in New Jersey

△ *Manhattan Skyline mit World Trade Center*
▽ *Liberty*

Macy's Parade am Thanksgiving Day

Central Park, New York

Wir sehen dort viele Ziegelsteinhäuschen im norddeutschen und mittelrheinischen Baustil, kleine Museen, Bauernhöfe, Kirchen und sehr schöne Gärten inmitten anmutiger Hügellandschaft. Kaum ein Garten ist mit Zäunen vom Garten des Nachbarn getrennt, so daß eine kleine Parklandschaft entsteht, in der Kinder ungestört und frei spielen können. In einem Restaurant mit deutscher Küche essen wir nach langer Zeit wieder eine köstliche Bratwurst mit Sauerkraut und trinken dazu ein gepflegtes Dortmunder Pils vom Faß. Heimatliche Gefühle stellen sich bei uns ein...

Im Visitor Center und in einem Museum sehen wir Diashows über die Geschichte der Siedlungen und der Religionsgemeinschaft. Beide sind lohnenswert und sehr informativ. Im Museum sind viele alte Arbeitsgerätschaften ausgestellt, außerdem existiert noch eine alte Dorfschule, in der die Kinder noch bis zum 2. Weltkrieg Deutschunterricht in der Sonntagsschule bekamen.

Nach längerem Aufenthalt in diesen einladenden Siedlungen und anschließenden fünf Stunden Weiterfahrt auf dem Highway 80 erreichen wir am Abend das große Chicago im Bundesstaat Illinois. Zunächst unternehmen wir eine Stadtrundfahrt am eigenen Steuer durch das nächtliche Chicago über die Michigan Avenue und den Lake Shore Drive am Michigan-See entlang. Auch hier gibt es das Problem des Parkraummangels, denn erst nach stundenlangem Suchen finden wir etwas außerhalb einen ruhigen Platz direkt am Michigan-See.

Die Skyline von Chicago ist sehr eindrucksvoll und bietet die höchsten Wolkenkratzer der Welt, darunter den *Sears Tower*, in dem über 16 000 Menschen arbeiten. Die geschlossene Aussichtsplattform im 103. Stockwerk auf 412 m Höhe ermöglicht uns einen Rundblick über die schöne Stadt. An jedem Fenster vermitteln Lautsprecher den Besuchern alles Wissenswerte über die Stadt, ihre Geschichte und die gerade zu sehenden Gebäude. In der *Loop Area*, wie das Geschäftsviertel Chicagos bezeichnet wird, befinden sich die architektonisch schönsten Gebäude, wie man sie nirgendwo sonst in dieser Konzentration antrifft.

Kreuz und quer durch die Innenstadt führt oberhalb der Straßen eine alte Hochbahn, die ratternd auf Stahltragern fährt. Diese »Elevated Railway« macht einige Straßenzüge recht dunkel, die dann an das alte Verbrecherstadt-Klischee erinnern, mit dem Chicago immer noch zu kämpfen hat. Diese Episoden aus den dreißiger Jahren gehören jedoch eindeutig der Vergangenheit an, da die Kriminalstatistik Chicagos eher besser als in vergleichbaren Städten ist. Die Menschen sind hier ausgesprochen freundlich und machen ihre Stadt noch sympathischer. Die alten Gebäude sind vielfach schön verziert, beispielsweise mit aufwendigen Stuckarbeiten, überhaupt ist die gesamte Lage Chicagos, der Stadt am Michigan-See, schon außergewöhnlich.

Kunst und Kultur sind in Chicago besonders hoch angesiedelt. Hervorragende Museen, Kunstgalerien und Theater in großer Anzahl und guter Qualität bieten den Besuchern ein echtes Weltstadtprogramm. Im Loop-Bereich befinden sich auch viele Plastiken berühmter Künstler, wie Henry Moore, Picasso, Calder, Miró und Chagall. Wir sehen uns im *Art Institut of Chicago* die Gemäldesammlung französischer Impressionisten und amerikanischer Künstler an. Als Sonderausstellung wird gerade anläßlich des Jubiläums von 150 Jahren Fotografie die Ausstellung »On the Art of Fixing a Shadow« gezeigt; dabei sehen wir berühmte Fotokunst von der Pionierzeit an bis zur modernen Fotografie. Sehenswert sind auch das *Museum of Science & Industry* (freier Eintritt) und der *Frank Lloyd Wright Historic District*, wo noch 20 Bauten des berühmten Architekten zu sehen sind.

Das *Illinois-Center*, von dem deutschen Architekten Helmut Jahn konzipiert, beeindruckt durch formschöne Eleganz, und der *Lincoln Park* dient als grüne Oase am Michigan-See, von wo aus eine besonders gute Aussicht auf die Skyline möglich ist.

In der Lincoln Avenue gibt es noch viele deutsche Geschäfte, Lokale und sogar einen Zeitungsladen mit deutschen Magazinen und Tageszeitungen. Dieses Geschäft gehörte früher einmal meinem Freund Charlie aus Los Angeles, und es heißt heute immer noch Schmid-Imports. Wir sind schon fast auf der Spur der Emigranten aus Deutschland. Allerdings ist das alte Viertel schon etwas runtergekommen, denn viele der deutschen Bewohner sind inzwischen weggezogen.

Wir erleben Chicago uneingeschränkt als eine freundliche Stadt. Die vielen negativen Klischees und Vorurteile über diese Stadt entsprechen einfach nicht mehr der Realität. Sogar eine Polizistin spricht uns freundlich auf der Straße an und gibt uns unaufgefordert Tips für unseren Aufenthalt. Sie empfiehlt uns Sehenswürdigkeiten und Restaurants, wo wir günstig essen können. Da sag' einer mal was gegen die Cops...

Von Chicago aus fahren wir auf dem Highway 94 ein kurzes Stück durch Indiana und erreichen am nächsten Tag über den Highway 196 Holland im Bundesstaat Michigan, die Stadt der überwiegend niederländischen Einwanderer. Hier kann man wirklich glauben, im europäischen Holland zu sein. Die Landschaft ist fast identisch flach und liegt am großen, meerähnlichen Michigan-See. Die Gebäude sind im typisch holländischen Stil errichtet. Auch Holzschuhwerkstätten gibt es, und im Mai wird das große Tulpenfest gefeiert. Sogar eine echte Windmühle wurde aus Holland importiert.

Im benachbarten Idlewood Beach besuchen wir Bekannte eines Freundes, die vor dreißig Jahren aus Berlin eingewandert sind. Interessant zu hören, wie es ihnen in der ersten Zeit ergangen ist, als sie in Amerika ankamen, und wie gut es ihnen inzwischen geht. Damals wurden sie als deutsche Flüchtlinge sehr gut aufgenommen. Ihnen wurde eine voll eingerichtete Wohnung und sogar Kleidung übergeben. Ein Arbeitsplatz war auch kein Problem.

Nach diesem interessanten Kontakt fahren wir über Grand Rapids auf der Route 96 quer durch das ebene Michigan. Leider regnet es ununterbrochen auf der gesamten Strecke. Bei Port Huron überqueren wir die Grenze und sind wieder in Kanada. Im Informationsbüro erfahren wir von einem Oktoberfest in Kitchener. Da die Stadt auf unserem Weg nach Toronto liegt, sehen wir uns auch noch dieses Volksfest an.

In Kitchener leben viele deutschstämmige Kanadier, die das Fest nutzen, um viele Touristen in ihre Stadt zu locken. Allerdings gibt es keinen zentralen Festplatz, und es finden nur abendliche Tanzveranstaltungen in weit verstreuten Fest- und Turnhallen statt. Lediglich in der Innenstadt steht ein primitives König-Ludwig-Schloß aus Holz und Pappe. Dieser Besuch hat sich leider nicht gelohnt.

Unterwegs nach Toronto erleben wir einen herrlichen *Indian Summer* (Altweibersommer); viele Sträucher, Bäume und ganze Wälder begeistern mit einer wahren Farbenexplosion. Vor allem die Ahornblätter sind inzwischen knallrot, aber auch die anderen Farben sind für uns ungewohnt intensiv, in Europa sind sie uns nicht in dem Maße aufgefallen.

In Toronto herrscht am nächsten Tag ein wildes Treiben von vielen, vielen Menschen, die in den Geschäftsvierteln einkaufen. Wir gehen zur Eaton-Mall, einer interessanten dreigeschossigen, überdachten Einkaufsstraße. Überall sehen wir viele junge Menschen, die locker durch die Straßen schlendern. An diesem Tag steht die ganze Stadt im Zeichen des Baseballs, denn die Toronto Blue Jays spielen im Semifinale der Baseball World Series gegen die Oakland Athletics. Zahlreiche Leute drängeln sich vor Fernsehbildschirmen, die in Geschäften, Restaurants und Kneipen aufgestellt sind. Die Stadt fiebert mit und drückt ihrem Team die Daumen. Toronto hat europäisches Format, wenn man einmal von dem höchsten Fernsehturm der Welt, dem überdachten Stadion *Saddle Dom* und einigen Hochhäusern absieht. Interessant ist vor allem ein Besuch des *Habour Place*, eines schön angelegten Freizeitparks mit Wildwasserbahnen, Schiffsanlegeplätzen, Museen und großen Cinema 2000-Anlagen, in denen wir uns einen phantastischen Film über das Leben der Wildgänse ansehen.

Nach einer kurzen Stadtrundfahrt, bei der uns vor allem der gelungene Kontrast zwischen alten und neuen Gebäuden auffällt, fahren wir am Erie-See entlang weiter zu den *Niagara-Fällen*, die ungefähr 100 km entfernt liegen.

In Niagara City gibt es viele billige, gräßliche Touristenbuden, Kirmesläden und Pseudo-Museen, etwa Frankensteins Horror-Museum für den besonders schlichten Geschmack. Ein billiger, einfältiger Rummel wird im Umkreis der Fälle veranstaltet, wobei die nahe liegenden, schönen Parkanlagen kaum Beachtung finden.

Die Wasserfälle selbst sind dann auf den ersten Blick schon sehr enttäuschend. Sie sind zwar riesig, aber nicht aufregend oder sensationell. Dazu kommt noch der störende Autoverkehr, der sich auf den Straßen an den Fällen entlangdrängt.

Nach nur kurzem Aufenthalt fahren wir über die verstopfte Grenzbrücke nach Buffalo in den US-Bundesstaat New York. Nicht weit hinter Buffalo übernachten wir zum letztenmal auf einem Rastplatz.

Am nächsten Tag meistern wir unsere Schlußetappe bis nach New Yersey, das 600 km entfernt liegt. Unser Ziel ist Madison im Morris-Country, wo unser Freund Peter Nelson wohnt. Wir hatten Peter in Los Angeles bei einem Essen mit Jenny kennengelernt, und anschließend hatte Peter uns eingeladen, bei ihm zu wohnen, wenn wir in der Nähe von New York sein wollten. Der Bundesstaat New York, den wir fast völlig durchqueren, ist sehr stark bewaldet, und auch hier sind in dieser Jahreszeit die Laubbäume schon kunterbunt. Der *Indian Summer* hat auch diese Gegend bereits verzaubert und bringt noch einmal schöne warme Tage, bevor die kalte Jahreszeit endgültig beginnt.

New Jersey und New York City

Peter empfängt uns sehr freundlich in seinem Haus und stellt uns ein eigenes Zimmer mit Bad und WC zur Verfügung. Auch er wohnt in einem ähnlichen Condominium, wie es Jenny besitzt, innerhalb einer abgeschlossenen Wohnsiedlung. Er ist Geschäftsführer der amerikanischen Vertriebsgesellschaft eines Spirituosenherstellers aus Europa und kann uns einige Aushilfsjobs in seinem Betrieb ermöglichen. Heike realisiert einige Fotoaufträge für ihn, während ich Pressemitteilungen und Promotionaktionen für neue Spezialprodukte entwickle. Zusammen helfen wir auch auf den vorweihnachtlichen Trade-Shows, Waren zu präsentieren und anzupreisen. Es macht uns Spaß, den Liquor-Store-Besitzern Cognac, Schnaps und Goldwasser vorzustellen.

Einmal fahren wir sogar zu einem deutschen Oktoberfest nach Baltimore, wo es wirklich wie in einem bayerischen Festzelt auf der Theresienwiese zugeht. Hier treffen sich einmal im Jahr viele deutschstämmige Einwanderer und Clubs aus Maryland. Alle deutschen Souvenirs sind dabei heiß begehrte Objekte.

Für Peter arbeiten wir jedoch auf rein freundschaftlicher Basis, um eine gewisse Gegenleistung für die Unterkunft zu erbringen, die für uns ja kostenlos ist; außerdem wollen wir Peters Gastfreundschaft nicht zu sehr strapazieren. Eine reguläre Bezahlung ist wegen unserer fehlenden Arbeitserlaubnis in diesem größeren Unternehmen ohnehin nicht möglich. Wir sind aber auch nicht in erster Linie wegen des Geldverdienens hier, sondern wollen uns intensiv mit New York City auseinandersetzen und den schöneren Teil New Jerseys kennenlernen. Peter ist meistens geschäftlich unterwegs, so daß wir das Haus überwiegend allein bewohnen.

Morris-County mit den Städten Morristown, Madison und Chatham gefällt uns unerwartet gut. Es ist hier vergleichbar mit den Neu-England-Staaten, nur daß es in New Jersey noch mehr Landschaft gibt. Fast alle Häuser sind im altenglischen oder viktorianischen Stil gebaut. Sogar gewachsene Ortskerne und verträumte alte Wohngebiete existieren hier noch. Nachdem wir zunächst nur das häßliche Jersey City erlebt haben, sind wir jetzt von New Jersey angenehm überrascht und von dem »Gardenstate« begeistert. Besonders schön ist die Zeit um *Halloween* und vor *Thanksgiving*. Fast alle Häuser, Geschäfte und sogar Tankstellen sind dann mit orangefarbenen Kürbissen und Maiskolben herbstlich geschmückt.

In Morristown stehen noch viele Bauten aus der Zeit der amerikanischen Unabhängigkeitskriege. George Washington hatte im Winter hier sein Hauptquartier, dessen Gebäude und ein kleines Museum heute wieder zu besichtigen sind.

Den Mittelpunkt der Stadt bildet ein besonders schöner Park, von dem aus alle wichtigen Straßen erreichbar sind. In der Nähe

Washington's Headquarter, New Jersey

befinden sich tolle Kneipen, Restaurants und Kinos, die wir häufiger besuchen. Im »Le Papillon« und »Collins« fühlen wir uns sauwohl. Besonders gut sind im »Collins« die hausgemachten Hamburger, die aus frischem Rindfleisch individuell gebraten werden. Viele kleine, interessante Geschäfte und vor allem der Supermarkt »Kings« bieten einen hervorragenden Service für ihre Kunden. Hier kaufen wir deshalb häufig ein, auch wenn die Preise manchmal etwas höher liegen als in den Geschäften von Madison. Man kann hier auch wieder an jedem Tag und fast zu jeder Tageszeit einkaufen.

Nur eine Autostunde entfernt liegt die alte Universitätsstadt Princeton. Auch diese Stadt ist traditionsbewußt im altenglischen Stil angelegt, mit vielen Alleen, gepflegten Gartenanlagen, alten Häusern und traditionsreichen Universitätsgebäuden, denen viele kleine Museen angegliedert sind. Nur Sprößlinge reicher Eltern werden es sich leisten können, in diesem noblen Ort zu studieren. Die *Princeton University* zählt neben Harvard und Stanford zu den besten Universitäten der USA.

Traumhaft schön sind auch die Städte Chatham und Madison, in denen die alten Häuser und Gemeindebauten am gepflegtesten sind und abends geschmackvoll angeleuchtet werden. Klassisch sind die alten Bahnhofsgebäude, die noch aus den Pionierzeiten der Eisenbahngeschichte stammen. Sie sehen immer noch bis ins Detail formvollendet aus und werden weiterhin täglich genutzt.

Nachdem wir in Manhattan zweimal Schwierigkeiten mit der Parkplatzsuche gehabt hatten, fahren wir fortan immer mit der New Jersey Transit-Eisenbahn oder dem Bus in die City. Die Hin- und Rückfahrkarte kostet zwar 7,75 Dollar, dafür sparen wir vier Dollar Durchfahrtgebühr für den Holland- oder Lincoln-Tunnel, Benzin und den zeitraubenden Ärger bei der Parkplatzsuche. Mit dem Zug sind wir außerdem fast genauso schnell in Manhattan und müssen nicht vor den Tunnels mit dem Auto im Stau warten. Der New Jersey Transit fährt von Madison bis Hoboken. Von dort befördert uns der Path-Train oder die Hoboken-Fähre über den Hudson.

Eine Fahrt kostet 1,25 Dollar und damit genausoviel wie die New Yorker U-Bahnen. An die haben wir direkten Anschluß und können alle Ziele in New York bequem erreichen.

New York gilt ja als *der* Schmelztiegel für Einwanderer aller Völker, Rassen und Kulturen der Erde. Alle Produkte, Religionen, Speisen, Getränke, Kulturen und Menschen der Erde sind hier anzutreffen bzw. zu erhalten. Der Handel wird in New York besonders groß geschrieben. Überall gibt es Geschäfte mit den unterschiedlichsten Waren, die meistens zu angeblichen Discountpreisen angeboten werden. Häufig stehen auch Schilder mit dem Text »Going out of Business« vor dem Geschäft, die wahrscheinlich schon jahrelang den Kunden einen Ausverkauf suggerieren sollen. Die angegebenen Preise sind schon fast in betrügerischer Absicht hoch angesetzt. Man muß mindestens 50 Prozent des aufgedruckten Preises herunterhandeln, um einen akzeptablen Kauf abzuschließen. Viele Touristen, vorwiegend deutsche, die es nicht mehr gewohnt sind zu handeln, lassen sich mit den überhöhten Wucherpreisen häufig übers Ohr hauen. Das ist die Kehrseite der absoluten Freiheit eines Wettbewerbs, in dem es kaum einen Verbraucherschutz gibt.

Auch in der Werbung sind Schüsse unter die Gürtellinie der Wettbewerber durchaus erlaubt. Vergleichende Werbung ist täglich in Fernsehspots und Anzeigen zu sehen.

Die Feststellung, New York sei ein Schmelztiegel aller Rassen und Nationalitäten der Erde, stimmt nur, wenn man berücksichtigt, daß auf kleinstem Raum viele Menschen unterschiedlicher Abstammung nebeneinander leben. In Wirklichkeit leben sie in verschiedenen Wohnvierteln, die durch unsichtbare Mauern getrennt sind. Es gibt Straßen wie die Park Avenue, die bis zu einer gewissen Kreuzung Prachtstraßen mit pompösen Wohnhäusern, Wolkenkratzern und Grünanlagen sind. Nur eine Straßenbreite weiter fangen dann plötzlich dreckige und gefährliche Wohnviertel an. Als wir mit der U-Bahn zum *Museum of American Indian* in die 155th Straße fahren, sehen wir ab der 86th Straße nur noch schwarze oder farbige Gesichter in den Subway-Stationen. In diesen heruntergekommenen Vierteln wohnen dann vorwiegend Schwarze, Puertoricaner und weitere Exoten.

Harlem ist heute immer noch ein trauriger Stadtteil, obwohl die meisten Häuser eine gute Bausubstanz haben und zum Teil recht schöne Straßenzüge bilden könnten. Doch ihre Bewohner lassen fast alles vergammeln und haben sogar einige Häuser in Brand gesteckt. Die Stadt verläßt sich vielleicht zu viel auf die Eigeninitiative der Bewohner oder gibt nicht genug Geld zur Sanierung der Viertel aus. Obwohl Schulen mit überwiegend schwarzen Schülern seit Jahren besonders gefördert werden, und auch Arbeitgeber vorwiegend schwarze Arbeiter einstellen müssen, ist der Anteil der schwarzen Bevölkerung unter den Arbeitslosen unverhältnismäßig hoch. Ebenso hoch liegt ihr Anteil bei Delikten und unter Gefängnisinsassen.

In New York halten sich immer Bettler und Penner – häufig Schwarze – in den U-Bahn-Schächten und den Geschäftsstraßen auf. Nachts liegen viele in Hauseingängen. Trotzdem sehen wir keine Menschen, die verhungern oder die von der Polizei gewaltsam entfernt werden. Die natürlichen Mentalitäten der unterschiedlichen Rassen wird man nicht so leicht ändern können, obwohl der neue schwarze Bürgermeister von New York, David Dinkins, sich bemüht, alle Bevölkerungsgruppen für eine aktive Mitarbeit zu gewinnen. Vielleicht schafft er es als neue Symbolfigur, die schwarze Minderheit aufzuwecken. Bisher kommt nur etwa ein Drittel der schwarzen Bevölkerung mit Fleiß, Intelligenz oder sportlichen Leistungen zu Wohlstand. Der Rest lebt am Existenzminimum.

Ein weiteres Problem ist die mangelnde sexuelle Aufklärung von Jugendlichen. Jedes dritte Mädchen unter 20 Jahren wird schwanger, und nicht selten stehlen sich die schwarzen Männer aus der Verantwortung, indem sie Frau und Kinder mittellos allein lassen.

Noch schlimmer als in Harlem sieht es in der West-Bronx aus, die wir uns allerdings nicht ansehen wollen, denn dort gibt es nur aufgegebene Häuser, deren Bewohner von der Wohlfahrt leben. Viele Häuser sind ausgebrannt und bieten einen trostlosen Anblick.

Der *Bronx Zoo* soll allerdings sehenswert sein, denn die Tiere leben dort in ihrer natürlichen Umwelt, die geschickt nachgebildet wurde. Doch wir denken uns, daß man Zoos überall besuchen kann, dafür sind wir nicht nach Amerika gekommen.

New York hat so viele Probleme, Hektik und Dreck, ist aber trotzdem immer wieder aufregend schön, interessant und voll mit pulsierendem Leben. Als Besucher der Stadt haben wir uns vorwiegend auf Manhattan konzentriert und uns häufig einfach in unterschiedlichen Vierteln durch die Straßen, Geschäfte, Galerien und Lokale treiben lassen. Die vielfältigen Eindrücke, die wir dabei sammeln, sind für uns sehr beeindruckend. Die Faszination, die New York ausstrahlt, lockt nicht nur die Superreichen aus der ganzen Welt an, die in der Nähe des Central Parks wohnen, sondern auch Millionen einfacher Touristen, die man täglich überall auf den Straßen antrifft.

Selbstverständlich besuchen wir alle bekannten Sehenswürdigkeiten New Yorks. Das Empire State Building, das Rockefeller Center, den Broadway, die Freiheitsstatue, den Times Square, das

Die Skyline Manhattan's, von Hoboken aus

World Trade Center und die Brooklyn Bridge. Die Menschen und das Leben in New York erleben wir in Greenwich Village beim Essen in Restaurants, beim Radfahren durch den Central Park, am Fulton Market, auf dem Fischmarkt, in Musikkneipen und Galerien in Soho, in den Foto- und Diamantenläden der 47th Street, bei Bekleidungs-Discountern der Orchard Street und in Chinatown.

In der U-Bahn läßt sich auch viel aus den vielen verschiedenen Gesichtern der Menschen ablesen, und man erfährt dabei einiges über ihren Alltagsstreß, wenn sie zur Arbeit fahren. In Manhattan ist das U-Bahn-Fahren nicht gefährlicher als anderswo, wenn man darauf achtet, immer in vollen Zugabteilen zu sitzen.

Allerdings ist die Stadt teuer. An jedem Tag, an dem wir uns in der City aufhalten, geben wir pro Person mindestens 20 Dollar aus, ohne daß wir abends wissen, wo das Geld geblieben ist. Geht man zusätzlich noch in ein normales Restaurant, wird die Sache erheblich teurer. Zu den hohen Menüpreisen muß man immer noch, wie bei allen anderen Käufen auch, die *Tax* (Steuer) von 9 Prozent und *Tips* (Trinkgeld) von mindestens 15 Prozent hinzurechnen. Deshalb essen wir in New York mittags entweder Hot Dogs, Kebab, Gyros, Hamburger, Sushi oder Pizzas. Außerdem gibt es in den vielen kleinen Lebensmittelgeschäften Salatbars mit verschiedenen warmen Gerichten, Salaten und Sushi. Nur so kann man das Abenteuer New York über einen längeren Zeitraum finanziell überstehen.

Empfehlenswert ist das japanische Schnellrestaurant »Genroku Sushi«, gleich neben dem Empire State Building, im Haus Nr. 366 an der 5th Avenue, zwischen 34. und 35. Straße. Immer wenn wir dort vorbeikommen, besuchen wir dieses interessante Lokal.

In der Mitte des kleinen Gastraums arbeiten die Köche hinter einer runden Bartheke, vor der die Gäste sitzen. Auf der Theke ist ein kleines Fließband installiert, auf dem kleine Teller mit japanischen Gerichten und Sushi am Gast vorbeifahren. Die »dishes«, die uns gefallen, nehmen wir einfach vom Band. Außerdem gibt es noch kleine Zapfhähne mit Tee, an denen sich die Gäste kostenlos bedienen können. Wenn man sich satt gegessen hat, zählt ein Kellner die Telleranzahl und wir zahlen pro Teller 1,99 Dollar plus Tax, Trinkgelder nehmen die Japaner aus Höflichkeit nicht entgegen. Darauf weist extra ein Schild im Lokal hin. Wahrscheinlich werden sich die Bedienungen aber auch hier über kleinere Trinkgelder freuen. Die Sushigerichte sind supergünstig und schmecken ausgezeichnet. Mit Freunden, die uns aus Deutschland besuchen, gehen wir in dieses Lokal – auch sie sind begeistert.

Peter lädt uns hin und wieder in das New York Penta-Hotel zu einem Drink ein. Hier gibt es gleich neben *Macy's*, dem größten Kaufhaus der Welt, und gegenüber dem Madison Square Garden ein hervorragendes deutsches Restaurant, den Bräukeller. Wer würde schon in einer solch lebhaften und bekannten Region New Yorks ein derartigen Lokal erwarten?

Um auf den Spuren der deutschen Einwanderer zu bleiben, muß man das deutsche Viertel in der 86th Straße, Ecke 3rd Avenue erwähnen, wo es deutsche Lebensmittel-Geschäfte, Kneipen, Zeitungsläden und Cafés gibt. Sehenswert sind für uns natürlich auch die Museen of Modern Art, das Guggenheim, Metropolitan of Art und das Lincoln Center mit der berühmten *Met*, der Metropolitan Opera.

Auch am Broadway sind wir unterwegs: Im Wintergarden Theatre sehen wir uns das weltberühmte Musical »Cats« an, in dem für unseren Geschmack allerdings nicht mehr genug Dynamik steckt, weil es hier vielleicht schon zu lange von diesem Ensemble gespielt wird. Die Inszenierung ist nicht schlecht, begeistert uns jedoch nicht.

Besser gefällt uns da schon die Dreigroschen-Oper, obwohl sie schlechte Kritiken bekommt und kurze Zeit später abgesetzt wird. Die Rolle des Mackie Messer spielt übrigens der Rockmusiker Sting im Lunt Fontaine Theatre im Broadway-District. Die Eintrittskarten haben wir zum halben Preis beim Ticketschalter auf dem Times Square erworben. Dort bekommt man Karten für denselben Aufführungstag zwischen 10 und 14 Uhr für die Nachmittagsvorstellungen und zwischen 15 und 18 Uhr für die Abendvorstellungen.

Im berühmten Madison Square Garden sind wir Zuschauer beim Virgina Slims Damen Masters-Turnier mit Steffi Graf und beim Nabisco Herren Masters mit Boris Becker. Sowohl die Halbfinals als auch die Endspiel-Matches erleben wir live. Peter konnte uns die Eintrittskarten besorgen. Die riesige Rundhalle ist mit einem Fassungsvermögen von 18 000 Zuschauern sehr beeindruckend. Bei den Spielen von Boris Becker und Steffi Graf machen sich die deutschen Besucher häufig lautstark bemerkbar. Es ist ein schönes Erlebnis, die Tennisstars einmal live zu erleben. Vor allem die Geschwindigkeit, mit der meistens gespielt wird, ist schon beeindruckend; die Spiele wirken im Fernsehen nicht annähernd so dynamisch wie auf dem Court.

Mitte November findet in Far Hills, New Jersey, auf dem großen AT & T-Parkgelände ein exklusives Hunt-Galopprennen als Vorausscheidung um den berühmten »Breeders Cup« statt. Bereits Monate zuvor ist dieses Pferderennen ausverkauft. Viele Firmen aus der Umgebung mieten dafür Stellplätze, rundum und inmitten der Rennbahn, auf denen sie mit ihren Autos stehen und eine tolle Picknick-Session zelebrieren. Der Renntag verläuft etwas anders, als Pferderennen normalerweise in Europa veranstaltet werden. Es gibt keine Wett-Totalisatoren. Die Besuchergruppen wetten nur privat untereinander, was ihnen auch viel Spaß bereitet. Insgesamt ist der Renntag ein großes Volksfest im Freien, an dem über 100 000 Menschen teilnehmen. Die eigentlichen Rennen werden von vielen Besuchern gar nicht live gesehen, sie kümmern sich mehr um das Essen und Trinken an den eigenen Buffet-Tischen.

Das Drumherum ist wahnsinnig interessant. Die Leute haben sich meistens auffällige Sloane-Kleidung angezogen und kommen mit ihren exklusivsten Autos. Wir sehen viele alte Jaguars, Rolls-Royce, Cobras, Bugattis, Ford Model T's, Porsches, Aston Martins, Ferraris, Lambourghinis, alte Mercedes-Typen und viele mehr. Davor oder dahinter stehen Picknick- oder Buffet-Tische mit allerlei Gaumenfreuden. Auch als das letzte Rennen schon gelaufen ist, gehen die vielen Betriebsfeste mit Freunden und Bekannten weiter, bis zum Einbruck der Dunkelheit. Teilweise wird zu heißen Disco- oder Rap-Rhythmen getanzt, wobei einige Leute sogar auf den Autodächern stehen und diese fröhliche Stimmung genießen. Der Tag ist ein unglaublich eindrucksvolles Erlebnis für uns, bei dem wir auch das typische *Indian-Summer*-Wetter mit 30 °C erleben.

Die Bäume haben sich mittlerweile alle ungeheuer farbenfroh gefärbt. Wir unternehmen in dieser Zeit viele Fahrradtouren durch die herrliche Landschaft von Morris Country, der Umgebung von Madison. An dem Wochenende des New York Marathons veröffentlichen wir im Daily Record eine Zeitungsanzeige mit dem Ziel, unseren mittlerweile heiß geliebten Dodge Maxi-Van zu verkaufen. Zunächst versuchen wir es mit einem hoch angesetzten Preis und rechnen nicht mit besonderer Resonanz. Am Samstag erreichen uns auch nur zwei erfolglose Anrufe.

Deshalb riskieren wir es, am nächsten Tag nach New York zu fahren und nur Peter's Anrufbeantworter einzuschalten, um die riesige Marathon-Veranstaltung zu sehen. Wir positionieren uns zunächst an der Auffahrt zur Queensboro-Bridge, über die die Läuferinnen und Läufer von Queens aus nach Manhattan gelangen. Hier kommen schon die ersten Behinderten, die zwei Stunden vor dem Hauptfeld gestartet sind, vorbei. Sie werden mit besonders viel Beifall empfangen. An der First Avenue erleben wir dann die Ankunft der besten Teilnehmer, von hier aus müssen sie noch genau 10 Meilen zurücklegen. Dem Hauptfeld voran fährt der Bürgermeister New Yorks, hinter ihm folgt der Preis für den Sieger: ein nagelneuer Mercedes 500 SL, den der führende Läufer somit immer vor sich herfahren sieht. Der spätere Sieger, ein Sportler aus Tansania, liegt zu diesem Zeitpunkt bereits mit großem Vorsprung an der Spitze. Er hat ein wahnsinniges Tempo drauf und erzielt dann sogar einen neuen Marathon-Weltrekord.

Im Laufe der nächsten 15 Minuten folgen nur Spitzenläufer, bevor das bunte Hauptfeld der Freizeitsportler eintrudelt. Es sind unglaublich viele Läufer aus fast allen Ländern der Erde am Start. Kinder, Jugendliche, alte Männer und Frauen, Dicke, Dünne, Glatzköpfige, Rasta-Men, Läufer mit Turbanen, bunten Mützen und Schleifen im Haar. Alle werden mit viel Beifall von Tausenden von Zuschauern empfangen. An den Verpflegungsstationen geht es besonders ereignisreich zu, wenn fast alle Läufer von Helfern mit Getränken versorgt werden. Ganz New York steht im Zeichen dieser grandiosen Marathon-Veranstaltung, der über zwei Millionen Menschen beiwohnen.

Im Central-Park werden die Läufer dann stürmisch umjubelt und unter brausendem Beifall im Ziel empfangen. Viele Zuschauer begrüßen auch persönliche Bekannte oder Freunde, die an dem Lauf teilnehmen, und reichen ihnen etwas Verpflegung.

Als wir am Abend zurückkommen, befinden sich zwei Nachrichten von Interessenten für unseren Van auf dem Anrufbeantworter; sofort rufen wir zurück. Eine Frau, die sich gemeldet hat, wohnt auch in Madison. Sie kommt fünf Minuten später mit ihrem Mann, um sich unseren Dodge anzusehen. Jane ist sofort so begeistert, daß sie, ohne eine Probefahrt zu unternehmen (sie läßt nur den Motor laufen), eine Anzahlung von 200 Dollar leistet. Schnell einigen wir uns über den Kaufpreis von 2250 Dollar, mit dem wir natürlich sehr zufrieden sind. Am nächsten Tag geht alles reibungslos über die Bühne, wir erhalten den Restbetrag in

Letzte Politur vor dem Autoverkauf

bar, und unser Van ist verkauft. Wir sind wahnsinnig happy, weil alles schneller als erwartet ging und wir nie mit so viel Geld gerechnet hatten. Nach 30 000 Meilen und einem Jahr Nutzung haben wir, wenn man die Reparaturen einrechnet, nichts an dem Auto verloren und beim Verkauf 600 Dollar mehr erzielt, als wir bezahlt haben. Ein Super-Deal für uns.

Im berühmten Ballsall des Waldorf Astoria Hotels kann Heike bei einer jüdischen Veranstaltung einem deutschen Fotografen assistieren. Dabei habe ich auch Gelegenheit, an diesem Abend die hervorragende Rede von Henry Kissinger zu hören, in der er sich positiv über eine deutsche Wiedervereinigung im Rahmen der Europäischen Gemeinschaft äußert, die er schon glaubte nicht mehr erleben zu können. Die Veranstaltung ist sehr professionell aufgezogen. Zum Schluß spielt eine hervorragende Big Band heiße Tanzrhythmen. Der äußere Rahmen ist natürlich vom Feinsten.

Am letzten Donnerstag im November wird dann der *Thanksgiving-Day* gefeiert. Es ist der größte Feiertag neben dem Weihnachtsfest in den USA und wird mit großem Aufwand im Kreise der Familien gefeiert.

Am frühen Morgen des Feiertages fahren wir mit Peter nach Manhattan zum Times Square und erleben dort mit unseren Freunden Frank und Claudia die *Macy's Thanksgiving Parade*. Zu diesem Umzug kommen Musikkapellen und Tanzgruppen aus dem ganzen Land nach New York. Sie haben sich in anspruchsvollen Ausscheidungswettbewerben für ihren Platz in der Parade qualifiziert. Am Abend vor dem Ereignis und während der ganzen Nacht werden die riesigen Phantasie-Figuren aus dem Comic-Bereich mit Heliumgas gefüllt, damit sie leicht, in schwebendem Zustand, durch die engen Häuserschluchten Manhattans geführt werden können. Es liegt zur Zeit viel Schnee in New York, doch trotz der kalten Außentemperaturen verfolgen Millionen von New Yorkern die Parade vom Straßenrand aus. Wir sehen die riesigen Helium-Figuren, die Snoopy, Garfield, Spiderman, Goofy, Mickey Mouse und viele mehr darstellen. Sogar Telly Savallas (Kojak) wird stürmisch begrüßt, als er, in einer offenen Kutsche sitzend, vorbeifährt. Die Veranstaltung wird vom Kaufhaus Macy's organisiert und finanziert. Im ganzen Land ist sie von Coast to Coast live im Fernsehen zu sehen. Die Parade startet am Central Park und führt über den Broadway bis zu Macy's Kaufhaus in der 32. Straße. Zum Schluß der Parade fährt der Weihnachtsmann auf seinem Schlitten vorbei, womit dann die offizielle Weihnachtssaison beginnt. Nun werden auch die Weihnachtsschaufenster der Warenhäuser gezeigt.

Anschließend fahren wir nach Madison zurück und feiern den Tag nach amerikanischer Tradition. Heike hat im Bratrohr einen *Turkey* mit Kartoffelgratin vorbereitet, was uns allen hervorragend schmeckt. Mit gutem Essen und vielen Leckereien wird der *Thanksgiving-Day* ähnlich begangen wie bei uns die Weihnachtsfeiertage. In Amerika leitet er die Phase der Vorweihnachts- und Adventszeit ein.

An den folgenden Tagen werden die Schaufenster-Dekorationen der Kaufhäuser und Geschäfte feierlich der Öffentlichkeit präsentiert. Die großen Kaufhäuser dekorieren mit wochenlangen Vorarbeiten besonders kunstvolle Schaufenster, deren feierliche Präsentationen immer mit Spannung erwartet und vom Fernsehen live übetragen werden. Lord & Taylor zeigt sechs Fenster mit historischen Weihnachtsszenen aus dem alten New York mit detailgetreuen Puppen, die zum Beispiel in der alten Metropolitan Opera oder dem Waldorf Astoria tanzen. Vor dem Rockefeller-Center wird tagelang ein 30 m hoher Weihnachtsbaum so voll geschmückt, daß kaum noch etwas vom Tannengrün zu sehen ist. Dann wird er etwa drei Wochen vor Weihnachten im Rahmen einer großen Feier zum erstenmal erleuchtet. Zigtausend Menschen wohnen diesem Ereignis bei.

In den letzten Wochen vor Weihnachten ist New York phantastisch schön, und der Lichterglanz der Fifth, Madison und Park Avenue ist sehr eindrucksvoll. Allerdings ist es in den letzten Tagen vor dem Fest kaum noch möglich, in eines der großen Kaufhäuser zu gehen. Zu jeder Tageszeit sind sie gerammelt voll mit Käufern, und wir fühlen uns in dieser Menschenmenge nicht mehr wohl. Man wird einfach mit dem Strom der Menge durch die Kaufhäuser geschwemmt. Besonders schlimm ist die Hektik bei Macy's.

Viel schöner und gemütlicher geht es in den hübschen Städten New Jersey, Chatham, Madison und Morristown zu, die bei Lichterglanz und Schnee aussehen wie verträumte Märchenstädte. Obwohl in Amerika alles sehr kommerziell und bunter ist als in Deutschland, wirkt der kunterbunte Lichterglanz, der auch vielfach aus privaten Wohnungen leuchtet, nur selten kitschig, sondern eher romantisch.

Obwohl wir seit ein paar Wochen kein Fahrzeug mehr besitzen, erreichen wir alle Ziele mit Bussen oder Bahnen. An einem Abend besucht uns Henry mit Frau, Tochter und Mutter, die aus Kenia gekommen ist und für einige Wochen ihre Kinder in Amerika besucht. Wir erleben einen interessanten Abend und treffen uns zwei Wochen später in seinem neuen Haus in Long Branch. Sie wohnen dort viel schöner als in Jersey City. In zwei Minuten können sie zu Fuß den feinsandigen Atlantikstrand erreichen. Long Branch liegt eine Stunde südlich von New York an New Jerseys Atlantikküste und ist im Sommer mit vielen Wochenendausflüglern überfüllt. Wir sind zwei Tage Gast in Henrys Haus.

In dieser Zeit unternehmen wir schöne lange Strandspaziergänge und freuen uns am Abend, Henry in seinem Familienleben zu erleben. Interessant zu beobachten, wie Henrys zweijährige Tochter Haki uns aufmerksam mustert, bevor sie nach einigem Zögern unsere relativ glatten, hellen Haare untersucht, welche ihr ja unbekannt sind. Nach einer kurzen Phase von verlegener Schüchternheit spielt sie dann ungehemmt mit uns. Die Kleine hätten wir am liebsten gleich mitgenommen, so süß ist sie. Henrys Mutter besitzt in Kenia eine Farm, wo sie für Haushalt und Landwirtschaft viele Angestellte zur Verfügung hat, die sie verwöhnen und bewirten. Während ihrer Zeit hier bei Henry ist sie tatsächlich nicht in der Lage, ihren Lebensstil für einige Wochen etwas zu ändern. Henry und seine Frau Mary müssen die Mutter den ganzen Tag bedienen, auch wenn die beiden erschöpft von der Arbeit nach Hause kommen. Nach der afrikanischen Tradition müssen die Kinder ihre Eltern im Alter versorgen. Deswegen ist Kinderreichtum dort immer noch unabdingbar. Mit einem sehr schmackhaften afrikanischen Abendessen verabschieden uns Henry und seine Familie. Wir hoffen sie in Deutschland wiederzusehen.

Peter lädt uns zum Abschied noch einmal zum Essen ein. Die letzten Tage verbringen wir damit, unser sehr umfangreiches Gepäck zu verstauen. Für den Transport zum Flughafen benötigen wir einen VW-Bully, mit dem Peter und sein Freund Lauren uns dorthin chauffieren. Drei große, vollgestopfte Reisetaschen und einen extrem schweren 68-l-Pappkarton geben wir als Gepäck beim Einchecken auf, insgesamt wiegen diese Gepäckstücke bestimmt 200 kg. Dazu kommt noch unser umfangreiches Handgepäck, das wir kaum tragen können. Peter hatte schon Sorgen, wir würden ihm einigen Krempel zurücklassen. Wieder haben wir großes Glück, und bei der PIA werden nur die aufgegebenen Gepäckstücke gezählt (pro Person sind zwei erlaubt), ohne das Gewicht zu berücksichtigen. Tatsächlich kommen wir, ohne zusätzliche Gebühren zahlen zu müssen, mit unserem gesamten Gepäck nach Deutschland. (Freunde von uns mußten bei einer bekannten Charterfluglinie sofort eine hohe Gebühr entrichten, als sie nur ein sehr geringes Übergepäck mitführten.) Nach einem problemlosen, sogar pünktlichen Flug landen wir in Frankfurt und werden dort von unseren Familien abgeholt.

So geht unser abenteuerliches Jahr in Amerika zu Ende, in dem wir viel erlebt, gesehen und vor allem gelernt haben. Wir haben es in vollen Zügen genossen. Wir können jedem, der die Möglichkeit dazu hat, empfehlen, auch so eine Reise zu unternehmen. In Deutschland müssen wir uns zunächst einmal abgewöhnen, in Geschäften oder Lokalen auf englisch zu bestellen. Noch schwerer wird es für uns sein, daß die Geschäfte bis auf Donnerstagabend pünktlich um 18.00 Uhr schließen.

Reisetips

Die nachfolgenden Tips und Informationen gründen auf Tatsachen und Erfahrungen, die uns aufgefallen sind oder die wir selbst gemacht haben. Sie treffen hauptsächlich auf die USA zu, da wir uns dort die meiste Zeit aufgehalten haben. Die Informationen haben wir nach bestem Wissen und Gewissen zusammengestellt.

Ankunft

Schon im Flugzeug sind zwei Formulare auszufüllen. Einmal ein Zollformular, worin zu verzollende Waren einzutragen sind. Das andere Formular ist ein Einwanderungsformular, in dem man den Grund und die Dauer des USA-Aufenthalts eintragen muß. Besitzt man nur das Touristen-Visum, dann sollte man als Grund auch immer nur »Urlaub« eintragen, auch wenn dies nicht der Fall ist. So kommen keine Fragen auf. Wichtig ist es auch, eine Adresse in den Staaten parat zu halten, denn diese muß in das Formular eingetragen werden. Es kann die Adresse eines x-beliebigen Hotels sein, im Notfall können Sie eine aus einem Prospekt oder Reiseführer aussuchen.

Am Flughafen geht es erst mal zum *Immigration Office*, der Einwanderungsbehörde. Dort gibt man das Einwanderungsformular ab und muß zumeist noch einige Fragen beantworten. Am besten Travellerschecks und Kreditkarte bereithalten, denn eine der Hauptfragen ist »Womit möchten Sie Ihren Aufenthalt bezahlen?« Dabei ist es auch sehr von Vorteil, schon ein Rückflugticket zu besitzen, gewissermaßen als Nachweis für die gesicherte Wiederausreise. Wir hatten zum Beispiel unseren Rückflug vier Monate nach Ankunft gebucht und konnten dann einmal kostenlos umbuchen.

Meistens gibt es jedoch keine Probleme und man bekommt eine Aufenthaltsgenehmigung von maximal sechs Monaten. Weiter geht's zum Gepäckband und dann zur Zollbehörde, wo man sein ausgefülltes Formular abgibt.

Ist schon ein Mietauto oder ein Hotel in Flughafennähe gebucht, gibt es am Ausgang Service-Telefone, von wo aus ein Zubringerdienst zum jeweiligen Hotel oder Car Rental gerufen werden kann.

Alkohol

Das Alkoholgesetz ist von Staat zu Staat unterschiedlich. Man muß mindestens 18 bzw. 21 Jahre alt sein, um Alkohol trinken zu dürfen. Oft wird nach dem I. D., einem Ausweis, gefragt, um das Alter zu überprüfen. Ist man unter dem benötigten Alter, darf man auch nicht die Bar oder Kneipe betreten, in der Alkohol ausgeschenkt wird. In einigen Bundesstaaten wird auch in Lebensmittelgeschäften kein Alkohol verkauft, dafür gibt es extra *Liquor Stores*. Auch gibt es in vielen Restaurants und in den meisten Fast Food-Läden keinen Alkohol. Verboten ist es auch, offene Alkoholflaschen in der Öffentlichkeit, vor allem in Autos, mitzuführen. Sie sollten selbst geschlossene Flaschen oder Dosen nur verpackt transportieren, am besten im Kofferraum. Auch auf offener Straße gehören die Flaschen (Dosen) verhüllt.

Arbeiten

Legal in den Staaten zu arbeiten ist nur möglich, wenn man Kontakt zu einem Arbeitgeber hat, der die Arbeitserlaubnis beantragt. Das ist insofern sehr schwierig, da der Arbeitgeber beweisen muß, keine gleichwertigen amerikanischen Arbeitskräfte zu finden.

Illegal zu arbeiten ist nur dann möglich, wenn man bei der Bewerbung eine Social Security-Nummer und eine Alien-Nummer, achtstellig, in die Applications (Arbeitsformulare) einträgt und hofft, daß der Arbeitgeber sie nicht überprüft. Dazu ist er eigentlich verpflichtet. Mittlerweile muß auch der Arbeitgeber enorme Strafen zahlen, wenn er jemand illegal beschäftigt. Wird man erwischt, kann man ausgewiesen werden und darf fünf Jahre nicht mehr in die Staaten einreisen, oder es droht sogar Gefängnisstrafe. Illegale Arbeit ist also riskant, aber wenn man nur kurze Zeit an einem Ort arbeitet und keinem Menschen davon erzählt, der einen anzeigen könnte, ist die Gefahr relativ gering.

Arzt

Für USA und Kanada braucht man eine Zusatzversicherung, da es kein Krankenversicherungsabkommen zwischen Amerika und Deutschland bzw. der Schweiz oder Österreich gibt.

Benötigt man einen Arzt, sollte man am besten den Telefon-Operator (die »0«) anrufen, er ist für solche Fragen gewappnet. Am Wochenende kann man auch den Emergency Room des nächsten Krankenhauses aufsuchen. Medikamente gibt es im Drugstore oder einer Pharmacie, die häufig im hinterem Teil eines großen Supermarktes zu finden sind, zu erkennen an dem Schild »Drugs« über dem Supermarkt.

In den Staaten sind viele Medikamente wesentlich preiswerter als bei uns, z. B. Schmerztabletten. Häufig gibt es dieselben Medikamente mit unterschiedlichem Namen, aber der gleichen Zusammensetzung. Zumeist sind dann diese Kopien wesentlich preiswerter als die Originale. Am besten den Apotheker fragen, ob sie wirklich genauso gut sind. Rezeptpflichtige Medikamente bekommt man auch nur vom Apotheker, der hinter einer Theke der Drogerie-Abteilung steht. Für rezeptfreie Medikamente sind genauso große Sicherheiten vorhanden wie in Deutschland. Ist man weitergereist und hat immer noch dieselben Beschwerden, aber keine Medikamente mehr, muß man nur den Arzt anrufen, der die Behandlung durchgeführt hat. Der Arzt ruft dann in der genannten Apotheke an und gibt das Rezept mündlich durch. Also in solchen Fällen vorher einen Drugstore in der Nähe suchen, dessen Telefonnummer aufschreiben und diese dem Arzt durchgeben.

Auto

Auto mieten: Am billigsten wird es, wenn der Wagen von Deutschland aus gemietet wird, da die einzelnen Firmen zumeist Spezialpreise haben, die aber nur gewährt werden, wenn einige

Wochen im voraus gebucht wird. Vor Ort kommt zu dem schon im Heimatland bezahlten Preis meist noch eine Versicherungssumme dazu, zwischen 5 und 10 $ am Tag. Am besten genau nachfragen, ob und wie hoch diese Summe ist. Personen unter 25 Jahren erleben oft eine böse Überraschung, da sie den doppelten Versicherungspreis zahlen müssen und viele Reisebüros diese Information nicht weitergeben. Oft wissen sie auch gar nichts davon. Ohne Kreditkarte kann man bei manchen Firmen kein Auto mieten, bzw. man muß viel Geld hinterlegen.

In den Staaten ist es oft nicht möglich, den Wagen woanders abzugeben als an dem Ort, wo er auch in Empfang genommen wurde, bzw. andernfalls werden dann hohe Rückführungskosten verlangt. Von daher ist es immer von Vorteil, eine Rundreise zu planen.

Auto kaufen: In der Wochenendausgabe der Zeitungen oder in dem an Tankstellen und z. B. Seven-Eleven-Läden zu erhaltenden »Auto Trader« sind die besten Anzeigen zu finden. Gut ist es, sich für ein paar Tage erst ein Auto zu mieten, um mobil zu sein und überall hinfahren zu können. Gebrauchtwagen beim Händler sind meist wesentlich teurer, haben aber oft eine Garantie (warranty). Nur hilft die einem einige tausend Meilen weiter auch nicht viel.

Beim Kauf darauf achten, daß einem »Title« (Fahrzeugbrief) und Kaufvertrag ausgehändigt werden, sonst kann man den Wagen nicht anmelden und bekommt Schwierigkeiten beim Wiederverkauf. Der nächste Weg führt zum *Registration Office*, wo der Wagen angemeldet wird. Dort ist eine bundesstaatlich unterschiedlich hohe Steuer auf den Kaufpreis des Wagens zu zahlen, in New Jersey z. B. sechs Prozent. Bei der Anmeldung ist meistens noch ein Versicherungsschein vorzulegen, während in manchen Staaten kein Versicherungsschutz gefordert wird. Wir hatten unsere Versicherung schon in Deutschland abgeschlossen. Die Tour Insurance in Hamburg vermittelt Versicherungen für USA und Kanada. Dabei hat man den Vorteil, bei etwaigen Unfällen auch nach der Rückkehr mit Hamburg alle Formalitäten klären zu können, und man spart sich hohe Telefonkosten mit Amerika.

Man bezahlt im voraus, indem man die voraussichtliche Größe des Wagens angibt. In den Staaten füllt man dann die Versicherungs-Doppelkarte mit allen Daten aus und schickt diese nach Hamburg. Bei Abschluß einer Versicherung ist wieder das Alter wichtig, unter 25 wird's teurer. Auch sollte man eine Adresse parat halten, die dann in den Title eingetragen wird. In einigen Staaten wird einem der Title erst nach ein paar Wochen zugeschickt, in New Jersey bekamen wir ihn sofort.

Beim Verkauf des Wagens sollte man sich ein paar Tage Zeit lassen, sonst geht es nur über einen Händler, und die zahlen bekanntlich so wenig wie möglich.

In den meisten US-Bundesstaaten braucht man eine *Inspection*, eine Art TÜV, nur weniger streng. Hat der Wagen keine Inspection mehr und man verläßt den Staat sowieso bald, dann braucht man sich nicht darum zu kümmern. In den anderen Bundesstaaten fragt keiner danach.

Autopanne

Bei einer Panne solle die Motorhaube hochgeklappt und ein weißes Tuch an die Antenne gehängt werden. Jeder erkennt dann dieses Zeichen, daß man Hilfe benötigt, und zumeist hält auch jemand nach kurzer Zeit. Amerikaner sind sehr hilfsbereit, besonders Truckfahrer, die dann über CB-Funk einen Abschleppwagen oder was auch immer herbeirufen können. Abgelegene Highways werden regelmäßig von einer Highway-Control abgefahren.

Behinderte

Einrichtungen für Behinderte, speziell Gehbehinderte, sind in den Staaten wesentlich besser als bei uns. Fast jede öffentliche Toilette hat extra Toiletten für Rollstuhlfahrer. In den meisten Restaurants, speziell in denen der Fast Food-Ketten, sind entsprechende Vorrichtungen installiert. Rampen für Rollstuhlfahrer sind häufig vorhanden, ob vor dem Supermarkt, vor der Post oder vor einem Restaurant. In den Freizeitparks sind Rollstühle auszuleihen

(auch Kinderwagen). In den Nationalparks sind die meisten Sehenswürdigkeiten auch mit dem Rollstuhl zu erreichen. Viele
große Hotels verfügen über spezielle Zimmer für Rollstuhlfahrer.
Parkplätze für Behinderte gibt es in ausreichender Anzahl.

Botschaften

Amerikanische Botschaft in der Bundesrepublik Deutschland:
Deichmanns Aue, 5300 Bonn, Tel. 02 28-33 91

US-Generalkonsulate:
Tempelhofer Damm 1–7, 1000 Berlin 42, Tel. 0 30-8 32 40 87
Cecilienalle 5, 4000 Düsseldorf, Tel. 02 11-49 00 81
Silsmayerstr. 21, 6000 Frankfurt/M., Tel. 0 69-74 00 71
Alsterufer 27–28, 2000 Hamburg 36, Tel. 0 40-44 10 61
Königinstr. 5, 8000 München 22, Tel. 0 89-2 30 11
Urbanstr. 7, 7000 Stuttgart 1, Tel. 07 11-21 02 21

Kanadische Botschaft:
Friedrich-Wilhelm-Str. 18, 5300 Bonn, Tel. 02 28-23 10 61

Kanadische Generalkonsulate:
Immermannstr. 65, 4000 Düsseldorf, Tel. 02 11-35 34 71
Talstraße 29, 8000 München, Tel. 0 89-22 26 61

Deutsche Botschaft in den USA:
4645 Reservoir Rd., NW Washington, D.C. 2007,
Tel. 2 02-3 31 30 00

Deutsche Botschaft in Kanada:
1 Waverley Street, Ottawa, K1N 8V4, Tel. 6 13-2 32

Einkaufen

Außer in New York und in Kanada gibt es selten die bei uns üblichen Einkaufsstraßen. Dafür gibt es riesige Shopping-Center,
Malls genannt, meist am Straßenrand gelegen. Es sind riesengroße Hallen, in denen sich Hunderte von kleinen Boutiquen und einige große Warenhäuser und Departement Stores befinden. Sie

sind täglich bis 21 oder 22 Uhr geöffnet, sonntags teilweise bis 17 Uhr. Wichtig beim Einkaufen zu beachten sind die Steuern, die immer noch zusätzlich zu den ausgezeichneten Preisen zu zahlen sind.

Lebensmittelläden befinden sich meistens an den großen Durchfahrtsstraßen am Stadtrand. Das Angebot ist um einiges vielfältiger als bei uns. Zum Beispiel hat man bei den begehrten Cereals (Corn Flakes etc.) eine Auswahl von bestimmt 30 Sorten. Auch auf Lebensmittel ist eine von Staat zu Staat unterschiedliche Tax zu zahlen. In jedem größeren Ort gibt es meistens einen Lebensmittelmarkt, der 24 Stunden geöffnet ist. Ansonsten schließen die Märkte zwischen 21 und 22 Uhr und sind auch das ganze Wochenende über geöffnet.

Elektroartikel

Sie sind im wesentlichen billiger als bei uns, nur muß man darauf achten, ob sie bei uns anschließbar sind. In den Touristengegenden der großen Städte reiht sich meist ein Elektroladen neben dem anderen. Oft werden unverschämte Preise verlangt, die man runterhandeln muß. Vorsichtshalber den Preis für das gewünschte Produkt vor dem Kauf in einem Warenhaus erfragen. In den Läden dann soweit handeln, bis es sich lohnt. Auf Garantiebescheinigung achten.

Essen

Die teuerste Art der Verköstigung ist sicherlich, in Restaurants zu speisen. Zum einen ist das Essen dort meistens sowieso teurer und dann kommt stets etwa ein sechsprozentiger Steueraufschlag hinzu. Vom Gesamtbetrag werden zudem noch 15 bis 20 Prozent *Tip* (Trinkgeld) für die Bedienung erwartet. Letzteres sollte man auch immer geben, da die Kellner und Kellnerinnen hauptsächlich vom Trinkgeld leben müssen. Sie bekommen einen sehr geringen Stundenlohn. Die Gäste bekommen immer eine bestimmte Bedienung zugewiesen, von der sie die ganze Zeit bedient werden. Es lohnt sich nicht, eine andere Person um ein Getränk zu bitten. Trinkt man, wie in den Staaten sehr beliebt, vor dem Essen einen Cocktail an der Bar, so ist auch dort Trinkgeld zu hinterlassen.

In den meisten Restaurants befindet sich am Eingang ein Schild »Please wait. You will be seated«, welches besagt, zu warten, bis man einen Platz zugewiesen bekommt. Auch wenn Tische frei sind, bringt es nichts, sich einfach zu setzen. Man wird dann häufig nicht bedient.

In Amerika ist es nicht peinlich, sich seine Essensreste mitzunehmen. Auf Wunsch verpackt die Bedienung die Reste in ein sogenanntes »Doggy Package«. Durchaus üblich ist es übrigens, sich in einem Restaurant etwas zum Mitnehmen (for to go) zu bestellen. Auf diese Weise umgeht man die Tips und die zusätzlichen Getränke. Man geht einfach zur Kasse und bestellt das Gewünschte. Sehr gut funktioniert es in chinesischen Restaurants. Deren Portionen sind so reichlich, daß oft eine für zwei Personen reicht. Eine andere Möglichkeit, preiswert in Restaurants zu essen, ist auf die Daily Specials zu achten, die Angebote des Tages, oder auf die »All you can eat«-Buffets, wo man soviel essen kann, wie man will.

Weitaus preiswerter und gar nicht immer so schlecht sind Fast Food-Restaurants. Es müssen nicht immer Hamburger und French Fries (Pommes Frites) sein – es gibt da sehr viele unterschiedliche Läden, wie mexikanische Taco Bells, Carls Junior oder Kentucky Fried Chicken. Die meisten haben sehr gute Salad Bars. Problematisch ist es nur, wenn man gewohnt ist, Mineralwasser zu trinken. Das gibt es außer in New York nur sehr selten. Dafür gibt es überall den unvermeidlichen Iced Tea und natürlich die Soft Drinks wie Coca-Cola, Fanta, Sprite etc. Auch ist es in den Staaten üblich, Kaffee zu den Mahlzeiten zu trinken. Er ist meist wesentlich schwächer als bei uns und wird überall auch ohne Koffein angeboten.

Das Nachfüllen der Kaffeetasse ist kostenlos. Verlangt man das Bestellte »To Go«, d. h. zum Mitnehmen, wird es nochmals etwas billiger, da keine Tax zu zahlen ist. Wenn man es dann trotzdem im Restaurant ißt, stört es keinen.

Begehrt ist auch der »Drive Through«: Hierbei muß man nicht mal den Wagen verlassen, um sein Essen zu bestellen. Zunächst fährt man an den ersten Schalter, wo das Essen bestellt wird, dann geht's zum nächsten Schalter, wo bezahlt und das Gewünschte in Empfang genommen wird.

Viele Fast Food-Ketten haben auch ein gutes und preiswertes Frühstück. Auch wenn man in Hotels oder Motels übernachtet, das Frühstück ist fast nie im Preis enthalten. Viele Hotels haben dafür Coffee Shops.

Eine weitere Möglichkeit sind die »Food Corner« in den großen Malls. Das ist ein Ensemble verschiedenster Selbstbedienungstheken mit den unterschiedlichsten Gerichten.

In vielen Supermärkten gibt es neben der Salatbar auch noch einige warme Speisen zu kaufen wie Spare-Ribs, Chilli oder Hähnchen.

Die in den Vergnügungsparks angebotenen Speisen und Getränke sind übrigens nicht teurer als außerhalb. Man braucht also nicht zu fürchten, die bei uns üblichen Wucherpreise zahlen zu müssen. Dafür darf man aber häufig sein Butterbrot nicht mitnehmen.

Feiertage in den Staaten

1. Januar
3. Montag im Januar: Martin Luther King Geburtstag
3. Montag im Februar: George Washington Geburtstag
Letzter Montag im Mai: Memorial Day
4. Juli: Independence Day (Unabhängigkeitstag)
1. Montag im September: Labor Day
2. Montag im Oktober: Columbus Day
11. November: Veterans Day (Kriegergedenktag)
4. Donnerstag im November: Thanksgiving (Erntedankfest)
25. Dezember: Christmas (Weihnachten)

Die Amerikaner haben wesentlich weniger Feiertage als wir. Ostermontag, 2. Weihnachtstag und Pfingstmontag sind zum Beispiel keine Feiertage.

Auch bezahlten Urlaub haben sie weitaus weniger, manchmal nur zehn Tage im Jahr. Die Anzahl der Ferientage hängt von der Länge des Beschäftigungsverhältnisses ab. Im ersten Jahr besteht zumeist gar kein Anspruch auf bezahlten Urlaub. Dies ist auch der Grund, warum an den langen Wochenenden mit Feiertag alles überfüllt ist und die Hotels dann wesentlich teurer sind. Hauptreisezeit ist zwischen Memorial und Labor Day.

Fotografieren

Filme kosten ungefähr soviel wie bei uns, nur sollte man darauf achten, sie in einem Supermarkt zu kaufen. Am billigsten sind sie z. B. im K-Mart. In den Nationalparks oder besonders abgelegenen Orten sind sie um einiges teurer. Auch ist es dort manchmal schwierig, Dia-Filme zu bekommen.

Es gibt fast ausschließlich Kodak-Filme. Wer auf eine andere Marke schwört, sollte sich schon zu Hause versorgen. In jedem größeren Ort gibt es einen Ein-Stunden-Service für Papierbilder. Schwarzweißfilme werden wenig angeboten.

Geld

Sowohl in Kanada als auch in den Staaten gibt es den Dollar, wobei der kanadische Dollar etwas weniger wert ist als der amerikanische. Den amerikanischen Dollar gibt es als 1-, 5-, 10-, 20-, 50-, 100-, 500- und 1000-Dollar-Note, wobei jede Dollar-Note gleich groß ist und die gleiche Farbe hat, nur der Druck ist unterschiedlich. Große Scheine ab 100 Dollar werden manchmal nicht akzeptiert, aus Angst vor Fälschungen. Auch haben viele kleine Läden, z. B. Seven-Eleven oder Tankstellen, nachts nie mehr als 30 Dollar Wechselgeld in der Kasse.

1 Dollar hat 100 Cent, wobei es für die Geldstücke noch besondere Namen gibt: 1 cent = 1 penny, 5 cent = 1 nickel, 10 cent = 1 dime, 25 cent = 1 quarter, 50 cent = 1 half dollar.

Travellerschecks sind in den Staaten gleichbedeutend mit Bargeld, und sie gelten in jedem Restaurant, Laden oder Tankstelle als Zahlungsmittel. Sogar Privatpersonen nehmen Travellerschecks an. Man sollte nur darauf achten, die Schecks in kleinen Noten ausstellen zu lassen, 20- und 50-Dollar-Noten, auf jeden Fall in Dollar, denn mit Mark ist man aufgeschmissen. Überhaupt ist es sehr schwierig, deutsches Geld in den Staaten umzutauschen. Es geht nur an Flughäfen und in den großen Städten. Am besten schon alles zu Hause umtauschen und in Form von Travellerschecks mitführen. Die Eurokarte kann man getrost zu Hause lassen, in den Staaten wird sie nirgendwo anerkannt.

Am einfachsten und unkompliziertesten ist eine Kreditkarte. Auto mieten, Flüge buchen oder Hotelreservierungen sind ohne Karte manchmal unmöglich. Hat man kein eigenes Konto, so sollte man versuchen, eine Zeitkarte über die Eltern zu bekommen. Bei geringem Einkommen ist eine Eurocard über die Bank noch am einfachsten zu erhalten. Darauf achten, daß man auch eine Geheimnummer zugeteilt bekommt, denn dann kann man auch an Automaten Geld bekommen. Auch ist es kein Problem, mit einer Kreditkarte Geld in einer Bank abzuheben. Wichtig ist nur, zwei verschiedene I.D.'s mitzunehmen, also z. B. Führerschein und Reisepaß.

Am besten kommt man mit der Eurocard = Mastercard oder der Visacard über die Runden. Andere Karten werden häufig nicht angenommen, wider Erwarten wird American Express wegen der hohen Gebühren von Geschäften immer seltener akzeptiert. Wir haben es kein einziges Mal erlebt, daß ein Lokal oder Geschäft, wo man mit einer Kreditkarte zahlen kann, Visa oder Master nicht angenommen hat. An manchen Stellen, in erster Linie Tankstellen, ist mit fünf Prozent Aufschlag zu rechnen, wenn man mit Karte zahlt. Das entspricht dem Anteil, den der Ladeninhaber an die Kreditunternehmer zahlen muß. Übrigens, das Gerücht, in den Staaten könne man alles mit Karte zahlen, stimmt nicht. In vielen Supermärkten und Kaufhäusern werden keine normalen Karten akzeptiert, dort gibt es spezielle, die vom Unternehmen selbst. Auch sind Beträge unter zehn Dollar oft nicht mit Kreditkarte zahlbar. Mit Kreditkarten kann man übrigens auch telefonisch irgend etwas kaufen oder sein Flugticket zahlen. Man muß nur seine Nummer und das Ablaufdatum angeben.

Kleidung

So wenig mitnehmen wie möglich. Notfalls gibt es überall Waschsalons. Amerikaner kleiden sich sehr lässig, selbst in den Spielsalons von Las Vegas sind Jeans Standardkleidung. Nur wer abends in guten Restaurants speisen möchte, braucht Jackett und Krawatte bzw. ein Kleid. Die reichsten Leute sind in ihrer Freizeit häufig am durchschnittlichsten gekleidet. Selbst für Kalifornien sollte man aber einen warmen Pullover nicht vergessen, speziell bei den berüchtigten Nebellagen kann es kühl werden.

Maßeinheiten

Während in Kanada das metrische System angewandt wird, ist in den Staaten alles anders als bei uns. Hier einige Beispiele:
1 mile = 1,6 km; 1 inch = 2,5 cm; 12 inch = 1 foot = 0,3 m; 3 feet = 1 yard = 0,9 m; 1 ounce = 28 Gramm; 16 ounce = 1 pint = 0,45 l; 2 pint = 1 quart = 0,9 l; 4 quart = 1 gallon = 3,6 l (u. a. Berechnungseinheit für Benzin).

Nationalparks

Die schönsten Naturwunder der Staaten kann man in den Nationalparks bewundern. Unter staatlicher Aufsicht wird hier die Natur geschützt. Ranger kümmern sich um das Wohl der Besucher und besonders um Pflanzen und Tiere. In den Parks gibt es viele diesbezügliche Regeln, denen Folge zu leisten ist, sonst gibt es zum Teil hohe Strafen. Eine wichtige Regel ist zum Beispiel, nur eine bestimmte Anzahl von Menschen ins Hinterland zu lassen. Für mehrtägige Wanderungen braucht man besondere Genehmigungen, außerdem ist die Route mit dem Ranger abzusprechen. Besonderes Augenmerk wird auf die Unversehrtheit der Pflanzen- und Tierwelt gerichtet, so darf man z. B. während der Brutzeit nicht in bestimmte Gebiete. Aber auch für die Sicherheit des Wanderers ist gesorgt; Gebiete, in denen in letzter Zeit Bären gesichtet wurden, sind meistens gesperrt. Auch muß man sich bei Rückkehr wieder zurückmelden. Erfolgt keine Rückmeldung, werden Suchaktionen gestartet. In vielen Parks, besonders im Grand Canyon, sind begehrte Routen schon monatelang ausgebucht. Man sollte sich also rechtzeitig anmelden.

Die Parks kosten etwa für ein Auto einschließlich aller Insassen fünf Dollar pro Tag Eintritt. Hat man vor, mehrere Parks zu besuchen, lohnt sich der *Golden Eagle Pass* für 25 Dollar. Damit ist der Eintritt in jeden Nationalpark während eines Kalenderjahres frei. Für Senioren gibt es den Golden Age Pass, womit auch Campingplätze in den Parks billiger sind. Für die State-Parks gelten die Pässe allerdings nicht, teilweise wird hier von den Gemeinden Eintritt erhoben.

Campingplätze sind in den wenigsten Parks im voraus zu buchen. Wer zuerst da ist, bekommt einen Platz. Von daher ist es günstig, einen Park morgens zu erreichen und sofort einen Platz zu belegen. Erst dann sollte man zu den Sehenswürdigkeiten fahren.

Der zweite Schritt sollte zum Visitor Center führen, ein Informationszentrum für alle Sehenswürdigkeiten und Besonderheiten des Parks. Dort sind auch Wanderkarten erhältlich und die Back-Country Permission, also die Erlaubnis, im Hinterland zu wandern. Durch die Parks führt meistens eine Rundstraße, und nach kurzem Fußmarsch sind die meisten Naturereignisse zu sehen. Viele Wege sind geteert, also auch kein Problem für Rollstuhl oder Kinderwagen.

Post

Die Post in den Staaten ist nur für den Brief- und Packetdienst da.

Telefonieren und Telegramme abschicken ist dort nicht möglich, das Telefon ist in privater Hand. Briefe und Karten nach Europa sind wesentlich günstiger als umgekehrt. Briefe kosten 45 und Postkarten 36 Cents. Es ist auch kein Luftpostpapier nötig, da die Briefe nicht wie bei uns im Luftpostverkehr pro Gramm teurer werden. Die Öffnungszeiten der Postämter sind Montag bis Freitag 8–17 Uhr und Samstag von 8–12 Uhr.

Um sich Briefe postlagernd schicken zu lassen, sollte man möglichst kleinere Orte oder Städte wählen oder die genaue Anschrift eines Postamtes angeben. In Großstädten ist es komplizierter, in Miami z. B. liegt das Hauptpostamt außerhalb der City am Flughafen. Da dort aber keine Post gelagert wird, gibt es nun vier verschiedene Postämter, wo die Briefe hingehen können.

Die postlagernden Briefe sollten wie folgt adressiert sein:

Name
general delivery
main post office
Ort,
Bundesstaat, zip code
USA

Rauchen

Im allgemeinen ist das Rauchen in den Staaten in öffentlichen Gebäuden und während Flügen bis zu zwei Stunden verboten. Bei vielen Fluglinien darf gar nicht geraucht werden. In den Hotels gibt es auf Anfrage Nichtraucherzimmer, und in den Restaurants sind Nichtraucherecken üblich. Insgesamt scheint in den Staaten viel weniger geraucht zu werden als bei uns.

Rest Areas

Die Picknickplätze entlang der Highways sind zumeist großzügig bemessen und liegen häufig etwas ab von der Straße. Es gibt verschiedene Eßplätze mit Bänken und Tischen und fast immer einen Grill. Da man im allgemeinen bis zu 24 Stunden auf einer Rest Area bleiben darf, sind sie günstig zum Übernachten. Nur sollte man sich von den Trucks fernhalten, da deren Motoren meistens die ganze Nacht durchlaufen.

Sport

Manchmal hat man den Eindruck, die Amerikaner sind sportsüchtig. Egal wo man sich aufhält, überall wird gejoggt, gewalkt, gesurft etc. Gut besucht sind besonders die Recreation Areas, die es in jedem größeren Ort gibt. Neben einem Basketballfeld gibt es dort neben anderen Sportmöglichkeiten häufig auch Tennisplätze mit Flutlichtanlage, die jeder umsonst benutzen kann. Fahrräder und Rollschuhe sind häufig auszuleihen.

Strandleben

»Oben ohne« ist in den Staaten tabu, und FKK-Strände gibt es nur an ganz wenigen Stellen. Die Amerikaner sind auf diesem Gebiet sehr puritanisch, »oben ohne« gilt als unschicklich und kann sogar mit einem Knöllchen bestraft werden. Es geht sogar soweit, daß sich viele Amerikaner davor scheuen, sich am Strand umzuziehen, sie haben das Badezeug schon an und wechseln die nassen Sachen auf der Toilette. Auch zum Duschen gehen die Amis voll angekleidet in die Dusche, machen den Vorhang zu und ziehen sich erst dann aus.

Die Strände sich öffentlich, Kurtaxe oder ähnliches ist nirgendwo zu zahlen.

Strom

In den Staaten herrschen 110 Volt Gleichstrom. Umschaltbare Geräte und einen Adapter mitnehmen! Ein Adapter für 220-Volt-Geräte ist dort nur schwer zu bekommen.

Telefon

Telefonieren ist in den Staaten wesentlich billiger als bei uns. Auch ein Gespräch nach Europa ist billiger als umgekehrt. Ab 18 Uhr kosten drei Minuten nach Deutschland um die sieben Dollar. Von öffentlichen Telefonzellen mit Deutschland zu telefonieren geht nur über den *Operator*. Am einfachsten ist es, eine »0« zu wählen, worauf sich der Operator meldet. Man sagt die Zieladresse durch und gibt die Telefonnummer an. Dann fragt der Operator, wie man zahlen möchte. Zahlt man *cash*, also direkt, wird viel Kleingeld benötigt, da die Apparate nur Münzen annehmen. Also besser vorher bei einer Bank 10–20 Dollar in Quarter wechseln. Oft wählt der Operator die gewünschte Nummer zunächst an, und sobald sich jemand meldet, muß gezahlt werden. Es darf aber erst gesprochen werden, wenn gezahlt ist. Also am besten die Angehörigen darauf vorbereiten, daß erst der Operator mit ihnen spricht und daß es dann eine Zeit dauert, bis sich jemand meldet. Auch die Angerufenen dürfen nicht reden, da der Operator sonst nicht hören kann, ob genug Geld eingeworfen wird. Das Geld erst einwerfen, wenn der Operator es sagt und immer nur drei Dollar auf einmal. Wenn der Operator sein O. K. gibt, können die nächsten drei Dollar eingeworfen werden. Nach drei Minuten meldet der Operator sich wieder und sagt, was die nächsten drei Minuten kosten. Entweder man legt auf oder die Prozedur fängt von vorne an. Um sich diese zu ersparen, ist es günstig, sich eine Telefonkarte zu besorgen. Ist man im Besitz einer Visa Card, erhält man auf Anfrage die AT&T-Telefonkarte umsonst. Die Telefonrechnungen werden dann über das Visa-Konto abgebucht. So eine Karte vereinfacht das Telefonieren ungemein: Der Operator verbindet mit AT&T, nennt seine Kartennummer und die gewünschte Telefonnumer oder wählt diese selbst. Die Vorwahl der Bundesrepublik aus den USA lautet: 011 49; nach Österreich: 011 43; in die Schweiz: 011 41. Bei der Ortsvorwahl ist immer die »0« wegzulassen. In den USA ist das Telefon Hauptkommunikationsmittel. Sogar Verträge werden über Telefon abgeschlossen, und mit Hilfe einer Kreditkarte kann man einiges über Telefon kaufen.

Viele Firmen, die großen Hotelketten und die Fluglinien haben eine 1–800 Nummer, womit man kostenlos mit der gewünschten Firma telefonieren kann.

Temperaturen

Die Temperaturen werden in den Staaten in Grad Fahrenheit gemessen, in Kanada wie bei uns in Grad Celsius. Folgende Formel ist zum Umrechnen:

$$(F-32) \cdot 5/9 = {}^{\circ}Celsius \quad (C \cdot 9/5) + 32 = Fahrenheit$$

Einige Beispiele: 32 °F = 0 °C, 42 °F = 6 °C, 52 °F = 11 °C, 62 °F = 17 °C, 72 °F = 22 °C, 82 °F = 28 °C, 92 °F = 32 °C

Trinkgeld

In den Staaten ist es üblich, Hotelpersonal, Kellnern, Tankwärtern, Taxifahrern und auch Frisören Trinkgeld zu geben, meistens so um die 10 Prozent des Rechnungsbetrages. Besonders Kellner sind vom Trinkgeld stark abhängig, da ihr Lohn sehr gering ist. In Restaurants ist es üblich, 15 bis 20 Prozent des Rechnungsbetrages zu zahlen.

Truck Stop

Das sind Tankstellen, die mit besonderen Annehmlichkeiten Truckfahrer animieren wollen, dort zu tanken. In den oft angeschlossenen Restaurants gibt es dann z. B. eine Ecke nur für Truckfahrer, wo diese schneller bedient werden. Oft gelten auch spezielle Preise für die Fahrer. Zu den Truck Stops gehören Duschen, Aufenthaltsräume mit Fernseher und Spielautomaten, Krafträume zum Bodybuilding, Waschmaschinen und Trockner. Da die Duschen zumeist sehr sauber sind und nach jeder Benutzung wieder gereinigt werden, haben wir dort häufig unsere Wäsche gewaschen und in der Zwischenzeit geduscht. Meist gelang es Elmar, sich als Truckfahrer auszugeben, und wir bekamen Handtuch, Seife und Schlüssel für die Duschkabine gegen Kaution. Ansonsten kostet das Duschen dann so um die eins bis zwei Dollar.

Unterkunft

Am billigsten übernachtet man mit einem unauffälligen Camper am Straßenrand. Campingplätze gibt es in Hülle und Fülle, nur zur Hauptsaison ist in den Parks schnell alles belegt. Die Plätze in den staatlichen Parks und Wäldern kosten so zwischen fünf bis 7 Dollar. Sie sind oft nur mit Plumpsklo und Wasserhähnen ausgestattet. In der Nebensaison gibt es manchmal auch kein fließendes Wasser. Private Campingplätze sind wesentlich komfortabler, aber auch teurer. Viele Privatplätze sind nur für RV's (= Recreation Vehicle, Wohnmobil), d. h. es gibt keine Toiletten, und Zelte sind nicht zugelassen. Für Jugendherbergen den Internationalen Ausweis nicht vergessen. Wir nahmen sie nie in Anspruch, können also nicht mehr dazu sagen, als daß es sie gibt.

In den amerikanischen Semesterferien besteht für Studenten auch die Möglichkeit, auf einem Uni-Campus zu übernachten.

Motels sind kleine Hotels, vor denen man sein Auto in der Nähe seiner Zimmertür parken kann. Es gibt sie in allen preislichen Kategorien, preiswert ist die Motel-6-Gruppe. Aufpassen: Die an den Highways auf Reklametafeln angeschlagenen Preise gelten oft nur für Einzelzimmer. Bei der Preisnachfrage immer nach der Höhe der Steuern fragen, sonst erlebt man am nächsten Morgen unangenehme Überraschungen. Preislisten erhält man im Visitors Center der einzelnen Orte.

Hotels sind im allgemeinen die teuerste Variante zum Übernachten. Immer nach den *special rates* fragen, denn z. B. an Wochenenden sind viele Hotels bis zu 50 Prozent billiger. Es werden einem auch selten die Preise des billigsten Zimmers genannt. An Feiertagen erhöhen viele Hotels die Preise und sind lange ausgebucht, besonders am *Memorial Day Weekend*, am *Labor Day*-Wochenende und am 4. Juli.

Sowohl in den Motels als auch in den Hotels ist das Frühstück nicht im Preis inbegriffen, und auch nur in Hotels erhältlich bzw. im zugehörigen Coffee Shop.

Verkehrsregeln

Sowohl in Kanada als auch in den Staaten gelten in jedem Bundesstaat unterschiedliche Regeln. In Kanada gilt eine Höchstgeschwindigkeit von 50 km/h innerhalb von Ortschaften und von 100 km/h außerhalb. In den Staaten gilt 25–30 m.p.h. (40–48 km/h) innerhalb von Ortschaften und 55 m.p.h. (90 km/h) außerhalb. Auf einigen Highways darf man auch 65 m.p.h. (105 km/h) fahren. Es ist dann extra ausgeschildert. Man gewöhnt sich schnell an das langsame Tempo, wobei es ohnehin viel erholsamer ist, gemütlich zu fahren. Und man bekommt mehr von der Umgebung mit.

In einigen US-Bundesstaaten darf man nach vollständigem Halten bei Rot links abbiegen, sofern der Verkehr es zuläßt.

In den USA darf auch auf der Gegenbahn an Schulbussen, wo Kinder ein- und aussteigen, nicht vorbeigefahren werden. An den Bussen leuchten dann Warnlichter.

Visum

Seit Anfang 1990 reicht für die Staaten wie für Kanada ein gültiger Reisepaß, wenn man als Tourist einreist. Die bis zu einem halben Jahr andauernde Aufenthaltsgenehmigung wird vor Ort erteilt.

Waschsalons

Die gibt es in jedem Ort, und in vielen Hotels und Motels stehen Waschmaschinen. Die Salons sind wesentlich preiswerter als bei uns; Trockner sind immer ausreichend vorhanden. Die Waschautomaten brauchen nur 20 Minuten, Kochwäscheprogramm gibt es keines. Dadurch wird die Wäsche nicht immer so sauber wie gewohnt, besonders weiße Sachen werden schnell grau. Die Waschmittel enthalten auch keine Bleichmittel (Bleach), die tun die US-Bürger je nach Bedarf extra dazu. Bügeleisen werden Sie nirgendwo finden, der Amerikaner bügelt fast nie. T-Shirts und Hemden sind meist nur aus 50 Prozent Baumwolle, können dafür aber direkt aus dem Trockner angezogen werden.

Welcome und Visitor Center bzw. Tourist Information

An den großen Highways stehen hinter der Grenze eines jeden Bundesstaates die Welcome Center, also Begrüßungszentren, in denen man neben kostenlosem Kaffee Informationen über den

Bundesstaat bekommt. Die freundlichen Damen an der Theke beraten einen gerne, was besonders sehenswert in dem Staat ist und wo gerade etwas los ist. Sie versorgen die Besucher mit Kartenmaterial und zeichnen die schönsten oder die schnellsten Wege ein, je nach Bedarf. Oft geben sie einem erst nach höflichem Nachfragen eine ausführliche Informationsbroschüre über den Staat. Weiter gibt es in den Welcome Centers Unmengen von Werbe- oder Informationsheftchen von Hotels, Freizeitparks, Sehenswürdigkeiten etc. Auf Gutscheine achten! Oft liegen Gutscheine für verbilligten Eintritt in besondere Touristenattraktionen herum oder Gutscheine für eine Spezialessen in einem Restaurant. Auf diese Art kann ganz schön Geld eingespart werden. In den Städten heißen die Welcome Centers dann Visitor's Center oder Tourist Information. Sie offerieren die gleichen Dienste, nur eben auf die Stadt bezogen.

Zeit

USA und Kanada sind in vier unterschiedliche Zeitzonen aufgeteilt: der eastern, der central, der mountain und der pacific time. Eastern time (z. B. New York) ist Kalifornien um drei Stunden voraus. New York ist sechs Stunden nach der mitteleuropäischen Zeit, Los Angeles neun Stunden.

Die Sommerzeit dauert in den Staaten vom 1. Sonntag im April bis zum letzten Sonntag im Oktober.

Die Uhrzeit wird nur von 1 bis 12 angegeben, entweder es ist 2 a. m. (ante meridiem), also vor der Mittagszeit (entspricht unserem 2 Uhr nachts), oder es ist 2 p. m. (post meridiem), also nach der Mittagszeit (entspricht 14 Uhr).

Zeitung

Deutsche Zeitungen sind nur in den großen Städten zu bekommen und auch dort nur schwer. An Flughäfen, wie in Europa üblich, gibt es keine internationale Presse.

NORDAMERIKA

Aubert/Müller-Moewes
  Panamericana (Nord- und
  Südamerika)
Cropp Alaska-Fieber
Gallei/Hermsdorf Blockhaus-
  Leben (Kanada)
Jenkins Das andere Amerika
  (USA)
Kreutzkamp Mit dem Kanu
  durch Kanada
Pern Zu Fuß durch
  Nordamerika (USA/Kanada)
Robrahn/Terlutter Mit dem
  Wohnmobil durch die USA
Rothmaier Wolkenkratzer und
  Totempfahl (Nordamerika)
Winter Zauberland des
  Westens – New Mexico und
  Arizona (USA)
Zierl Highway-Melodie (USA)

SÜDAMERIKA

Harrison Piranhas zum
  Frühstück (Amazonien)
Ridgway Im Land der Inkas –
  heute (Peru)
Rohrbach Inseln aus Feuer und
  Meer (Galapagos)
Rohrbach Der weite Himmel
  über den Anden (Ecuador)
Stejskal Ich lebte bei den
  Wayapi-Indianern (Guyana)
Tin/Rasmussen Traumfahrt
  Südamerika (Mittel- und
  Südamerika)

Veszelits Brasilien, Land der
  Gegensätze

AFRIKA

Cerny Ferne Insel Madagaskar
Cerny Von Senegal nach Kenia
Crane Kilimandscharo per Rad
  (Ostafrika)
Cropp Schwarze Trommeln
  (Westafrika)
Franceschi Vier Männer gegen
  den Dschungel (Kongo)
Hermann Heiße Tour Afrika
Höppner Cowboys der Wüste
  (Sahara)
Troßmann Wüstenfahrer
  (Algerien)
Troßmann Wüstenzeit –
  Sahara grenzenlos

ASIEN

Biedermann Im Land der
  aufgehenden Sonne (Japan)
Colombel Der siegreiche Berg
  (Pakistan)
Dodwell Wo China noch
  unentdeckt ist
Jones Sturzfahrt vom Everest
  (Nepal)
Kahl Tibets wilder Osten
Kühnel Motorrad-Odyssee
  (Südostasien)
Kühnel Rätselhaftes Indien
Lill Zwischen Bombay und
  Benares (Indien)

Look Wo der Mond auf dem Rücken liegt (Nepal–Malaysia)

Look Auf Tramptour bis Pakistan (Türkei–Pakistan)

Möbius/Ster Dschunke, Jeep und Bambusfloß (Burma/Thailand)

Möbius/Ster Inselträume in Indonesien (Sunda-Inseln)

Pilkington Am Fuß des Himalaja (Nepal)

Tasker Eishölle am Everest (Nepal)

Walls/Martin Drei Jahre in einem Kampong in Malaysia

AUSTRALIEN

Dodwell Im Land der Paradiesvögel (Papua-Neuguinea)

Horwitz Australiens Outback

Keiner Quer durch den roten Kontinent (Australien)

Thorer Endstation Dschungel (Papua-Neuguinea)

Tin/Rasmussen Motorradtour Singapur–Australien (Südostasien/Australien)

ARKTIS

Etienne Faszination Arktis

Jeier Am Ende der Welt (Alaska)

Roos Segeln in der Arktis

EUROPA

Braithwaite Reisen zu Pferd (Spanien)

Geh Fjorde, Gletscher, Wasserfälle (Norwegen)

Hannig Island – Vulkane, Eis und Einsamkeit

Heidenberger Mit Skiern durch das weiße Lappland

Heidenberger Segeltörns in Adria und Ägäis (Mittelmeer)

Lindenberg Mit dem Fahrrad in die Türkei

Meister Albanien – das nahe, ferne Land

Ricciardi Auf Sindbads Spuren (Arabien)

Thoma Gute Tage unter dem Halbmond (Türkei)

Tin/Rasmussen Perestroika mit dem Motorrad (GUS)

Unsworth Europa zu Fuß

SONDERBÄNDE

Deglmann-Schwarz Unterwegs zu Abenteuern. Reportagen weltweit

Härtel (Hg.) Unterwegs. Reiseexperten berichten

Reihe STRASSEN IN DIE EINSAMKEIT in Hardcover

Spannende Erlebnisberichte und eine Auswahl der schönsten Routen mit vielen Farbfotos, Karten und nützlichen Informationen

Die bisher erschienenen Titel:

Dieter Kreutzkamp
Durch West-Kanada und Alaska
Die schönsten Nordlandrouten mit
Auto, Bahn, Boot und zu Fuß
176 Seiten, 30 Farb-, 70 s/w-Fotos,
15 Karten
ISBN 3-89405-303-8

Dieter Kreutzkamp
Im Westen der USA
Zwischen Pazifik und Arizona. Die
schönsten Routen mit Auto,
Motorrad, Kanu und zu Fuß
198 Seiten, 30 Farb-, 99 s/w-Fotos,
21 Karten
ISBN 3-89405-309-7

Reihe REISEABENTEUER in Hardcover

Spannende und informative Berichte von ungewöhnlichen Reisen
mit zahlreichen Farbfotos

Die bisher erschienenen Titel:

Jean-Louis Etienne
Transantarctica
Expedition durchs Eis
266 Seiten, 35 Farb-, 35 s/w-Fotos
ISBN 3-89405-310-0

Werner Kirsten
Westcoast-Story
Auf dem Pazifik-Highway nach Süden
208 Seiten, 33 Farb-, 44 s/w-Fotos
ISBN 3-89405-314-3

Dieter Kreutzkamp
Husky-Trail
Mit Schlittenhunden durch Alaska
240 Seiten, 32 Farb-, 50 s/w-Fotos,
4 Karten
ISBN 3-89405-312-7

Carmen Rohrbach
**Jakobsweg – Wandern auf dem
Himmelspfad**
296 Seiten, 37 Farb-, 40 s/w-Fotos
ISBN 3-89405-305-4

Carmen Rohrbach
Botschaften im Sand
Reise zu den rätselhaften
Nazca-Linien
166 Seiten, 43 Farb-, 29 s/w-Fotos
ISBN 3-89405-313-5

Albrecht Schaefer
Sarimanok
Eine Seereise wie vor 2000 Jahren
237 Seiten, 37 Farb-, 40 s/w-Fotos
ISBN 3-89405-306-2

Mark Shand
Auch Elefanten weinen
Auf einem Dickhäuter durch Indien
230 Seiten, 28 Farbfotos
ISBN 3-89405-311-9

REISEN · MENSCHEN · ABENTEUER
Die Paperback-Reihe für alle, die es in die Ferne zieht

Titel zum Thema Nordamerika

Hans-J. Aubert
Ulf-E. Müller-Moewes
Panamericana
Zwei Jahre auf der Traumstraße
der Welt.
224 Seiten, 85 s/w-Fotos, 4 Karten,
Reisetips
ISBN 3-89405-002-0

Konrad Gallei
Gaby Hermsdorf
Blockhaus-Leben
Ein Jahr in der Wildnis
von Kanada.
224 Seiten, 32 s/w-Fotos, 2 Karten,
Reisetips
ISBN 3-89405-014-4

Dieter Kreutzkamp
Mit dem Kanu durch Kanada
Auf den Spuren der Pelzhändler.
192 Seiten, 35 s/w-Fotos, 1 Karte,
Reisetips
ISBN 3-89405-045-4

Stephen Pern
Zu Fuß durch Nordamerika
Entlang der großen Wasserscheide
von New Mexico nach Kanada.
320 Seiten, 40 s/w-Fotos, 7 Karten,
Reisetips
ISBN 3-89405-046-2

Heike Robrahn
Elmar Terlutter
**Mit dem Wohnmobil
durch die USA**
Ein Jahr unterwegs auf
abenteuerlichen Routen.
240 S., 40 Farb-, 37 s/w-Fotos,
5 Karten, Reisetips
ISBN 3-89405-062-4

Klaus Rothmaier
Wolkenkratzer und Totempfahl
Kreuz und quer durch Nordamerika.
236 Seiten, 44 s/w-Fotos, 1 Karte,
Reisetips
ISBN 3-89405-065-9

Gayan S. Winter
**Zauberland des Westens –
New Mexico und Arizona**
Zwischen Grand Canyon
und Sky City.
160 Seiten, 40 s/w-Fotos, 1 Karte
ISBN 3-89405-057-8

Oluf Zierl
Highway-Melodie
Mit dem Motorrad 20 000 km quer
durch die USA.
256 Seiten, 78 s/w-Fotos, 4 Karten,
Reisetips
ISBN 3-89405-037-3

REISEN · MENSCHEN · ABENTEUER
Die Paperback-Reihe für alle, die es in die Ferne zieht

Titel zum Thema Südamerika

John Harrison
Piranhas zum Frühstück
Durch den Dschungel Amazoniens
mit dem Kanu.
320 Seiten, 30 s/w-Fotos, 1 Karte,
Reisetips
ISBN 3-89405-042-X

John Ridgway
Im Land der Inkas – heute
Eine Expedition durch Dschungel
und Berge Perus.
224 Seiten, 25 s/w-Fotos, 3 Karten,
Reisetips
ISBN 3-89405-047-0

Carmen Rohrbach
Inseln aus Feuer und Meer
Galapagos – Archipel der zahmen
Tiere.
224 Seiten, 40 s/w-Fotos, Reisetips
ISBN 3-89405-027-6

Carmen Rohrbach
**Der weite Himmel über den
Anden**
Zu Fuß zu den Indios in Ecuador.
208 Seiten, 40 s/w-Fotos, 2 Karten,
Reisetips
ISBN 3-89405-048-9

Elfie Stejskal
**Ich lebte bei den Wayapi-
Indianern**
Im Dschungel Guyanas.
320 Seiten, 42 s/w-Fotos, 1 Karte,
Reisetips
ISBN 3-89405-028-4

Hjalte Tin
Nina Rasmussen
Traumfahrt Südamerika
Auf dem Motorrad und mit Kindern
von L. A. nach Rio.
320 Seiten, 48 s/w-Fotos, 3 Karten,
Reisetips
ISBN 3-89405-033-0

Thomas Veszelits
Brasilien, Land der Gegensätze
Riesenstädte, Urwald, Karneval.
224 Seiten, 50 s/w-Fotos, 2 Karten,
Reisetips
ISBN 3-89405-035-7

REISEN · MENSCHEN · ABENTEUER
Die Paperback-Reihe für alle, die es in die Ferne zieht

Titel zum Thema Europa

Alexander Geh
Fjorde, Gletscher, Wasserfälle
Eine Radwanderung im Wechsel der
Jahreszeiten.
198 Seiten, 48 s/w-Fotos, 1 Karte,
Reisetips
ISBN 3-89405-067-5

Christian E. Hannig
**Island – Vulkane, Eis und
Einsamkeit**
Eine extreme Tour per Rad.
176 Seiten, 35 s/w-Fotos, 3 Karten,
Reisetips
ISBN 3-89405-049-7

Felix Heidenberger
**Mit Skiern durch das weiße
Lappland**
Eine Tour durch das winterliche
Nordschweden.
173 Seiten, 23 s/w-Fotos, 2 Karten,
Reisetips
ISBN 3-89405-050-0

Felix Heidenberger
Segeltörns in Adria und Ägäis
Küstenkreuzen auf eigenem Kiel.
224 Seiten, 30 s/w-Fotos, 2 Karten,
Reisetips
ISBN 3-89405-061-6

Herbert Lindenberg
Mit dem Fahrrad in die Türkei
6000 Kilometer von Polen bis
Kurdistan.
222 Seiten, 35 s/w-Fotos, 2 Karten,
Reisetips
ISBN 3-89405-052-7

Anja Meister
Albanien – das nahe, ferne Land
Reise ins unbekannte Europa.
160 Seiten, 37 s/w-Fotos, 1 Karte,
Reisetips
ISBN 3-89405-051-9

Lorenzo Ricciardi
Auf Sindbads Spuren
Dhau-Fahrt durch arabische
Gewässer.
192 Seiten, 35 s/w-Fotos, 1 Karte,
Reisetips
ISBN 3-89405-044-6

Hjalte Tin
Nina Rasmussen
Perestroika mit dem Motorrad
Vom Roten Platz zum Baikalsee.
365 Seiten, 45 s/w-Fotos, 10 Karten,
Reisetips
ISBN 3-89405-054-3

REISEN · MENSCHEN · ABENTEUER

Die Paperback-Reihe für alle, die es in die Ferne zieht

Titel zum Thema Australien

Christina Dodwell
Im Land der Paradiesvögel
Mit Pferd und Einbaum durch
Papua-Neuguinea.
256 Seiten, 32 s/w-Fotos, 3 Karten,
Reisetips
ISBN 3-89405-010-1

Tony Horwitz
Australiens Outback
Per Autostop durchs Landesinnere.
314 Seiten, 35 s/w-Fotos, 1 Karte,
Reisetips
ISBN 3-89405-060-8

Bernd Keiner
**Quer durch den roten
Kontinent**
Unterwegs in Australien.
224 Seiten, 46 s/w-Fotos, 4 Karten,
Reisetips
ISBN 3-89405-021-7

Willy de Roos
Segeln in der Arktis
Ein Mann bezwingt die Nordwest-
Passage.
224 Seiten, 26 s/w-Fotos, 4 Karten,
Reisetips
ISBN 3-89405-041-1

Axel Thorer
Endstation Dschungel
Auf der Suche nach Flugzeugwracks
in Papua-Neuguinea.
224 Seiten, 35 s/w-Fotos,
2 Karten, Reisetips
ISBN 3-89405-032-2

Hjalte Tin
Nina Rasmussen
**Motorradtour Singapur –
Australien**
2 Motorräder, 2 Kinder,
2 Erwachsene.
320 Seiten, 35 s/w-Fotos, 1 Karte,
Reisetips
ISBN 3-89405-043-8